Guérir des maux de la vie

Directeur d'ouvrage : Xavier Pezet

Éditions Carnot
10 quai Jean-Mermoz
78400 Chatou
Tél. : 01 30 53 75 05
www.carnot.fr

Carnot USA Books
22 West 19 th Street
New York, NY 10011
États-Unis
www.usabook.net

Isbn n° : 2-84855-086-4
Dépôt légal : 3e trimestre 2004

10 9 8 7 6 5 4 3 2 1

Guérir des maux de la vie

Docteur Marie-Claude Gavard

CARNOT

À Quentin, Diane-Sixtine, Frédéric et Alix.

Avec émotion, je dédie ce livre à tous les patients dont j'ai croisé la route.
Le travail fait ensemble a toujours été porteur et fructueux.
Qu'ils soient remerciés ici de m'avoir permis de les aider et de m'avoir montré à chaque fois que le « vivre mieux » est à la portée de tous.

À Michèle Edilber, présidente de l'association humanitaire SOS Familles du Monde, qui, par sa sagacité et son humanité, nous permet d'agir et nous est essentielle.

La majorité des droits d'auteur de cet ouvrage sera reversée à l'association SOS Familles du Monde.
La somme récoltée servira à la construction d'un orphelinat et d'une école dans le Nord du Cameroun.

Sommaire

Introduction

Depuis le jour de notre naissance, nous subissons des influences multiples et variées.
La culture de nos parents, leurs convictions religieuses et politiques, leur propre vécu d'enfant étoilent notre ciel de façons très différentes.

Pendant nos vingt premières années, environ, nous n'avons pas été décisionnaires.

Les aléas négatifs de la vie nous ont quelquefois stimulés et toujours fait souffrir.

Notre cheminement a bien sûr été souvent très positif, ce qui est à l'origine de notre joie de vivre aujourd'hui.

Les zones d'ombre ont petit à petit modifié notre personnalité vers plus d'inhibitions, de méfiance, de manque de confiance en nous-mêmes, d'absence d'ambition, de peurs, de colères... Autant de traits que nous avons intégrés à notre quotidien sans y réfléchir vraiment.

Ce livre nous propose d'établir un bilan sur ces freins qui nous ont été imposés, souvent involontairement, par nos parents et éducateurs. Nous allons analyser ces influences négatives qui ont entravé notre quotidien et dont nous subissons encore les conséquences actuellement. Nous allons en distinguer les mécanismes. Comprendre la logique de notre situation offrira ensuite l'opportunité d'y remédier. Nous allons découvrir qui nous sommes vraiment, ce qui nous permettra de développer nos potentialités “endormies” depuis l’enfance.

En effet, tout n’est pas compliqué. Certains de nos comportements sont simples à expliquer et à modifier : encore faut-il savoir comment procéder.

Nous comprendrons la façon d’agir de notre entourage : nous aborderons les différentes perceptions du monde, les attitudes à analyser sans interprétations fallacieuses et autres quiproquos tellement délétères pour notre bonne entente et notre bonheur.

Nous serons plus à l’aise avec notre conjoint, nos enfants, nos amis et tout notre entourage.

Nous oserons “être” nous-mêmes et pourrons laisser le “paraître” qui était, en fait, un écran de non-échange caractérisant notre manque de confiance en nous et en les autres. Nous serons plus authentiques car plus sûrs de nous.

Notre communication en sera largement améliorée.

Avec des mots de tous les jours, puisque nous parlons de notre quotidien, avec des exemples que nous avons déjà vécus pour quelques-uns d’entre eux, nous allons pouvoir démonter certains “engrenages” de nos blocages et de nos inhibitions.

Cette découverte, que nous intégrerons aussitôt à notre quotidien, nous facilitera la vie.

Des applications sont proposées pour certains thèmes afin d’être sûrs que nous profiterons définitivement de nos acquis : ce sont de petits exercices simples à réaliser seul pour certains ou avec notre entourage pour d’autres. Nous y avons souvent introduit une note ludique qui doit nous permettre une efficacité encore plus immédiate.

Le recours à l’aide d’un professionnel sera notifié devant certaines difficultés que nous ne pouvons résoudre seuls : il sera “l’instrument” de la compréhension de nous-mêmes.

Nous allons agir avec nos potentialités et non plus subir, car nous saurons vraiment qui nous sommes.

Le ton quelquefois humoristique du livre aide à analyser plus objectivement les situations. L'atmosphère s'en trouve allégée et nous permet de déployer nos ailes avec plaisir et entrain. L'humour n'est jamais le sarcasme qui lui, humilie, augmente les traumatismes et le repli sur soi.

Nous allons apprendre à nous respecter nous-mêmes, à comprendre pourquoi nous agissons de telle ou telle façon et à nous donner les moyens de changer ces "défauts" qui nous empêchent de vivre bien.

Nous parlerons aussi de la dépression si mal connue dans sa réalité. Nous en appréhenderons les raisons physiques et nous profiterons des dernières découvertes scientifiques pour savoir comment agir de façon optimale. Nous éviterons les rechutes et connaîtrons l'essentiel des traitements : leur efficacité, leur innocuité et leur arrêt.

Nous analyserons ensemble l'attitude adéquate à avoir avec un malade dépressif pour l'aider à recouvrer la santé aussi vite que possible.

Nous verrons toutes les idées fausses qui courent sur le sujet, et en comprendrons le pourquoi.

Enfin nous exposerons la psychothérapie : ces rendez-vous avec nous-mêmes via le "psy", qui nous permettrons de résoudre la majeure partie de nos blocages, de nos souffrances et de vivre libres du carcan subi depuis l'enfance. Cette découverte de nous-mêmes, la compréhension de l'installation de nos malaises et de nos inhibitions seront les premiers pas vers une vie riche de possibles.

Nous proposons ce cheminement dans le monde de la découverte de l'être pour nous donner toutes les chances de vivre mieux avec nous-mêmes et avec les autres.

La vie est un cadeau, aidons-nous à l'appréhender comme tel.

Imaginons la scène suivante :

Nous nous promenons tranquillement sous le soleil radieux de nos vacances tant attendues.

La douceur de l'air caresse notre peau avide, les oiseaux et les cigales chantent l'été retrouvé, le spectacle de la nature nous enchante... Nous nous sentons délicieusement bien.

Soudain un petit caillou très pointu entre dans notre chaussure.

Aïe !

Nous nous arrêtons aussitôt sur le bord du chemin, retirons notre soulier, regardons tomber l'intrus si hostile et reprenons notre route oubliant vite cet incident minime.

Maintenant, nous allons introduire une légère variante à cette histoire bucolique.

Pour une raison quelconque, il nous est impossible de retirer ce petit caillou, et à chaque pas, nous sommes contraints de marcher bien à plat dessus, la pointe acérée nous agressant de plus en plus.

Le soleil, la douceur de l'air, les oiseaux, les cigales, la nature... Tout nous indiffère en dehors de notre douleur aiguë, obsédante, qui nous empêche même de communiquer avec nos amis.

Nous nous refermons sur nous-mêmes, sachant que chaque fois que notre pied se posera sur le sol, nous souffrirons davantage.

La situation est-elle "grave" ? Bien sûr que non !

La situation est-elle supportable ? Absolument pas...

Tous les "petits" malaises accumulés finissent par entraîner chez nous un vrai mal de vivre au quotidien que nous n'analysons même plus.

Avons-nous le droit moral de passer du temps à nous occuper de nous quand tant de gens souffrent de maux sérieux et intenses, alors que nous, nous avons tout pour être heureux ?

Oui, car le temps consacré à nous comprendre et à comprendre les autres nous permettra de vivre dans cette ouverture d'esprit impossible si nous ne résolvons pas nos "problèmes de base".

Mécanismes de fonctionnement

Les canaux de perception

Notre perception du monde se fait de différentes façons. Nous pouvons être plutôt enclins à *voir*, ou à *entendre* ou encore, à *ressentir* ce qui nous entoure.

Bien sûr, nous pouvons être très sensibles à la saveur des choses ou à leur odeur, mais ces deux "canaux", le goût et l'odorat, ne sont pas prépondérants chez la majorité d'entre nous.

Nous analyserons donc plus complètement les trois canaux préférentiels de notre perception du monde :

– La vue

– L'audition

– La perception tactile (ce qui est perçu au niveau de notre peau : chaleur, froid, douceur, confort, etc.).

Une personne dite *visuelle* est très sensible à ce qu'elle voit, même si elle ne regarde pas avec attention. À peine entrée dans une pièce, elle a déjà noté nombre de détails imperceptibles à d'autres. La disposition des meubles, leurs couleurs, les rideaux, l'esthétique en général, la luminosité, l'ordre, les volumes et hauteurs, la quantité de livres, leur époque, la décoration, les contrastes…

Au premier coup d'œil, elle peut être choquée par un rideau

mal tiré ou par ce qu'elle a ressenti comme une "faute de goût" d'après ses propres critères, ou encore, par un objet dont la couleur "jurerait" avec l'ensemble.

Il ne s'agit pas d'une personne obsédée par le rangement, mais sensible à l'esthétique des choses. Un cliché complet de la pièce s'est affiché dans son cerveau sans qu'elle ait eu à en prendre véritablement conscience. Elle aura continué sa conversation tout en faisant cette analyse en parallèle.

Une personne *auditive* sera, quant à elle, sensible aux bruits, à leur intensité, à leur caractère agressif ou apaisant.

Elle écoutera de la musique à laquelle elle est très attachée.

Entrant dans une pièce, elle est sensible aux sons, aux bruits extérieurs ou au silence du lieu, remarque aussitôt si ses pas résonnent sur le sol, réagit au claquement d'une porte, au grincement d'un tiroir. Le ronflement constant d'une ventilation, d'un appareil électroménager lui sera souvent très pénible voire insupportable. Le tic-tac d'une horloge, le bruit régulier d'une goutte d'eau devront, pour le moins évoquer de très doux souvenirs d'enfance par exemple, pour être tolérés.

La musique prendra une importance fondamentale pour l'équilibre de cette personne qui "ne pourrait pas vivre sans".

La personne *tactile* présente une grande sensibilité à la température ambiante, à l'humidité, au contact (confort et matière d'un canapé...), à la fluidité et à l'onctuosité d'une crème hydratante, à la douceur d'un tissu, à la "respiration" de sa peau dans certaines matières, etc.

Elle est sensible à la fraîcheur du linge de toilette, déteste avoir "la peau qui tire", être engoncée dans un vêtement trop ajusté, par exemple. Un canapé en cuir pourra lui être pénible l'hiver par son contact froid, mais délicieux l'été.

La personne *olfactive* possède un odorat qui lui permet de chercher du regard les fleurs dont elle aura perçu la senteur, de respirer, ravie, l'odeur de l'herbe fraîchement coupée, le parfum de la terre en forêt l'automne : elle vit souvent en communion avec la nature.

Les odeurs polluantes de la ville lui seront pénibles.

Elle est sensible aux cosmétiques et les choisit pour le plaisir olfactif qu'ils lui offriront.

Bien sûr, nous avons presque tous ce canal olfactif actif de façon plus ou moins intense. Qui ne s'est jamais senti chavirer dans les bras d'un partenaire portant une eau de toilette à laquelle nous sommes particulièrement sensibles ? Les créateurs de parfum connaissent les substances à mêler pour créer l'émoi. La séduction olfactive est un atout majeur utilisé depuis la nuit des temps.

Édith Piaf la vante dans ce qu'elle a de plus naturel chez son « légionnaire qui sentait bon le sable chaud » !

Les parfums de la nature et ceux de la vie quotidienne, le pain grillé, le café, le savon, le linge, le parfum ou l'eau de toilette sont source de plaisir. La journée sera émaillée de ces perceptions qui peuvent laisser l'entourage indifférent.

Nous imaginons l'importance d'être entourée d'odeurs délicieuses pour la personne olfactive.

Attention si vous voulez lui offrir un parfum : l'intensité de sa perception l'amène à adorer tel parfum mais en contrepartie en fera détester tel autre. À moins de connaître parfaitement ses goûts, peut-être est-il préférable de choisir un cadeau moins ciblé : un disque, un livre...

Le cinquième canal de perception, le goût, est à l'honneur, dans notre pays où la cuisine est si réputée.

Y a-t-il plus de gustatifs ici qu'ailleurs ?

Ce n'est pas certain : il s'agit d'une attention due à notre culture et également à nos possibilités financières.

Il n'a pas été démontré (ni cherché d'ailleurs, peut-être) une prévalence des *gustatifs* en France !

Il est certain que les gourmets peuvent être sidérés par les choix contemporains de nombre de jeunes ou de personnes pressées qui semblent négliger nos traditions culinaires.

Dans le couple, les différences de perception entraînent-elles des conflits ou incompréhensions ?

Peut-être, mais en en connaissant maintenant les canaux de perception, vous pourrez y remédier très rapidement (si tel est votre choix).

Ce bref résumé de nos différentes perceptions est fondamental pour mieux comprendre notre comportement et celui des autres. Sans que nous le sachions, cela orchestre notre communication en général.

Prenons le cas d'un couple dans lequel la femme serait auditive et le mari visuel.

Imaginons que cette femme soit rentrée la première après une rude journée de travail.

Harassée, elle jette son manteau sur la chaise de l'entrée et retire ses chaussures avec volupté. Elle met son disque préféré et s'allonge sur le canapé. Elle se laisse bercer par cette atmosphère délicieuse.

Le bruit de la clef dans la serrure annonce l'arrivée de Monsieur. Elle est prête à lui tendre la main pour l'attirer vers elle quand elle ouvre un œil et le voit contrarié.

« Quelque chose ne va pas ? »

« Non, non » prononcé sur un ton de franche mauvaise humeur, vous savez quand on sait que l'orage est si près d'éclater que l'on aurait envie de retenir sa respiration pour l'éviter !

Prudemment elle se risque à un « Est-ce que je peux faire quelque chose pour toi ? »

« Oui, ranger la maison ! Je t'ai déjà répété cent fois de ne pas laisser tes chaussures traîner ; ce n'est pas croyable, que tu ne tiennes jamais compte de ce que je te demande : c'est agaçant, à la fin ! »

Évitons d'imaginer le dialogue qui s'ensuit, que nous connaissons par cœur, non ?

Reprenons le retour à la maison de Madame, qui, l'heureuse femme, sait tout des différents canaux de perception…

Harassée, elle retire son manteau qu'elle suspend aussitôt à la patère, puis ses chaussures qu'elle range dans le placard dévolu à cette fonction. Ces gestes lui ont pris trente secondes, et lui garantissent une soirée délicieuse. Il lui a certes fallu cet effort, mais très consciente des conséquences de son éventuel oubli, elle choisit d'être attentive à ce désir de son mari qu'elle comprend comme une caractéristique de sa personnalité.

Doit-on voir dans cet homme un autoritaire bougon ?

A priori, non.

Il s'agit d'une personne visuelle, qui, sans même le savoir, a les réflexes engendrés par son canal de perception. Le rangement auquel cet homme a fait allusion en invectivant son épouse parle plus de l'esthétique du lieu que de l'ordre en général.

De nombreuses personnes visuelles sont désordonnées et ne souffrent pas de leur propre désordre mais peuvent souffrir de celui de l'Autre : il est intéressant d'en discuter avec elles pour comprendre leur sensibilité à cet égard. Il serait dommage de perdre de bons moments ensemble, faute d'avoir compris ce qui est important pour l'Autre et secondaire pour nous, et inversement.

En effet, ce genre de discussions, répétées au quotidien, peut envenimer très gravement l'entente du couple. Ce n'est pas tant le détail non pris en considération que son interprétation inconsciente :

« Elle n'a rien à faire de ce que je lui dis, *sous-entendu* Je ne suis pas respecté dans mes désirs, dans mes “allergies”. Si elle tient si peu compte de ma parole, cela signifie qu'elle ne m'aime pas autant qu'elle le prétend et n'est prête à faire aucun effort pour moi. Je saurai en tenir compte. »

Le mari va se renfrogner, la femme va s'énerver en lui renvoyant le fait qu'il est saoulant de prendre la mouche pour si peu. Bien sûr, au bout d'un certain temps, les choses vont rentrer dans l'ordre, au début très rapidement puis de moins en moins vite pour arriver éventuellement à un état de tension sévère.

Reprenons ce couple, un autre soir :

Le mari est rentré le premier, et d'après ses propres critères, pour faire plaisir à sa femme, aura mis de l'ordre dans la maison et acheté un bouquet de fleurs visible de la porte d'entrée. Il est en train de ranger en écoutant un disque suffisamment fort pour pouvoir l'entendre de n'importe quelle pièce de la maison, et profite de l'absence de sa femme pour choisir une musique qu'elle déteste. Il sifflote et descend chercher une bouteille de vin à la cave. Pendant ce temps, son épouse rentre et se sent aussitôt agressée par ce disque et les décibels qu'elle ne peut pas supporter. Avant même de se déshabiller, elle va éteindre la chaîne stéréo s'exclamant à haute voix « Ce n'est vraiment pas possible ! » Puis elle tourne le dos à son mari qui vient de remonter.

Il est déjà sur la défensive, puisqu'il n'y a plus la musique qu'il avait mise, elle a été arrêtée au beau milieu d'une chanson.

Il se risque d'humeur maussade à « Un problème ? »

« Tu le sais bien et tu le fais exprès, alors, ne me demande pas s'il y a un problème, tu te fiches de moi ! »

Vous imaginez la suite que vous connaissez sans doute déjà, d'ailleurs.

Là encore, la personne rentre chez elle, fatiguée par son travail, et ne peut pas se mettre à l'aise : elle doit subir le choix de celui qui est rentré le premier et qui n'est pas le sien. Cette femme aurait préféré entendre une musique à laquelle elle n'aurait pas été allergique et aurait ainsi pu remercier son mari pour les fleurs et le rangement de la maison. Une soirée complice et amoureuse aurait pu commencer, perspective qui, dans la situation décrite, est hautement improbable…

L'ignorance des canaux de perception entraîne très souvent ce genre d'erreurs d'interprétation.

N'oublions jamais que le couple est une entité fragile qui doit être protégée de l'usure au quotidien que peut entraîner l'incompréhension de choses et de comportements simples.

Prenons l'exemple d'une femme tactile et d'un mari auditif. Ils habitent un immeuble dans une rue bruyante, c'est l'été. Il écoute de la musique classique en lisant : moment de grand bonheur. La chaleur est étouffante, mais en se concentrant sur ce qu'il fait, tout va bien. Jusqu'au moment où sa femme arrive dans le salon, met en route le ventilateur, ouvre la fenêtre pour créer un courant d'air.

Il sursaute, son état de béatitude évaporé en une seconde.

« Comment peux-tu rester dans cette atmosphère confinée ? Cette chaleur, c'est insupportable. »

« Je te fais humblement remarquer que j'écoutais tranquillement de la musique, que le vacarme de la rue n'était pas indispensable et le vrombissement de ton ventilo n'était pas prévu par Mozart ! Merci ! »

« Tu ne vas pas me dire que tu te sentais bien par cette chaleur ? »

« Si ! »

Exaspérée, elle bougonne, ferme la fenêtre et arrête le ventilateur. Le « Et dire que je voulais te faire plaisir ! » a pour but de culpabiliser l'autre mais signifie aussi une incompréhension mutuelle.

Le mari se sent ingrat et coupable. Il en veut à son épouse.

Il ne peut plus se détendre, elle lui a gâché un moment de

jubilation. Il saura s'en souvenir. Bon sang, être un peu seul, un peu libre… Mais c'est certainement trop lui demander. Seul, libre ? Enfin par moments, se dit-il inquiet de ces réflexions qui peuvent être lourdes de sens si cela devait continuer ainsi.

Si nous reprenons cet exemple d'un couple formé d'une femme tactile et d'un homme auditif et que nous décidions de les avoir informés des canaux de perception, nous aurions vu la femme dès le matin décider avec son mari de la stratégie à adopter pour lutter contre la chaleur ambiante : les choses auraient été dites et un terrain d'entente trouvé pour un compromis satisfaisant.

L'avenir du couple n'aurait pas eu à être évoqué.

Envisageons un couple formé de deux personnes utilisant le même canal de perception : prenons deux visuels par exemple. L'entente coule-t-elle de source ?

Non, car les goûts peuvent être notablement différents.

En effet, l'un a pu acheter, avant leur rencontre, un tableau que l'autre déteste : la négociation est indispensable.

Ce tableau, si cher au cœur du premier, sera exposé dans un endroit où le deuxième va fort peu.

Le style du mobilier, les vêtements portés par le conjoint, la coiffure, etc., tout peut être l'objet d'une discussion positive.

Décider de former un couple sous-entend, si l'on veut que cela puisse durer agréablement, de nombreuses affinités ou de nombreuses négociations (pas trop frustrantes !).

Lorsque l'on connaît l'existence des différents canaux de perception, il est important de réfléchir à leur implication au quotidien, même en dehors de la sphère conjugale.

Notre façon de percevoir la vie a avantage à être connue pour une meilleure communication.

Si un collègue fête son anniversaire et que l'on a eu vent sa passion pour la musique, cela signifie certes qu'un disque est peut-être un cadeau judicieux, mais s'informer de ses goûts musicaux est indispensable.

De la même façon, une femme tactile à laquelle on voudrait offrir un pull-over doit avoir été interrogée sur les matières qu'elle aime : car soit vous faites effectivement plaisir, soit, au contraire, vous allez la hérisser sans le savoir.

N'hésitons pas nous-mêmes à exprimer nos préférences, à expliquer ce qui nous fait plaisir.

La surprise peut quelquefois être judicieuse, mais quelle déconvenue quand elle n'est pas appréciée.

Ces conseils pratiques qui peuvent être si importants pour nous tous doivent nous permettre d'analyser et de comprendre les conséquences de les ignorer.

Reprenons notre premier exemple de la femme auditive et du mari visuel.

Le mari qui ouvre la porte et "tombe" sur les chaussures de son épouse dans l'entrée se sent bafoué puisqu'elle ne tient pas compte de ses remarques.

S'ensuit une série de réflexions négatives autant qu'injustifiées : il raisonne "respect" et "amour" là où il est question de méconnaissance de mécanismes comportementaux.

Il attribue un sens erroné à l'attitude de sa femme : pour elle, « les chaussures dans l'entrée » n'ont aucun intérêt et elle ne sait pas que, vu le canal de perception de son mari, « les chaussures dans l'entrée » constitue un vrai traumatisme de la vie quotidienne pour lui.

Cette différence ignorée entraînera également chez l'épouse un raisonnement faux : elle trouvera son mari obsessionnel et insupportable.

Or, si ces deux personnes connaissaient leurs canaux de perception, la femme ferait un petit effort pour le plaisir de son mari et la préservation de la bonne entente du couple.

De la même façon, son mari ferait attention à la musique

écoutée à l'heure probable du retour de sa femme ou, tout au moins, présenterait ses excuses avec un minimum de courtoisie (indispensable à la pérennité d'un couple harmonieux) pour ce qu'elle aurait considéré comme un vacarme agressif.

Il est important que ni l'un ni l'autre ne puissent penser que ces erreurs expriment le non-amour et le non-respect.

Nous en voulons pour preuve que, une fois cette connaissance acquise, la communication est bien meilleure !

Ensuite n'hésitons pas à donner sans agressivité notre mode d'emploi à l'Autre :

« Tu vois, quand je rentre, j'adorerais que la maison soit un tout petit peu rangée et que les rideaux soient correctement tirés. Je sais que cela peut sembler futile, mais j'ai un réflexe négatif quand ce n'est pas fait. C'est instinctif, je me sens de très mauvaise humeur et, comme, en plus, je trouve cela débile de ma part, mais ne peux m'en empêcher, je suis encore plus furieux contre moi et contre toi qui as provoqué cette situation. »

Ou encore : « Quand je rentre, le soir, peux-tu s'il te plaît t'arranger pour qu'il ne fasse pas froid, car je me sens me recroqueviller. Je n'arrive ni à être détendue ni sympathique, et j'en suis désolée. »

Un peu trop lénifiant, trouvez-vous, utopique ?

Peut-être devons-nous réfléchir à la chose suivante :

Avec qui ne nous permettons-nous que peu d'égarement, nous montrons-nous courtois et attentifs ? Avec notre patron, certes, mais restons dans le champ affectif.

En général avec nos meilleurs amis qui ne sont pas tenus de rester nos amis si nous leur manquons d'égard.

Si nous pouvions nous comporter avec nos très proches comme nous nous comportons avec les amis qui nous sont chers, nos relations seraient beaucoup plus agréables pour tous et beaucoup plus constructives.

Nos enfants n'entendraient ni nos sarcasmes ni nos disputes.

Nous exposerions nos points de vue comme nous le faisons avec nos amis en essayant vraiment de comprendre leur opinion.

Nous entendons souvent des personnes dire qu'elles se disputent « comme dans tous les couples ». **Pourquoi le couple devrait-il être le lieu de la dispute plutôt que celui de la discussion attentive et ouverte ?**

De toute façon, nous savons bien que cette "négligence comportementale" risque de nous coûter notre couple et l'équilibre de nos enfants.

Si nous en avons le désir, cette connaissance des différents canaux de perception va nous amener à mieux nous connaître nous-mêmes et notre entourage, et également à nous permettre de mieux communiquer avec les autres sans faire d'erreur d'interprétation.

Devrions-nous essayer de changer le canal de perception des membres de notre entourage, pour avoir tous le même ?

Ou devrais-je modifier le mien pour être en harmonie avec celui de la majorité de ma famille ?

Autant le savoir tout de suite, ce n'est pas possible...

Cela nous permet d'envisager l'harmonie comme une adaptation de chacun à l'Autre et de l'Autre à nous-mêmes.

Harmonie n'étant pas synonyme de similitude.

Nous avons déjà évoqué le fait que deux auditifs n'auront pas forcément plus de goûts en commun qu'un visuel et un tactile ensemble, par exemple.

Les affinités sont des critères de "sélection" beaucoup plus efficaces et cohérents que nos canaux de perception.

Un visuel passionné de peinture surréaliste se sentira plus proche d'un auditif nourrissant la même passion que d'un autre visuel amateur d'icônes.

L'importance fondamentale pour permettre une bonne communication est :

– De connaître les différents modes de fonctionnement (les miens, ceux des autres),

– De les comprendre et...
– D'y être attentifs dans la vie de tous les jours.

Des exercices simples sont maintenant proposés pour nous permettre de savoir :
– Comment nous percevons la vie,
– Comment notre entourage la perçoit,
– Comment intégrer ces notions au quotidien,
– Comment mieux communiquer,
– Et être ainsi plus heureux.

Il est important de reprendre ces notions de temps en temps pour être certains que nous profitons pleinement de ces connaissances. Faire un petit bilan à quinze jours, un autre à un mois, puis à trois mois nous permettra de ne pas oublier ces notions qui seront alors intégrées.

Application n° 1: Le "repérage"

Vous repérez votre canal préférentiel:
– Êtes-vous visuel?
Vous employez sans doute des termes à connotation visuelle:
« Vous voyez ce que je veux dire », « Tu vois? »

– Êtes-vous auditif, hypersensible aux bruits? Vous mémorisez mieux en écoutant qu'en lisant?

– Êtes-vous tactile et dans le ressenti des atmosphères?

Application n° 2: Le "repérage" de l'entourage

Cela peut se faire sous forme de jeu, toute la famille réunie:
– Le canal préférentiel de votre conjoint,
– Celui de chacun de vos enfants.

Application n° 3: Les conséquences

Il est important que cette analyse faite en groupe soit ludique: ce n'est pas un champ de bataille mais un espace de discussion plutôt drôle.

– « Ah, je comprends mieux, puisque je suis visuel, quand j'arrive et que je vois vos jouets dans l'entrée, j'ai la fumée qui me sort par les oreilles! »
– « À quel autre moment vous avez vu (!) que je m'énervais? »
– «Quand on ne travaille pas bien! » dit un de vos enfants...
– « Oui, tu as raison... Mais ce ne sont pas mes yeux qui sont impliqués! »
Espérez seulement qu'un autre de vos enfants ne vous dise pas que si, justement, puisque vous lisez le carnet de notes!
Même recherche pour chaque membre de la famille.

Application n° 4: Les propositions

Chacun fera des propositions pour que le canal préférentiel de chaque membre de la famille soit moins mis à mal!
« Je ferai attention à l'aération de la pièce avant ton retour, puisque tu es tactile. »
« Nous ferons attention avec nos jouets dans l'entrée. »
« Nous débarrasserons la table du petit déjeuner pour que les visuels de la famille ne se sentent pas agressés à leur retour à la maison »
« Je serai attentif au volume de ma musique pour ne pas t'importuner »

Il est important de ne pas exprimer de scepticisme quant à la réalisation de ces objectifs, tout sarcasme allant à l'encontre de la bonne humeur générale.
Une fois encore, ce n'est pas un lieu de règlement de compte, mais celui du respect de l'autre et de soi-même, et du développement de la gentillesse attentive des uns pour les autres.
La famille tirera toujours avantage à se ressentir comme une équipe gagnante, dans le genre des « Mousquetaires » et leur célèbre:
« Un pour tous. Tous pour un. »

Application n° 5

Vous allez chercher votre agenda et notez de refaire l'exercice n° 4 avec toute la famille dans huit jours.
Vous l'annoncez en « grande pompe »:
« Tout le monde est d'accord pour que nous fassions le point dans huit jours pour voir si nous avons pensé à améliorer notre comportement? »

Vous notez aussi quinze jours plus tard et vous le proposez: vous vérifierez tous les progrès accomplis ou les petits efforts d'attention à intégrer à votre quotidien.
Là encore, pas de reproches virulents, seulement des clins d'œil, du genre:
« C'est drôle, les jouets qui avaient compris qu'ils n'avaient pas à être dans l'entrée, ont complètement oublié ce que nous leur avions demandé!

Comment le leur rappeler? »
Il serait très étonnant qu'un de vos enfants ne suggère pas une solution sympa et efficace.

Les reproches font culpabiliser s'ils sont énoncés de façon virulente. Si vous changez la forme et non le fond, vous serez davantage entendus. Les enfants sont toujours reconnaissants de ne pas être fortement disputés pour des choses mineures et apprécient des parents doux, fermes, justes... Et drôles!

Parallèlement, demandez à votre conjoint de vous rappeler de rester vigilant à ses attentes car vous aussi, vous avez pu oublier. Même chose de son côté.
La bonne volonté est la base des progrès et de l'amélioration du fonctionnement familial.

Rappelons-nous qu'exprimer notre désir est un cadeau que nous nous offrons: l'autre, les autres qui nous aiment auront plaisir à nous satisfaire si nous ne sommes pas tyranniques et injustes.
Invitons chacun d'entre nous à s'exprimer, cela nous évitera d'essayer de jouer les devins et de nous tromper si souvent.

En cas de conflit, avoir le réflexe de se poser les bonnes questions est déjà un pas vers sa résolution.

Suivant l'âge de nos enfants, informons-les de ces modes de fonctionnement avec des mots simples et de façon ludique pour qu'ils puissent mieux comprendre leur monde environnant.

Nous saurons expliquer comment nous fonctionnons et ce que nous aimerions que notre entourage fasse pour nous.

Chaque membre de la famille aura intérêt à agir de même.

Il n'est bien sûr pas question de lister les contraintes que nous voudrions imposer, mais seulement demander un peu d'attention pour notre canal.

Nous verrons nous-mêmes ce qu'implique, pour nous, cette nouvelle prise en considération de l'Autre, dans un domaine que nous ne connaissions pas et qui entraînait incompréhension et conflit.

L'amélioration qui va en résulter est d'un bénéfice immense à côté du petit effort que nous allons fournir.

L'attention que nous allons témoigner et réciproquement ravira chacun et stimulera le respect de chacun envers autrui.

Petit effort, grand résultat.

Va vers - Loin de

Il s'agit ici d'une notion décrite en PNL * (Programmation Neuro-Linguistique), une approche américaine de certains de nos modes de fonctionnement.

De même qu'une bonne connaissance de nos canaux de perception est chose facile et incroyablement utile, celle des *Va vers* et des *Loin de* apporte une aide précieuse à la communication dans le couple et avec les autres en général.

Un *Va vers* est une personne qui fonce : elle prend rapidement ses décisions, connaît fort peu l'ambivalence.

Si une nouvelle opportunité se présente, elle prendra une décision à une vitesse remarquable.

Cela se passe-t-il sans heurt ?

Non, pas toujours, mais ces éventuels écueils sont acceptés, "digérés" rapidement, et la personne passera à autre chose sans s'arrêter sur son échec.

Par exemple, pour acheter un poste de télévision, elle prendra la décision de l'achat dès qu'elle en aura les moyens, ou contractera un crédit dès que l'envie d'une télévision apparaîtra.

Le choix s'effectuera tel un météore : l'étiquette synthétique sous l'appareil lui suffira et, éventuellement une vague explication du vendeur.

Le choix est-il toujours judicieux ?

Non, mais cela n'est pas très important pour elle, qui privilégie le plaisir de la satisfaction rapide d'une envie et l'action.

Si elle avait dû refréner son désir, la frustration aurait été

** La programmation neuro-linguistique est une méthode de développement personnel et de thérapie d'origine américaine basée initialement sur l'observation du comportement des personnes qui réussissent très bien dans un domaine donné. La PNL permet souvent de résoudre un problème sans avoir à entreprendre une thérapie classique qui, elle, aborde la personnalité dans son ensemble.*

bien plus douloureuse que le constat *a posteriori* d'un achat moins adéquat qu'il aurait pu l'être.

La stratégie du *Loin de* est inversée par rapport à celle du *Va vers.*

Il s'agit d'un "grand prudent" : personne analytique, qui liste les avantages et les inconvénients d'une situation, d'un achat, d'une décision, avant d'agir.

Que ce soit dans le cadre de l'achat d'une télévision ou d'une maison, la démarche sera la même.

Bien fou sera celui qui demandera une réponse sous huit jours.

L'analyse de l'objet convoité est complète. Toutes les caractéristiques techniques seront épluchées :

- La fiabilité,
- La solidité,
- Les garanties,
- Le rapport qualité/prix,
- Les prochaines sorties sur le marché, etc.

Cela nécessite du temps, une analyse comparative appuyée (ce qui est incompatible avec la précipitation du *Va vers* qui privilégie la rapidité quitte à réaliser une affaire moins intéressante).

D'autres critères sont analysés en parallèle pour budgéter au mieux cet achat :

- Est-ce le bon moment ?
- Le meilleur investissement souhaitable,
- Est-ce raisonnable ? etc.

Autant de questions qu'un *Va vers* aura pu éluder d'un revers de main, après une rapide réflexion.

Tout ami désirant, par exemple, acquérir une télévision, aura tout intérêt à demander au *Loin de* "son dossier" : précieuse aide pour ne pas risquer d'oublier un critère de choix, de se laisser "emporter" et d'effectuer un achat éventuellement "déraisonnable".

Un *Loin de* est presque toujours très satisfait de son achat, de sa démarche qu'il n'aura pas à critiquer par la suite.

Il a agi pour le mieux sur le moment. C'est simple et ça lui semble tellement évident, qu'il peut éprouver de grandes difficultés à comprendre le fonctionnement du *Va vers*. Éventuellement il considérera ce dernier comme "léger" et non raisonnable.

Si les *Va vers* ont considéré la description du *Loin de* comme rébarbative, voire ennuyeuse et peu "fun", les *Loin de* n'imaginent pas pouvoir agir différemment : ce serait sciemment risquer de commettre une erreur.

Et si le critère principal est la raison ? Ont-ils tort ?

Par ailleurs, il semble évident que tirer des plans sur la comète, comme le font les *Va vers* pour se désangoisser, aurait l'effet inverse pour le *Loin de*. En effet, imaginer une situation sans en être sûr, le placerait dans un état de stress qu'il fera tout pour éviter.

Bien évidemment, nombre d'entre nous ne se reconnaîtront pas dans ces deux tableaux typiques. Dans ce cas, il est intéressant d'essayer de voir en soi une tendance plutôt *Va vers* ou plutôt *Loin de*. Cela nous permet d'être plus sensibles à nos besoins et à nos susceptibilités.

Nous apprendrons à reconnaître chez notre interlocuteur ce mouvement de pensée : cela permettra de ne pas être offensé devant un *Loin de* qui nous donnerait un conseil de prudence, sans imaginer que l'autre nous prend pour un incapable, voire un gamin.

De la même façon, si nous sommes *Loin de*, ne pas prendre l'enthousiasme d'un *Va vers* pour un manque caractérisé de réflexion, voire de maturité.

Dans le couple, il est fondamental, si les comportements sont différents à ce niveau, de le savoir. Sinon un monde d'incompréhension se construit avec son cortège de frustrations et de vrais risques pour le couple.

Le *Va vers* ne supportera pas de ne pouvoir exprimer ses hypothèses rapides et apaisantes ou de ne pas effectuer un achat/plaisir plutôt qu'un achat différé/plaisir/raison.

Un *Loin de* sera agacé de passer pour un rabat-joie, un empêcheur systématique de tourner en rond.

Ces comportements n'étant que faiblement sujets à changement, il est préférable d'apprécier l'attitude de l'autre avec tous ses avantages, et de composer avec les inconvénients que nous aurons dédramatisés car compris.

La situation devient alors beaucoup plus facile à gérer.

Chacun peut accepter l'Autre avec ses différences parce qu'il les comprend.

Regardons le fonctionnement de Jeanne et de Paul : elle, une *Va vers* typique et lui un *Loin de* sans ambivalence.

Ils viennent consulter car leur mésentente s'amplifie de jour en jour. Les accès de colère de l'un comme de l'autre se multiplient tant qu'ils commencent à douter de leur amour.

Jeanne est au chômage et la situation financière familiale est moins confortable qu'auparavant. Elle est très active dans sa recherche d'emploi.

Demain, Jeanne a rendez-vous dans une entreprise.

Elle explique la dispute qui a eu lieu à propos de ce rendez-vous, comme à propos de tous les autres avant.

Jeanne va nous exposer sa stratégie mentale, ou plus simplement sa façon de faire.

J. : « Dès que j'obtiens un rendez-vous, je m'y vois ! »

(Haussement d'épaules de son mari et soupir exaspéré.)

P. : « N'importe quoi, comment peux-tu t'y voir alors que tu ne connais ni l'endroit ni la personne qui va te recevoir ! »

J. : « Tu ne veux pas comprendre, je m'imagine en situation. Cela me permet de mieux réfléchir aux différentes possibilités qui s'offriront à moi demain ! J'émets des hypothèses et fais les réponses que je pense adéquates ! C'est une sorte d'entraînement ! En quoi cela peut-il bien te gêner ? »

P. : « J'ai horreur de cette perte de temps à rêver. Rien n'est concret. Si cela se trouve, l'entretien se passera d'une façon que tu n'auras pas du tout imaginée et tu te retrouveras comme deux ronds de flan. Tu ne sauras pas quoi répondre car tu auras réfléchi à tout autre chose ! Et là, tu passeras pour une, comment dire, une ralentie ! »

J. : « Tu imagines que je réfléchis si lentement ! Je vois que tu me connais bien ! »

P. : « Ça y est, elle se vexe ! On ne peut rien lui dire ! »

J. : *(invitée à continuer son "exposé")* « Ensuite, j'envisage la discussion du salaire. Ça sera sûrement chaud et c'est de bonne guerre ! Mais il n'est pas question que je ne gagne pas plus qu'il y a un an car sinon, autant attendre de trouver un travail mieux rémunéré. On peut tenir encore un peu avant d'accepter un salaire bradé. »

Paul acquiesce sans enthousiasme tant il est exaspéré.

Jeanne hésite à continuer et regarde son mari du coin de l'œil : elle sait ce qui va se passer.

J. : « Ensuite, pour mon plaisir et parce que c'est le but de tout cela, je planifie ce que ce salaire nous permettra de réaliser. »

Paul est invité à se taire, d'un signe.

J. : « Lorsque je retravaillerai, je prendrai une femme de ménage. C'est trop épuisant de devoir commencer une nouvelle journée en rentrant à la maison, le soir, alors que je suis déjà éreintée. Je n'aurai pas de vacances et aimerais envoyer nos deux enfants en colo pendant un mois : j'en ai repéré une qui semble très sympa avec sports et observation des étoiles. Ils vont adorer ! Puis d'ici trois ou quatre mois, nous pourrons changer le frigo et la machine à laver qui montrent déjà des signes de faiblesse inquiétants ! »

Paul est recroquevillé dans son fauteuil et tourne ostensiblement le dos à son épouse. Il évite de regarder le thérapeute qui la laisse "divaguer".

Le thérapeute pose la question qui doit expliciter le comportement de Jeanne :

« Et si vous n'êtes pas engagée, que ressentirez-vous, que ferez-vous ? »

Jeanne ne semble pas troublée par la question et avec un léger haussement d'épaules accompagné d'une moue dubitative répond tranquillement :

J. : « Que voulez-vous que cela me fasse ? Je serai un peu déçue mais vous savez, cela m'est déjà arrivé. Je me dis « Zut, la barbe ! », et je me remets à chercher dès le lendemain. Je ne traîne pas parce qu'il vaudrait mieux que je trouve rapidement. »

La parole est rendue à Paul qui, un sourire sarcastique aux lèvres "attaque" :

P. : « C'était bien la peine de construire des châteaux en Espagne et avec ça, dans les moindres détails encore ! Ce qui me démonte, c'est qu'elle fait ça à chaque fois et que ça ne lui sert pas de leçon ! Et elle voudrait en plus que je m'enthousiasme à écouter ses délires. Quand il y en a un qui délire, il vaut mieux que l'autre ait les pieds sur terre ! Sinon, bonjour la catastrophe ! »

Ce dialogue, qui peut évoquer du "déjà vécu", est malheureusement très fréquent.

Si les différents comportements étaient simplement connus, cela éviterait beaucoup de souffrance morale, de découragement voire de disputes multiples pouvant aboutir à des séparations.

Synthétisons ce qui se passe pour un *Va vers.*

Jeanne mène sa recherche d'emploi avec d'autant plus de tonus qu'elle s'offre des projets séduisants et réalistes (de façon différée). C'est une sorte de carotte, constamment présente, dont le *Va vers* peut parler avec un plaisir anticipé sachant qu'*a priori* son projet peut se réaliser.

Un entretien pour une embauche éventuelle est programmé :

– Le *Va vers* se voit au rendez-vous,

– Imagine son interlocuteur,

– Son discours (plusieurs versions possibles),

– Les questions qui lui seront posées,

– Avec quelle *maestria* il aura répondu,

– La façon dont ils se quitteront avec une satisfaction mutuelle,

– Son futur salaire,

– Et tout ce qui lui sera possible de changer dans sa vie avec des revenus substantiellement augmentés,

– Il a déjà planifié ses prochaines vacances,

– L'achat de tel ou tel matériel... Qu'il ne manquera pas de concrétiser dès qu'il aura négocié ce nouveau poste.

Le rendez-vous arrive. Finalement, le *Va vers* n'est pas engagé.

Sa déception, pour réelle qu'elle soit, est limitée dans le temps puisqu'une nouvelle recherche lui permettra de l'oublier très rapidement.

Incroyable optimiste ? Plutôt un imaginatif qui préfère prévoir positivement, ce qui lui permet d'attendre avec moins d'angoisse une échéance.

Peut-on aller jusqu'à dire que cette espèce de “planification” à court terme des différentes situations de sa vie lui permet de gérer son stress en ayant l'impression de diriger les choses ? C'est vraisemblable. S'ensuit-il une période de blues ?

Généralement non, une vague impression de déconvenue (sauf cas très critique financièrement) et une nouvelle démarche quasi immédiate pour trouver un nouveau travail, en employant la même “tactique” désangoissante.

Dans le cas de Jeanne et Paul, nous pouvons imaginer à quel point cette incompréhension envenime la vie quotidienne du couple et évidemment de la famille.

Même si les parents savent qu'il est très stressant pour leurs enfants de les entendre se disputer, voire s'insulter, il est évident que souvent les parents n'attendent pas d'être seuls pour “régler” leurs comptes qui justement ne seront pas réglés de façon adéquate.

L'entretien que Jeanne et Paul ont décidé d'avoir en présence d'un thérapeute a été une franche réussite pour ce couple au bord de la catastrophe.

Paul a appris que sa femme se désangoissait en tirant des plans sur la comète, et se donnait du cœur à l'ouvrage en échafaudant des projets.

Il a découvert, sidéré, que l'échec ne l'atteignait pas profondément, comme cela aurait été le cas pour lui.

Nous voyons qu'il voulait protéger sa femme d'une désillusion qu'il imaginait cruelle alors qu'il n'en était rien. Sa femme n'avait pas perçu qu'il essayait maladroitement de la préserver.

Nous allons compléter le tableau en écoutant le *Loin de* dans la même situation.

Paul expose la stratégie qu'il utiliserait :

P. : Je déterminerais à l'avance le salaire que je voudrais.

Avant de répondre à l'annonce, je considérerais l'éloignement travail/domicile.

C'est tout.

Après le premier entretien, j'attendrais la réponse sans trop d'illusion.

Nous savons tous aujourd'hui que la compétition est sévère et que les recruteurs ne donnent que peu d'indications réalistes après un entretien. Ils ne peuvent pas savoir si, après moi, ils vont recevoir des candidats correspondant davantage au profil recherché. Donc, même si l'entretien s'est bien passé, j'ai conscience que cela ne signifie rien et j'attends le deuxième.

Si je sais que je vais passer un troisième, je peux juste me dire « Tant mieux ! » Pour les mêmes raisons, je ne conclus rien. Cela semble peut-être rabat-joie, mais j'ai horreur de bâtir des châteaux en Espagne : cela m'humilie. Si je suis engagé, au salaire désiré ou plus, je suis satisfait de cette première étape.

Ce n'est en effet que la première étape puisqu'il y a une période d'essai de trois mois. Donc, je ne vends pas la peau de l'ours et attends ces trois mois. Je suis un peu satisfait pendant cette période. Je ne commence pas à dilapider l'argent puisque je ne sais pas si le chômage ne va pas recommencer !

Si finalement j'ai mon poste de façon sûre, je respire, et nous pouvons sabler le champagne. C'est à ce moment-là que je commencerai à en parler aux proches.

Avant, c'est inutile, car si cela ne marche pas, ils peuvent être très déçus et encore plus inquiets.

Cette nouvelle connaissance des stratégies de vie s'intègre d'autant plus facilement que l'angoisse d'une séparation peut disparaître aussitôt si cette différence comportementale en était la base : la cause du conflit s'évanouit.

Le *Loin de* ne prend plus son époux *Va vers* pour un écervelé.

Le *Va vers* comprend que son époux veut lui éviter de cruelles désillusions.

Nous savons que notre besoin de nous exprimer comme nous le faisons sera compris par l'Autre et inversement, bien sûr.

Comme nous l'avons vu dans le couple de Jeanne et Paul, si cette incompréhension durait, cela entraînerait une vraie distance entre les époux.

« Pourquoi dire ce que l'on ressent si cela doit entraîner une dispute ? Autant aller se confier ailleurs. »

Une fois ces différents comportements compris, le *Va vers* pourra apprécier les conseils du *Loin de* qu'il prendra pour une attitude attentive et non infériorisante.

Le *Loin de* pourra écouter d'une oreille bienveillante un discours qui en fait est réaliste à terme.

La complémentarité du *Va vers* et du *Loin de* est un avantage important pour un couple, une équipe de travail, ou des amis, si elle est bien comprise et gérée.

L'enthousiasme du *Va vers* ne le laisse pas dupe du côté quelquefois "frustration de l'attente" de ses désirs.

Le *Loin de* l'aidera alors à sérier les objectifs vraiment importants.

L'entente du couple en sera encore augmentée : écoute, respect et clin d'œil aux habitudes comportementales de chacun, dans une atmosphère affective sûre. De la même façon, les atermoiements et réflexions du *Loin de* pourront devenir moins pesants et sauront être appréciés au contact du dynamisme du *Va vers*.

Une décision difficile à prendre le sera souvent moins en face du sourire enthousiaste du *Va vers*.

Le *Loin de* regardera son "acolyte" *Va vers* avec amusement, si celui-ci le laisse réfléchir et analyser.

Tout le monde y gagnera.

Un *Va vers* peut-il devenir *Loin de* et inversement ?

Il ne semble pas qu'un changement radical soit fréquent.

Un *nota bene* d'importance : une personne déprimée, hésitante, sans enthousiasme n'est pas plus souvent un *Loin de* qu'un *Va vers*. C'est une personne déprimée qui ne peut réfléchir que lentement. Cette personne ne pourra pas prendre de décision : il s'agit d'une inhibition de la pensée dans le cadre d'une dépression, ce qui n'est évidemment pas le cas du *Loin de* qui décide après les mûres réflexions qu'il juge utiles.

Par contre, nous pouvons envisager un *Loin de* accélérant sa prise de décision : une urgence qui peut être d'ordre professionnel, social ou affectif.

L'importance de l'enjeu change ponctuellement le fonctionnement habituel.

Peut-on penser qu'un couple qui fonctionne de la même façon a plus de chances de durer qu'un autre ?

Il serait hasardeux de l'affirmer car les idées et idéaux ne se rangent pas en ces deux catégories *Va vers* et *Loin de*, et l'entente de deux personnes ne se fait pas sur la forme mais sur le fond.

Il est peut-être possible d'imaginer une plus immédiate facilité à s'entendre, entre deux êtres ayant des opinions proches et fonctionnant de la même façon *Va vers* ou *Loin de* qu'entre deux personnes ayant des idées communes, mais étant opposées dans cette approche du monde.

Il s'agit peut-être plus de rapidité d'entente, de découverte que de profondeur ou de proximité.

Par ailleurs, si deux *Va vers* vivent ensemble, il est difficile d'imaginer que leurs pensées, leurs choix, iront toujours dans le même sens.

Si l'un, avec son enthousiasme débordant veut prendre une décision, que l'autre veut en prendre une autre, avec la même énergie, le terrain de négociation peut être difficile à trouver !

Espérons que la connaissance de leurs façons de voir le monde leur permettra de ne pas s'agresser.

De même pour deux *Loin de*, espérons que leurs hésitations ne se surajouteront pas pour freiner leur dynamisme.

Une fois de plus, force est de constater que l'entente se base sur les affinités, les sentiments, et la connaissance du fonctionnement de chacun dans le plus grand respect.

Connaître ces différences comportementales et les intégrer à notre quotidien pourra transformer notre couple en l'équipe gagnante qu'il n'était pas auparavant.

Application n° 1: Repérage

Une réflexion personnelle s'impose: êtes-vous *Va vers* ou *Loin de*?

Application n° 2: Même analyse pour votre entourage

L'analyse des personnes que vous rencontrez quotidiennement: de quel groupe font partie votre conjoint et vos enfants?

Application n° 3: Les conséquences

Si vos enfants sont assez grands, ils prendront certainement plaisir à repérer leur façon de fonctionner et à en voir les implications au quotidien.

Dans votre famille, vous pouvez établir le groupe des *Va vers* et celui des *Loin de* et demander à chacun de trouver des exemples représentatifs au quotidien:

– Lors d'un achat récent, vous pouvez retrouver le fonctionnement différent des deux groupes.

– Si vous et votre conjoint fonctionnez différemment, vous pouvez expliquer à vos enfants les particularités de chacun.

– Si vous demandez à vos enfants de dessiner une maison, par exemple, les uns peuvent la réaliser vite sans beaucoup de détails, les autres non: « Quel genre de maison aimeriez-vous habiter plus tard? » Les *Va vers* peuvent répondre vite et dessiner de même, les *Loin de*, y réfléchir plus longuement.

Application n° 4: Les conduites à tenir

Il est très important de reconnaître le fonctionnement de chacun lorsque l'on est en couple.

Après avoir lu, tous les deux, le chapitre, si vous n'avez pas la même façon de procéder, vous allez vous rapprocher, et beaucoup mieux vous comprendre.

Vous pouvez reprendre un exemple que chacun garde en mémoire. Vous le "décortiquez" comme il a été fait dans ce chapitre.

Le but est de perdre l'habitude de voir des intentions sous-jacentes là où il n'y a que différences comportementales.
Vous analyserez que les conseils d'un *Loin de* ne sous-entendent pas que le *Va vers* n'est pas fiable ou sérieux dans ses décisions.
C'est un conseil "d'ami", pour faciliter la vie, non pas pour freiner ou empêcher le *Va vers* d'agir librement.
Cette discussion devra vous apporter une reconnaissance mutuelle avec le soulagement d'une meilleure compréhension et l'assurance d'être respecté, ce dont vous pouviez peut-être douter auparavant.

Application n° 5

Vous prenez la décision, tous les deux, de rappeler à l'autre votre fonctionnement quand il semble l'avoir oublié.
Notez sur votre agenda d'effectuer un bilan au bout de deux semaines, pour constater si l'ancrage de cette évolution est suffisant.
Par ailleurs, prenez l'habitude d'exprimer aussitôt ce qui ne va pas. Ne laissez pas le temps s'écouler sur un *quiproquo* ou une inexactitude. Sinon ces non-dits engendreront probablement de la tristesse, voire de l'agressivité.
Le but de cette nouvelle connaissance *Va vers* et *Loin de* est aussi de diminuer d'importance, les disputes et les frustrations qui s'amoncellent.
Le contentieux dû aux incompréhensions et interprétations fallacieuses et fausses se dégonflera.
En s'exerçant dans les différents domaines de notre vie, les disputes doivent régresser très notablement pour laisser la place aux discussions constructives.
Une fois encore, il s'agit d'un choix: au moins, maintenant vous savez que vous l'avez!

La Projection

La projection est un de nos modes de fonctionnement habituels, et le plus souvent inconscient.

Il s'agit d'attribuer à notre interlocuteur ou à l'Autre, au sens large, des pensées, des intentions, des sentiments qui en fait, sont les nôtres.

Prenons un exemple.

Je suis souvent inquiet et je dis régulièrement aux autres « Surtout, ne vous inquiétez pas », comme s'il était évident que celui que je rencontre est anxieux (comme moi je le suis).

Dans le même ordre d'idée, les messages sur les répondeurs peuvent être éloquents : « Je ne suis pas disponible pour le moment, mais, ne vous inquiétez pas, je vais vous rappeler ! »

Dans cet exemple, nous exprimons le souci pour l'Autre et la protection qu'en fait, inconsciemment, nous aimerions recevoir nous-mêmes des autres.

« Je trouve le monde dangereux ou hostile, même si ce n'est pas vraiment conscient de ma part. J'en souffre et veux rassurer les autres, comme j'aimerais l'être moi-même. »

Si notre interlocuteur nous répond avec une pointe d'agacement dans la voix :

« Mais je ne m'inquiète pas, pourquoi dites-vous cela ? »,

Nous nous sentons agressés, puisque nous n'exprimions que de l'attention voire de l'amitié dans cette protection suggérée.

Pourquoi l'Autre se montre-t-il alors de “mauvaise humeur” ?

En fait, il lui a été désagréable de nous entendre lui prêter des idées, des intentions qui ne sont pas les siennes :

– Je vois que tu as peur,
– Je sais que tu m'en veux,
– Je sais exactement ce que tu penses,
– On est pareil,
– Tu mets ma parole en doute,

sont des sentiments qui peuvent être les miens et que je "prête" à l'Autre qui ne se reconnaît pas dans ces réflexions et se sent agressé car non respecté dans sa "vérité".

Si par chance nous tombons juste (quelquefois, cela doit bien nous arriver !), la réaction de l'Autre est le plus souvent de l'ordre du plaisir d'être compris ou de l'agacement d'être découvert.

Ne serait-il pas plus simple et diplomatique de poser des questions plutôt que d'asséner des "affirmations" ?

Si notre « Je sais que tu as peur » est remplacé par « Je me demande si tu as peur », ou encore si « Je sais ce que tu penses » est oublié au profit d'un « Est-ce que tu penses que... », notre communication en sera plus confortable et plus juste.

Notre processus de projection a pour but de nous rassurer (le plus souvent, inconsciemment bien sûr). Si nous prêtons nos sentiments à l'Autre, il nous semblera moins étranger, et donc plus accessible. Nous pouvons aussi avoir besoin de nous rassurer en croyant que tout le monde pense comme nous : cela nous "normalise" et diminue inconsciemment notre manque de confiance en nous, notre inquiétude.

Lorsque nous sommes dans la position de celui sur lequel l'Autre fait une projection, nous ressentons un malaise. Un peu comme si nous ne nous appartenions plus, que quoi que nous disions, si l'Autre est un peu "tonique", nous ne serons pas entendus.

Très désagréable et tout à fait agaçant.

Nous finissons souvent cet embryon de "discussion" par un « Si tu sais mieux que moi ce qui me concerne... » en tournant les talons, furieux.

Un autre exemple de projection plus insidieux et concernant la communication en général.

Une femme appréciée de tous, représentant pour son entourage l'archétype de la femme moderne, dynamique, un modèle pour tous.

Un jour elle apparaît épuisée par un travail harassant, et se trouve au même moment dans une situation financière très préoccupante.

Elle dort mal, son moral flanche, elle se sent de plus en plus fatiguée : elle commence une dépression. Elle attend quelques semaines pour aller consulter, et se voit proposer un arrêt de travail aussi inattendu pour elle qu'exceptionnel. Son mari qui a déjà été déprimé la chouchoute, lui demande de se reposer au maximum, opportunité qu'elle n'a jamais eue auparavant.

Les amis sidérés de la voir refuser toutes les invitations, les sorties et parler d'une voix lasse et sans entrain, lui conseillent gentiment et fermement de se secouer : le grand air lui fera du bien, elle doit se distraire, elle, "une femme si forte", ne peut pas être déprimée.

Son mari décidera avec elle de faire barrage, le temps que le traitement et le repos absolu fassent leurs effets.

Que se passe-t-il de la part de ses amis ? Dans un groupe, chacun a un rôle, une image. En général, les seules modifications relevées avec amitié et amusement sont les nouveaux comportements amoureux : l'Autre "ne se ressemble plus" pour un temps. L'Amour étant un but partagé par la majorité, aucune remise en question inquiétante n'est faite (exception faite des couples qui s'entendent mal et qui font le bilan de leur relation en se comparant à ce nouveau couple si heureux). Lorsque la figure emblématique du groupe, la femme forte, la mère courage, l'amie si tonique, ce roc, vient à faiblir, le groupe souvent vacille.

Pourquoi ?

Chacun, ami de cette personne à l'énergie admirée, est rassuré de voir que l'on peut être si fort.

Si "elle" peut le faire, j'ai des chances de le réaliser aussi : je me suis projeté. Je sais qu'à chaque fois que je la rencontre, je me sens plus tonique, comme énergisé : c'est agréable, gai et rassurant. Cela dure depuis si longtemps que je l'ai mise, inconsciemment dans le pool des "indestructibles". Maintenant, je la sais déprimée, au lit la plupart du temps, incapable de faire quoi que ce soit. Je me projette encore, sans le savoir : si elle, si énergique, est capable de tomber, moi qui n'ai pas le quart de son tonus, je cours des risques que je n'avais pas vraiment envisagés... Je me retrouve beaucoup plus vulnérable que je ne le souhaiterais. Il est plus rapide, plus rassurant de nier la situation qui me provoque trop d'angoisses inconscientes. De plus, ne connaissant pas personnellement la dépression, je "stimule" comme je peux, ne sachant pas qu'en agissant de la sorte, j'augmente le sentiment de malaise de cette amie qui ne se sent pas comprise et reçoit ces "stimulations" comme une exhortation à moins de paresse ou de complaisance.

C'est injuste, mais je ne le sais pas ; c'est blessant, mais telle n'était pas mon intention.

En fait, je me suis projeté :

– Elle va mal,

– Cela m'angoisse,

– Je le nie,

– J'essaie que cette situation stressante pour moi dure le moins longtemps possible.

Cette même situation sans projection :

– Elle va mal,

– Je le reconnais,

– Je la rassure : « C'est bien logique de flancher quand on a tellement travaillé et que se surajoutent des problèmes financiers »,

– Je lui demande si je peux l'aider,

– Je lui demande si elle a envie de parler, de recevoir des visites,

– En cas de réponse négative, je lui demande si je peux joindre son mari pour prendre de ses nouvelles,

– En général elle en est ravie,

– Je lui redis toute mon amitié et ma tendresse,

– Et ose éventuellement un petit souhait : « Si seulement tu pouvais changer un peu de rythme et penser davantage à toi »,

– J'ai essayé que ce coup de fil soit court car je sais que même le fait de parler est fatigant pour une personne déprimée.

La seule projection que l'on puisse envisager dans ce schéma est de se comporter avec les autres comme l'on aimerait que l'on se comporte avec nous.

Cet exemple nous montre de façon un peu caricaturale, mais tellement habituelle, à quel point la projection parle de nous et non de l'Autre. Avons-nous remarqué comme nous "prenons mal" le fait que l'Autre se rebiffe lorsque nous lui attribuons, en toute bonne foi, des sentiments ou intentions qu'il nous dit ne pas avoir ? Cela nous insécurise et, fréquemment nous sommes tellement inconscients de notre processus mental que nous n'essayons même pas d'écouter l'Autre qui « montre sa mauvaise foi ou son mauvais caractère, alors que nous n'avons rien fait » !

Un principe de base de la communication est d'écouter l'Autre et de penser qu'il sait peut-être mieux que nous, ce qu'il pense, ressent et veut !

Essayons d'avoir suffisamment confiance en nous pour ne pas avoir besoin d'imposer nos idées pour nous rassurer.

Imaginons un instant que l'Autre essaie de nous convaincre qu'il sait mieux que nous, ce que nous pensons, ressentons, voulons. Nous réagirions avec la même violence verbale (pouvant aller jusqu'à la colère) : nous nous sentirions en face d'un intrus qui joue les despotes dans notre domaine privé. Cette intrusion stimulerait aussitôt notre système de défense et nous nous mettrions en position de protection de notre territoire. Pourquoi donc ne pas imaginer que l'Autre aura cette même réaction que nous connaissons si bien, si nous tentons de nous immiscer dans son domaine ?

Il nous est certainement arrivé de prêter à l'Autre des intentions négatives ou de l'imaginer avoir des défauts qui, en fait, sont les nôtres et en aucun cas les siens.

Ce genre d'attitude, à nouveau déclenché par notre inconscient, est le plus souvent mal perçu par notre interlocuteur qui se sent accusé injustement. Lorsque nous agissons ainsi, cela correspond au besoin soit d'abaisser l'Autre, soit d'éviter d'effectuer le point à notre propos : notre inconscient "préfère" attribuer telle caractéristique négative à l'Autre car nous ne supporterions pas de réaliser qu'il s'agit en réalité de nous-mêmes.

De nombreux conflits débutent par cette attitude projective. Malheureusement, nous sommes à tort sûrs de notre fait, et n'acceptons pas que l'Autre le nie !

Si nous avons agacé l'Autre sans que nous sachions pourquoi :

– Nous pouvons le lui demander,

– Nous poser la question de notre éventuelle projection,

– Et... écouter la réponse, voire présenter nos excuses en exprimant que telle n'était pas notre intention.

Nous savons tous que la courtoisie est la base nécessaire pour une communication harmonieuse.

Si l'Autre se comporte de façon projective avec nous, nous savons de quoi il s'agit et à quel point c'est insupportable.

Si inconfortable et générateur de problèmes relationnels que ce soit, ce souvenir nous aidera peut-être à prendre du recul et à nous surveiller pour ne pas agresser l'Autre quand ce n'est pas notre intention première.

Si ce processus de projection nous est habituel, nous devons pouvoir retrouver dans notre passé des disputes que l'on a trouvées injustes, des reproches que nous n'avons pas compris. Essayons de nous rappeler s'il nous a déjà été fait la remarque de notre incapacité à écouter, de notre tendance à penser que nous avons toujours raison.

Dans l'éducation de nos enfants, le processus de projection est vécu comme écrasant pour eux.

En effet, tel parent va décréter que l'enfant a froid même s'il dit le contraire, qu'il va bien s'amuser avec telle activité alors qu'il en a choisi une autre simplement parce que nous, à sa place, nous aurions aimé cette chose que nous lui proposons, voire que nous lui imposons "pour son bien".

Quand un enfant commence à déclarer à son parent : « Tu ne m'écoutes jamais » ou « Je n'ai jamais dit cela » ou « Non, je n'avais pas cette intention », nous sommes certainement devant un parent qui vit sa vie d'enfant par procuration. Il "sait" ce qui est bon pour l'enfant et choisit donc pour lui.

Cette attitude est souvent retrouvée dans les familles où le parent va choisir l'instrument de musique ou le sport qui est "bon" pour l'enfant sans tenir compte du désir de celui-ci. En général il s'agit soit d'un parent qui n'a pas pu apprendre à jouer de cet instrument ou n'a pas pu pratiquer ce sport, dans sa propre jeunesse. Le parent en toute bonne foi, le plus souvent, ne se rend pas compte qu'il impose en évoquant une franchement mauvaise "bonne raison".

L'enfant qui oserait s'insurger, serait aussitôt traité « d'ingrat, de capricieux, d'enfant qui n'a que mépris pour tous les efforts que l'on fait pour lui… » On voit l'enfant se rétrécir, ne plus oser répondre, puisque, de toute façon, il aura tort. Souvent, s'il a tenté d'exprimer son envie, il en a été puni ; punition qui peut aller jusqu'au renoncement de la part du parent à lui offrir des leçons la musique. L'enfant est culpabilisé, se sent incompris, souffre. La faille peut s'agrandir dans sa relation à ses parents.

Il apprend que les êtres qu'il aime le plus au monde et qui sont censés le protéger, ne le comprennent pas, l'accusent et peut-être vont moins l'aimer (puisqu'il semble leur apporter des problèmes et n'être pas suffisamment reconnaissant pour "tout le mal" que les parents se donnent pour lui, puisqu'ils le disent). Il est très fréquent, après quelques épisodes d'incompréhension de la part des parents, que l'enfant perde confiance en eux et donc dans le monde adulte. Il faut dire que dans ce genre de situation, l'enfant est tout à fait impuissant et complètement soumis aux désirs, exigences et injustices de ses parents. Il peut se déprimer et se renfermer. Il doit se soumettre et donner le sentiment d'être content, sinon…

Imaginons que nous fassions travailler notre enfant : devant un devoir de maths, il reste muet, n'y comprend rien.

N'avons-nous jamais exprimé notre agacement (souvent de la perte de notre temps) par un « Mais enfin, c'est facile ! »

Voilà une projection bien fréquente et agressive.

En fait, c'est facile pour moi (mais nous ne parlons pas de moi !), c'est visiblement difficile pour l'enfant, donc :

– Je vais essayer de comprendre où se situe le problème pour lui.

– Je vais essayer de lui expliquer différemment.

– Je vais l'encourager en disant justement que si cela lui semble difficile actuellement, d'ici quelque temps ce sera simple comme "Bonjour" pour lui.

– Que moi aussi j'ai eu certaines difficultés et qu'avec des explications, on s'en sort toujours !

– Que s'il a envie de respirer un peu, qu'il se promène, que cette halte devrait le détendre.

Nous voyons à quel point cette attitude de soutien peut stimuler notre enfant et est à mille lieues de l'humiliation du « C'est facile » qui sous-entend « Comme tu es bête ou comme tu ne fais pas attention ! »

Nous blessons tous nos enfants sans même en prendre conscience. La connaissance du processus de projection devrait améliorer notre communication. Tout le monde en sera bénéficiaire.

La projection qui se veut positive et stimulante n'atteint pas souvent son but. Imaginer que l'Autre a des potentialités identiques aux nôtres dans notre domaine de réussite, est ne pas le respecter et de fait, l'abaisser.

Chacun ses compétences et l'Autre en possède que nous n'avons pas, et inversement.

Un autre domaine de projection que nous vivons si souvent : celui des médias, que ce soit les films, les livres, la publicité.

Un exemple simple que nous avons tous déjà vécu et que nous vivons régulièrement : celui de notre réaction devant un film.

Prenons un film à suspens :

Nous avons peur.

Or nous savons qu'il ne s'agit que de trucages, que le sang n'en est pas, que les victimes doivent bien rire entre deux prises. Nous savons que tout est faux. Si nous avions constamment cette évidence en tête nous n'irions plus au cinéma, notre analyse nous empêcherait de ressentir : nous serions rationnels !

Que se passe-t-il donc ?

Nous nous projetons : nous nous mettons à la place de la victime, ou du "méchant". Nous nous imaginons la nuit dans un cimetière, la brume brouillant tous nos repères, il fait froid ; d'ailleurs nous sommes capables de réellement frissonner de froid et de peur.

Que l'assassin surgisse brutalement accompagné d'un bruit de cymbales : nous décollons littéralement de notre siège.

Autre exemple qui ne laisse de nous étonner.

Nous regardons un dessin animé avec nos enfants : ils adorent notre présence. Soudain le pauvre petit faon perd sa mère (le père a déjà été tué par les méchants chasseurs : ce qui nous a outrés, d'ailleurs).

Ce pauvre petit se retrouve seul dans cette forêt si inhospitalière la nuit ! Nous avons peur, perdus sans protection. À l'aube, nous voyons arriver les lapins, avec grand soulagement pour le petit faon (et pour nous-mêmes).

Que se passe-t-il dans notre inconscient ?

– Nous nous projetons,

– Nous sommes le faon si mignon : rappel de notre enfance, nous étions petits et fragiles,

– Nous étions heureux avec notre maman chérie qui vient de mourir : si tel a été notre cas dans la réalité de notre enfance, nous sommes peut-être déjà en train d'étouffer des sanglots.

– C'est l'enfant en nous qui pleure cet épisode épouvantable de notre passé,

– Nous avons perdu nos repères affectifs et notre sécurité : le faon ne sait pas où aller, il n'a plus de famille. Nous sommes mal à l'aise et pensons peut-être à ce moment même que perdre ceux que l'on aime est une situation tragique.

– Heureusement, cela ne nous est jamais arrivé, mais nous tremblons à cette seule évocation. Touchons du bois pour repousser cet horrible mauvais sort !

– Cela nous est déjà arrivé et nous ressentons une peine immense nous envahir, notre estomac se serrer. Nous nous sentons mal à l'aise, anxieux, tristes voire de mauvaise humeur de ressentir tout cela, ce qui ne paraît pas bien rationnel devant un dessin animé.

– Pour nous, le petit matin pourra symboliser le début de notre reconstruction, les lapins représentant l'entourage affectif que nous souhaiterions tellement rencontrer dans une situation si tragique.

Nous pouvons être sidérés d'avoir ressenti toute cette émotion. Elle nous indique que nous nous sommes personnellement impliqués dans cette histoire : notre projection nous a fait vivre ce que les personnages du dessin animé ont vécu.

Suivant notre passé et notre self-control, nos réactions sont différentes de l'un à l'autre.

Certains seront plus sensibles à un film romantique, d'autres à un film d'horreur, d'autres encore à un western qui symbolise l'aventure, la "justice" (nous n'épiloguerons pas ici sur le rôle dévolu aux Indiens), la force et le courage.

Bon nombre de parents, après avoir vécu cette expérience, se conditionneront avant de regarder à nouveau un dessin animé avec leurs enfants.

Il est rarement agréable, en effet, pour les adultes que nous sommes, de montrer notre sensibilité avec des "symptômes" comme le nez rouge, les larmes aux yeux, voire une larme "énorme" couler lentement sur notre joue en ébullition. Il nous sera plus aisé, la prochaine fois, de rationaliser à tout va et de nous dire : ce n'est qu'un dessin animé, je ne vais pas pleurer, je ne veux pas être ridicule, que vont penser mes enfants ? D'autres, certains que l'émotion sera la plus forte, s'absenteront quelques minutes juste avant le moment fatidique, s'ils connaissent ce film-là ! Sinon...

Autant prévoir une stratégie qui ne permettra pas à notre conjoint de rire sous cape en nous voyant nous éclipser plusieurs fois avec le prétexte fallacieux de la lessive à lancer, et à surveiller (peu crédible). Je vous conseille la surveillance d'un gâteau (très efficace) ou mieux encore, d'un plat en sauce.

La projection se fait de la même façon lorsque nous lisons un roman qui nous passionne : nous "entrons dedans", et nous nous identifions parfois à tel ou tel personnage.

Nous pouvons ne pas le lâcher avant la fin si nous avons une folle envie de savoir ce qui va "Nous" arriver.

Même démarche s'il s'agit d'un personnage négatif que nous aimerions tant voir découvert !

Autre exemple :

Sur une île, une plage, l'eau est délicieusement chaude (les acteurs nous le font supposer), le sable blanc est d'une finesse ensorcelante, les cocotiers aux branches dansant dans la brise légère nous portent à rêver... Nous y sommes... Nos doigts de pieds essaient de se mettre en éventail dans nos chaussures étroites de citadins.

La publicité agit essentiellement par ce pouvoir de suggestion qui répond parfaitement à notre capacité de projection.

Un sport intense, le soleil nous enchante et nous dessèche.

Vite une boisson gazeuse, que le plaisir soit absolu !

Suggestion + Projection sont les deux mamelles de la pub...

À travers ces différents exemples nous voyons à quel point ce mécanisme de projection est utilisé à notre insu dans notre quotidien :

– Qu'il nous soit suggéré,

– Ou que nous "l'utilisions" sur l'Autre !

En prendre conscience nous permet de mieux nous comprendre nous-mêmes, de mieux comprendre les autres, d'être moins vulnérables à leurs projections et d'éviter ainsi bon nombre de conflits.

Apprenons à écouter ce que l'Autre essaye de nous dire, et respectons ce qu'il nous dit.

Nous ne savons pas mieux que l'Autre ce qui est bon pour lui, ce qu'il aime et ce qui le rendra heureux.

Nous avons déjà assez de difficultés quelquefois à le savoir pour nous.

La projection est un "mécanisme de communication" qui entraîne le plus souvent une "non-communication" et des conflits.

Elle exprime certaines de nos difficultés que nous avons bien sûr intérêt à repérer et à comprendre pour ne pas perturber notre relation aux autres.

Application n° 1

À chaque fois que l'on vous parlera de vous et que vous saurez que vous n'êtes pas vraiment impliqué, vous penserez à vous dire que l'autre, en face de vous, doit projeter sur vous quelque chose le concernant (et ne vous concernant pas).

Application n° 2

À chaque fois que vous prêterez des intentions que l'autre décriera, essayez de voir s'il ne s'agit pas de votre propre projection. Nous savons tous que l'autre sait mieux que nous ce qu'il pense ! Si nous pensons qu'il ment, il s'agit d'une autre polémique. Mais nous avons tous intérêt à garder à l'esprit que les façons de voir sont presque aussi nombreuses que les êtres humains. Évitons d'être péremptoire car, en effet, qui est sûr de ne pas se tromper ?

Admettons que si plus d'une personne nous dit que "nous interprétons", nous ne devons pas en avoir conscience, mais nous le faisons certainement.

Pour comprendre et communiquer, discuter et demander à l'autre de nous expliquer son point de vue est la voie la plus sûre et la moins polémique !

Application n° 3

Suivant la personne en face de nous (surtout nos proches), expliquons notre point de vue en disant que nous croyons que l'autre nous attribue une pensée autre que la nôtre.

Il n'est pas utile de s'énerver, il est nécessaire de s'expliquer. Notre bonne foi tranquille peut amener à la solution de nombreux conflits.

Action Réaction

La majeure partie du temps, nous sommes en rapport avec les autres.

Ce peut être de façon directe : nous nous parlons, nous nous téléphonons, nous communiquons par mail, etc.

De façon plus indirecte : nous nous écrivons, nous pensons aux autres, nous faisons des projets les incluant, nous nous souvenons, et implicitement ils étaient déjà là.

Le seul temps de non-communication et de vraie solitude serait donc celui des rêves ?

Ce n'est pas certain : rares sont les rêves dans lesquels nous sommes le seul acteur, et même dans ce cas, nos pensées oniriques concernent, le plus souvent, aussi les autres.

Dans la vie de tous les jours, nous communiquons plus ou moins suivant notre travail, nos occupations : nous sommes en interaction. Lorsque nous sourions, nous montrons à l'Autre un visage agréable, plaisant, qui le porte à se détendre, à se sentir bien. Lorsque nous sommes en colère et que nous arrivons le regard dur, les lèvres serrées, l'Autre ne va pas se risquer à une plaisanterie légère et son “bonjour” sera empreint de réserve. Même s'il ne sait pas ce qui se passe et s'il est concerné par le problème que nous affichons, il sera sur ses gardes, craignant la tempête.

Si nous sommes harassés et pâles, notre interlocuteur ne parlera pas fort, pourra demander des nouvelles de notre santé, sera peut-être inquiet et pourra avoir à notre égard une attitude protectrice.

Ces trois exemples se sont déroulés sans que nous ayons eu à parler : notre état, notre visage, notre comportement physique, nous le voyons, ont valeur de communication non verbale.

C'est une façon d'être, d'agir, sans parole. L'Autre a été réceptif.

Notre “Action” a engendré sa “Réaction”.

L’interaction est un phénomène que nous avons intérêt à prendre en compte constamment.

Être souriant, en avoir la réputation, nous permet certainement d’aborder notre entourage professionnel sans le traumatiser. Il sera plus ouvert, plus communiquant, et le travail ne s’en portera que mieux.

Un sourire, au lever, égaye toute la famille, comme un aspect renfrogné la fait se recroqueviller sur elle-même.

La façon que nous avons d’aborder l’Autre est la base de notre communication.

Sachons que chez chacun de nous, ou presque, il y a un manque de confiance en soi.

Certains sont pétrifiés par le regard de l’Autre ou plutôt par ce qu’ils imaginent lire dans son regard. Ils sont dans la crainte qu’elle soit justifiée ou non.

Nous arrivons à un dîner chez un ami qui a invité des personnes que nous ne connaissons pas mais qui se connaissent entre elles. Admettons que cette situation ne nous soit pas confortable.

Les plus intimidés ne diront mot, tout en s’invectivant intérieurement pour arriver à parler, sans succès.

Si le lendemain, nous avions l’opportunité d’interroger les convives sur le nouveau venu, ils se répartiraient en deux groupes :

– Ceux (et c’est l’immense majorité) qui penseraient que cet ami de l’hôte n’a pas parlé parce qu’il s’est ennuyé, que la conversation ne l’a pas intéressé et que le groupe lui a semblé “nul”. Ils n’ont pas envie de le revoir.

– Ceux qui sont eux-mêmes timides et qui ont compris le malaise de cet invité que la situation a pétrifié. Ils auront souvent essayé de lui tendre une perche sans succès et auront préféré le laisser tranquille, ne voulant pas le mettre davantage sur le gril.

Là encore, l'attitude du timide (son action), a entraîné une réaction des convives.

Le processus de projection a joué comme habituellement : les timides ont imaginé la timidité, les infériorisés ont imaginé le mépris.

Si le timide avait eu à l'esprit qu'il allait embarrasser et blesser son entourage, il aurait certainement fait un effort pour rire (et non sourire faiblement) aux plaisanteries qui ont émaillé le repas. Il aurait essayé d'interroger sur ce qui était dit : une question est une marque d'intérêt à l'Autre, qui nous en est aussitôt reconnaissant.

Nous ne pouvons pas l'imaginer si nous ne savons pas qu'en chacun de nous (et d'eux !), une partie insécurisée est toujours prête à souffrir d'un manque de confiance en soi, voire d'un complexe d'infériorité.

Si nous arrêtons de nous imaginer "uniques", nous serons plus proches de la réalité. Uniques dans notre souffrance, uniques dans nos difficultés... Nous sommes tous des êtres humains aux différences comportementales souvent minimes.

Imaginons une soirée.

Une jeune femme timide est assise, espérant et craignant à la fois d'être invitée à danser.

Si un homme la regarde en souriant, elle est tétanisée et ne peut pas esquisser un sourire en retour.

Or, le lieu s'y prête : il n'y a que des amis d'amis.

Qu'attend cette femme de cet homme qui a commencé à se montrer avenant ?

Qu'il insiste, qu'il vienne la voir et lui parle. Elle réussirait alors à se détendre au bout d'un moment (qui peut être assez long).

Qu'a pensé cet homme devant ce visage fermé : « Bon, ça y est, je me prends une veste ! »

Il est à mille lieues d'imaginer qu'elle attend de lui qu'il insiste, que précisément il lui plaît.

Elle, de son côté, n'a pas imaginé la claque qu'elle vient d'asséner.

Elle pense que s'il la trouve intéressante, il va se rapprocher pour essayer de lier connaissance.

Si nous nous posons la question logique du « Comment pourrait-il la trouver intéressante puisqu'il ne la connaît pas ? », nous sommes dans le domaine de la réalité, pas dans celui de l'angoisse, du manque de confiance en soi.

Nous voyons que la personne infériorisée et timide est en fait beaucoup plus exigeante avec l'Autre (qui doit "ramer" pour être autorisé à l'aborder), qu'une personne mieux dans sa peau qui aurait tout banalement et logiquement répondu à ce sourire par un sourire (si elle voulait nouer le contact).

Que cette jeune femme se mette un instant à la place de l'Autre :

Elle sourit à un homme qui reste impassible.

Elle sentirait déjà le rouge lui monter aux joues en même temps que son estomac se serrer et une volée de qualificatifs lui envahir la pensée !

Elle se sentirait humiliée et ne regarderait plus cet homme en face de toute la soirée.

Pourquoi ne peut-elle imaginer qu'elle a mis l'autre dans cette situation humiliante ? Parce qu'elle imagine être la seule à souffrir de timidité et à être mal dans sa peau. Elle n'a pas conscience que son attitude (son action) a déclenché la réaction de l'Autre.

Dans cet exemple, nous voyons à quel point son attitude a modifié le comportement de l'Autre : il avait envie de l'inviter à danser, elle n'a pas répondu à son sourire, il est blessé et elle ne dansera pas ni ne se fera un éventuel ami.

Notre action entraîne la réaction de l'Autre et va jusqu'à modifier ses intentions premières.

Les exemples sont innombrables et constants.

Ce constat sur les interactions est une vraie chance.

Si nous sommes dans une situation critique, comme celle

analysée précédemment, nous voyons que notre action décidera du comportement des autres.

C'est très soulageant !

Pourquoi ?

Parce que si nous devions attendre que les autres changent tous de comportement dans le sens qui nous conviendrait... Il est fort à parier que certains, peu nombreux, le feraient au bout d'un certain temps, d'autres adopteraient une attitude qui nous déplairait encore davantage et d'autres encore tourneraient définitivement les talons.

Alors que nous avons vu, compris et intégré, que si nous changeons notre attitude, les autres changeront aussi de comportement à notre égard. C'est très encourageant et souvent inespéré.

Nous pouvons nous pencher sur les attitudes de notre entourage qui nous déplaisent et voir dans quelle mesure nous en sommes les auteurs.

Les enfants crient-ils ? Ont-ils l'habitude de nous entendre crier ?

Notre conjoint est-il égoïste ? Lui demandons-nous clairement ce que nous désirons ?

Notre amie ne nous téléphone pas ? Préférons-nous l'attente plutôt que de l'appeler et lui expliquer que de temps en temps nous aimerions que ce soit elle qui appelle ?

Les autres ne savent pas ce qui nous fait plaisir ? Décidons de le leur dire, simplement.

Nous avons quelque chose "sur le cœur" et boudons ? Ne serait-il pas plus positif de l'exprimer et de chercher ensemble des solutions ?

Nous sommes insatisfaits par l'Autre qui ne supporte pas nos reproches constants. Décidons-nous de lui demander avec politesse de nous aider ? La politesse, la courtoisie dans le couple comme ailleurs est la clef de bien des solutions.

Les enfants traînent le matin et nous nous énervons contre eux. N'est-il pas possible de les coucher plus tôt et de les lever suffisamment tôt pour qu'ils commencent leur journée dans le bien-être plutôt que dans l'agressivité ?

Exprimons-nous assez nos sentiments ou préférons-nous que l'Autre nous devine et subisse notre colère en cas "d'erreur" ?

Si j'expose un problème en criant, puis-je imaginer que je stimule chez l'Autre son envie de négocier ?

Si je fais peur, puis-je attendre de l'honnêteté ?

Si je n'ai pas de compassion, puis-je en attendre ?

Les critiques derrière le dos des gens ne servent à rien de constructif si elles ne sont pas exposées. Avez-vous envie de perdre votre temps ?

Pour tous ces exemples, la solution est à portée de la main et de la pensée de tous. Dans notre vie, il en est de même la plupart du temps.

Nous le voyons à nouveau, nous tenons les rênes de notre vie et avons beaucoup plus d'influence sur les autres que nous ne pouvions le supposer.

Cela fait plaisir, non ?

Nous sommes tous en interaction.

Notre action entraîne la réaction de l'Autre; Quelle chance !

Application

Nous allons choisir un thème qui nous "ennuie" depuis longtemps.

Prenons l'exemple de n'être pas assez écoutés par le conjoint qui n'est pas suffisamment attentif.

Nous allons imaginer une femme qui va décider de changer son action. Cet exemple peut, bien sûr, être "conjugué" au masculin !

Il est évident que souffrir d'un problème qui s'est "chronicisé" signifie que nous n'avons pas su le résoudre : nous avons certainement essayé maintes et maintes fois de nous en sortir, mais en vain.

Réfléchissons à la dernière fois où nous avons dit quelque chose comme : « Tu ne m'écoutes pas et tu ne fais rien pour me faciliter la vie ». Était-ce au cours d'une violente dispute, signe d'une exaspération intense ? La réponse de la personne invectivée s'est-elle bornée à un haussement d'épaules ou à un « Tu n'es jamais contente ? »

Nous avons dû jouer et rejouer cette scène qui s'est toujours terminée de la même manière : un échec !

Nous allons donc changer un petit quelque chose à notre façon d'aborder le problème.

Première étape : définition de l'objectif

« Je voudrais qu'il me fête mon anniversaire comme je lui fête le sien. »

Deuxième étape : l'état des lieux

Vous savez qu'il ne se rappelle d'aucune date : la seule qu'il ait pu mémoriser est celle de sa naissance, et pour cause, il en a régulièrement besoin.

Vous avez noté que vous êtes un véritable agenda électronique sans panne ! C'est un don ! Votre partenaire ne l'a pas : c'est une constatation.

Par ailleurs, vous savez que sa famille ne fête plus quoi que ce soit depuis belle lurette !

Cette petite synthèse pour moduler vos "exigences" ou tout au moins vos attentes. Vous êtes différents. C'est un fait !

Imaginez un instant qu'il "veuille" que vous deveniez fana de foot, vous qui attrapez un eczéma géant à la vue du moindre ballon...

Aussi respectons nos différences.

Troisième étape : à l'impossible, nul n'est tenu

Les différences sont à connaître et à intégrer à notre quotidien. Mais ne perdons pas espoir, il y a toujours une solution, même si elle diffère un peu de ce que nous avions estimé "devoir être".

Sachant qu'il ne peut mémoriser une date, nous la lui rappellerons.

Sachant qu'il n'a jamais été capable d'organiser une fête, nous l'aiderons.

Sachant qu'il ne sait pas trouver des idées de surprise (ou alors des horreurs), nous les lui suggérerons.

Quatrième étape : redéfinir l'objectif

Que nous passions une soirée d'anniversaire amoureuse, émouvante, complice, etc.

Cinquième étape : agir

Vous repérez au moins quinze jours à l'avance un soir où il est détendu. (Difficile ? Alors à vous de le détendre.)

Vous lui dites sur un ton de confidence que c'est bientôt votre anniversaire : en principe, piqué au vif, il est déjà prêt à la riposte Vous ne faites aucune réflexion car il réagit à ce qu'il pense que vous allez dire. Il est sur la défensive acquise (grâce à vos anniversaires antérieurs.)

Vous lui dites que ce serait tellement sympa de prévoir un dîner en tête-à-tête, et vous lui demandez s'il préfère réserver lui-même ou que vous choisissiez ensemble.

Vous lui demandez si un spectacle le tenterait. S'il vous dit qu'il a l'impression que vous avez déjà tout prévu, ne niez pas l'évidence : vous pouvez lui répondre qu'il a le champ libre, que l'important est que vous passiez une excellente soirée ensemble.

Suivant son degré "d'inadaptation" à la fête, il croit peut-être déjà que cette soirée, en l'état, sera parfaite, c'est-à-dire sans autre cadeau !

Vous pouvez lui demander s'il a envie d'avoir des suggestions pour ce qu'il sait. Soyez ludique. Vous ne boudez pas, ne vous offensez pas : nous avons convenu au début, de la nécessité d'un changement d'attitude.

Sixième étape : prudence éclairée

Deux jours avant, vous lui rappelez, mine de rien que c'est bientôt le jour J : « À quelle heure veux-tu que nous nous retrouvions, pour aller au spectacle, après-demain ? » C'est suffisamment précis (mais élégant, le mot anniversaire n'étant pas lâché une fois de plus), pour qu'il sache de quoi il s'agit et pour qu'il puisse annuler le rendez-vous qu'il avait malencontreusement déjà pris ! Il a sursauté à votre question, mais vous n'avez rien vu.

Septième étape : et que la fête commence !

Et... Bravo à vous, Joyeux Anniversaire !

Votre action a différé de celle que vous répétiez avec le même insuccès lourd de conséquences pour votre couple.

Sa réaction a différé dans les mêmes proportions et il vous en est reconnaissant.

Le couple y a gagné une fête réussie et peut-être surtout un plus grand respect l'un pour l'autre. Ce plaisir partagé, d'autant qu'il a remplacé la tourmente, augmente votre amour mutuel.

Vous savez que nous en voulons souvent à l'autre de ne pas savoir éviter les disputes et réciproquement. Il est toujours pénible de nous voir agir d'une façon qui signe notre incompétence : cela peut nous humilier d'être si inaptes à « élever le débat ». Il est des accrochages avec notre conjoint qui peuvent nous couvrir de honte : nous nous trouvons médiocres et agissant d'une façon indigne de nous. Nous en voulons à l'autre de nous confronter à des comportements que nous jugeons ridicules.

Nous avons les moyens de changer beaucoup de choses négatives que nous provoquons sans comprendre pourquoi nous agissons ainsi.

Ne demandons pas à un cul-de-jatte de faire des pointes ! Sinon, nous serons toujours déçus et le contentieux de notre couple pourra enfler jusqu'à la rupture.

Analysons les impossibilités de l'autre : ne les imaginons pas destinées uniquement à nous ! Ce serait injuste et l'autre sentirait sa pensée travestie. Nous avons aussi nos incompétences et sommes reconnaissants à notre conjoint de ne pas nous y confronter sans raison valable.

Chaque fois qu'une action répétitive désagréable est repérée : imaginons comment nous en sortir en la modifiant.
Si la nouvelle action n'est pas efficace, faisons preuve de créativité, essayons-en une autre.

Nous adopterons l'action qui entraîne la réaction que nous aimons.

Le besoin de solitude

Qui n'a jamais rêvé de se retrouver seul sur une île déserte ?
C'est-à-dire un instant.
Ni définitivement, ni longtemps, juste un instant...
Nous pouvons répondre sans hésitation : personne.
Ou presque...

Le besoin de solitude est éminemment variable d'une personne à l'autre, et chez chacun, d'un moment à l'autre.

Nous observons au parc des enfants jouant seuls, très absorbés par leurs pâtés de sable. Ils peuvent s'amuser très agréablement parce qu'ils sont entourés, et jettent un coup d'œil régulier sur l'adulte qui les accompagne. Dans le cadre d'une présence rassurante, ils peuvent à jouer à plusieurs, ou préférer se concentrer sur une action qu'ils n'ont pas envie de partager. Cela leur permet de rêver, d'imaginer une situation, de se donner le rôle qu'ils désirent, d'être heureux. Mais, fréquemment, un enfant qui se retrouve seul a peur. Il se sait vulnérable : il doit pouvoir appeler quelqu'un quand il en a besoin. Par contre, la solitude de sa chambre, le soir, fait partie d'un processus d'autonomisation fondamental. En général, d'ailleurs, il n'a pas peur s'il sait que dans la pièce à côté, quelqu'un est là. Il est entouré de ses peluches ou doudous qui sont autant de présences affectives. Il sait aussi que ses parents ne se couchent pas à la même heure que lui et qu'ils continuent leurs activités.

Les adultes peuvent être classés en deux grandes catégories :
– Les "très sociaux",
– Les "plus solitaires".

Une personne "très sociale" peut avoir envie et besoin d'être entourée : elle fait partie d'un groupe ou de plusieurs. Elle se retrouve dans l'un ou l'autre en fonction des activités à partager : la pratique d'un sport, la musique, le cinéma, les sorties entre amis, les fêtes...

Certaines personnes célibataires ne peuvent pas imaginer se retrouver seules chez elles, ne serait-ce qu'un soir par semaine.

Il est vraisemblable que cela "cache" une peur de la solitude qui a pris racine dans la petite enfance. Un besoin intense et constant de la présence des autres sous-entend, le plus souvent, un sentiment d'abandon et d'insécurité remontant à notre plus jeune âge. L'enfance de cette personne a dû être marquée par un ou des traumatismes affectifs : la réassurance n'a pas été suffisante. Nous ne parlons pas des adolescents qui, pour leur évolution, doivent couper le cordon ombilical avec leur famille et se retrouver entre amis, partageant cette même étape de vie qui est celle de l'acquisition de l'autonomie. Ils passent du groupe-famille au groupe-amis, ne se quittent souvent pas, passent un temps interminable au téléphone s'ils se retrouvent seuls chez eux : ce stade est obligatoire pour une évolution équilibrée.

Un adulte qui agit de la sorte est certainement un anxieux qui a des difficultés à se retrouver seul avec lui-même : il n'est pas une personne de suffisamment bonne compagnie (ou pas assez rassurant) pour lui-même ! Il peut aussi craindre la solitude comme étant synonyme d'abandon, voire, au paroxysme, synonyme de mort. Il peut se présenter comme un "bon vivant" très drôle, très sympathique, prêt à rendre service, l'important étant d'être entouré.

Il est possible que les bras de ses parents ou éducateurs ne l'aient pas entouré avec assez de sécurité et en même temps sans étouffement : des bras protecteurs.

La surprotection, comme la maltraitance, peut engendrer deux comportements typiques à l'âge adulte :

Soit une envie de surprotection, car la personne a intégré un enseignement donné par les actes des parents et quelquefois leurs paroles : « La vie est dangereuse, je dois être protégée, ne pas rester seule, sinon... »

Soit, par un processus d'étouffement, le sujet a besoin de

respirer librement, n'en peut plus d'être couvé, ou maltraité, veut être autonome et se retrouver "tranquille", seul.

Les "plus solitaires", comme nous venons de le voir, peuvent avoir acquis ce comportement pour se protéger d'un envahissement vécu dans l'enfance. Envahissement d'un "trop" de tendresse ou d'un "trop" de mauvais traitements. Pourquoi une personne peut-elle avoir souffert d'un trop d'affection ? Par définition, le "trop" porte en lui-même la notion de déséquilibre.

L'affection débordante peut être envahissante et en fait être un exutoire à l'angoisse des parents. S'ils ont vécu une enfance très traumatisante, ils voudront protéger leurs enfants, dans la plupart des cas avec une overdose de conseils, en imaginant sans cesse le pire, en étant trop prudents : c'est-à-dire en fantasmant le danger là où il n'y en a pas.

Cette attitude infligée pendant l'enfance fera un adulte souvent "allergique" à une sollicitude qu'il jugera inutile, voire infantilisante.

La maltraitance par un autre processus, celui de la méfiance, pourra agir de même : l'Autre est "trop".

La personne se sent en toute sécurité lorsqu'elle gère tout : elle tient les rênes de sa vie. Elle ne souhaite pas (et même craint) une proximité permettant à l'Autre de s'immiscer dans sa vie, voire de prendre des décisions pour elle.

Ce cas peut sembler extrême et bien sûr tous les stades sont retrouvés dans un échantillon de population.

Par ailleurs, la personne solitaire aime ce "compagnonnage" d'elle avec elle-même, pas dans un esprit de suffisance prétentieuse rarement retrouvée mais dans un esprit de tranquillité.

Elle recharge ses batteries en lisant, en expliquant seule un sport, en allant seule au cinéma... Elle n'a pas besoin de TOUJOURS partager avec les autres. Seule, elle est en sécurité, souvent en paix.

Un besoin très important de solitude suggère parfois de se poser la question d'un traumatisme d'enfance, évidemment.

Une personne très sociable peut avoir besoin d'être "reconnue" par son entourage : il peut s'agir d'une quête affective, d'un besoin de se sentir exister. Le conjoint d'une telle personne peut trouver agaçant de voir l'Autre se mettre en avant sans cesse. N'oublions pas, dans ce cas, que cette attitude outrancière a pour cause un manque de confiance en soi. Pourquoi en prendre ombrage puisque l'Autre se sent mieux ainsi ? Si cela nous déplaît beaucoup, n'avons-nous pas nous-mêmes, besoin d'être adulés en public par l'Autre, pour nous sentir entourés, pour exister dans son regard ? Ne souffrons-nous pas d'une carence du même ordre (même si c'est *a minima*) ?

De la même façon, notre partenaire a peut-être plus besoin que nous-mêmes de se retrouver seul.

Laissons-le en paix, qu'il puisse tranquillement se ressourcer et être en grande forme avec nous, quand de nouveau il voudra être en notre compagnie.

Profitons des moments de son indisponibilité pour nous adonner à des occupations qu'il n'aime pas partager avec nous.

Tout le monde va profiter au mieux de son besoin de solitude.

Si vous êtes un fervent adepte du téléphone, c'est le moment.

Nous avons fait remonter à l'enfance des comportements très sociaux ou très solitaires.

N'omettons pas les choix non liés à la souffrance infantile.

Il est bien difficile de mesurer ce qui est inné, dans une personnalité, et ce qui est le résultat d'un acquis traumatique.

L'important est de ne pas se sentir rejeté par celui qui ne va pas se consacrer exclusivement à nous pendant une soirée, ni par celui qui a envie et besoin de s'isoler.

Nous avons besoin d'être ensemble et aussi quelques fois d'être séparés.

C'est une façon de nous ressourcer en toute autonomie, et en toute harmonie si nous sommes compris et si nous comprenons l'Autre.

Le rythme de l'Autre

Dans tout groupe, et dans le couple en particulier, savoir comment fonctionne l'Autre est primordial pour qui veut vivre agréablement.

Il est indispensable de connaître son rythme, comme il est indispensable de lui expliquer le nôtre.

Cela commence dès le matin :

Pauline aime se lever tôt, voire de très bonne heure.

Elle adore la maison sans un bruit, cette paix qu'elle respire. Elle pense à sa vie, à son mari et ses enfants, elle est heureuse. Elle se le dit en jubilant, contente et fière d'avoir réussi tout cela.

Avec l'enfance qu'elle a eue, ce n'était pas évident.

Elle va prendre son petit-déjeuner en écoutant les informations. S'il est vraiment tôt, elle peut écouter de la musique en lisant, assise dans son canapé, les jambes repliées : c'est un plaisir de vacances qu'elle s'offre souvent le matin.

Elle guette les pas légers du premier enfant qui se lève et lui sourit. Il se blottit contre elle le temps de se réveiller, doucement. Puis arrive le second qui a faim et l'annonce comme si c'était grave !

Pauline prépare le petit-déjeuner pour ses deux enfants et pour son mari qui se lèvera un peu plus tard : hier soir, il a fini un rapport à rendre aujourd'hui.

L'odeur du café et du pain grillé l'enchante.

Son mari se lève et vient les embrasser.

Le réveil d'une famille peut être tranquille s'il est fait dans le respect de tous.

Si un enfant se couche suffisamment tôt, il se lève spontanément. Inutile d'aller le réveiller et de perturber son sommeil.

Les deux adultes ont un rythme différent le matin.

Lui préfère se coucher tard et se lever tard, quand c'est possible. L'important pour eux deux est d'être capables sans mauvaise humeur de modifier leurs habitudes quand c'est nécessaire. Elle peut veiller très tard, se lever moins tôt que d'habitude et peut renoncer sans problème à son rite de solitude du réveil.

Si l'un a envie d'aller à un endroit et pas l'autre, ils se le disent et chacun fait ce qui lui plaît le plus. Évidemment, ils ont beaucoup d'affinités et aiment le plus souvent partager leurs activités. Mais ils se sentent très à l'aise de ne pas imposer à l'autre une occupation qu'il n'aimerait pas.

Cette attention réciproque permet de ne pas augmenter le nombre de concessions faites par l'un ou par l'Autre.

Ils n'atteindront donc pas le seuil fatidique de l'Autre vécu comme un casse-pieds.

Moins nous devons nous "sacrifier" pour satisfaire l'autre, plus longtemps durera notre couple et notre plaisir.

Moins de sacrifices pour plus de bonheur.

Si le mari veut aller voir un match de foot avec ses copains, la femme peut en profiter pour rencontrer les copines que n'apprécient pas beaucoup son époux.

Si cela n'arrive pas trop souvent, tout est pour le mieux.

Ni lui, ni elle ne se sentira abandonné ou moins aimé. Au contraire, cette journée vécue en bonne intelligence les rapprochera car ils auront passé tous les deux une super journée et seront heureux de se retrouver pour profiter de la soirée.

Vision idyllique du couple et de la vie de famille ?

Libre à vous de le penser.

Nous avons tous les rênes de notre vie entre nos mains.

À part les drames vécus aux séquelles constantes, nous avons le choix. Si nous préférons les disputes, l'agressivité, les frustrations, nous les aurons. Si nous ne savons pas nous créer une vie harmonieuse et sympathique, nous pouvons demander de l'aide. Nous ne savons peut-être pas que nous avons droit au bonheur, ou nous ne savons pas comment y parvenir. Les psy sont là pour nous aider là où nous échouons, si nous en souffrons.

Dans un couple, le respect du rythme de chacun participe à l'épanouissement de toute la famille.

Savoir Communiquer

"Mode d'emploi"

Que cette expression soit employée pour définir notre façon d'être avec les autres peut sembler nous "chosifier", et pourtant...

Notre passé, notre personnalité font que nous sommes tous plus ou moins différents.

Si nous voulons être compris par notre entourage, il convient de livrer des informations nous concernant.

Il est important de ne pas considérer que l'Autre est tenu de nous deviner.

Les contes pour enfants, notre idéal amoureux, nous font espérer des relations tellement intenses, claires, limpides que, sous prétexte d'amour, "l'Autre" doit nous deviner, nous comprendre.

L'amour serait un gage "d'extralucidité".

Par chance, pour nous comme pour les autres, il n'en est rien.

Imaginons... et frémissons à l'idée que celui ou celle qui nous aime, devine toutes nos pensées, des plus intimes aux moins flatteuses pour nous-mêmes.

Notre mère, dans notre petite enfance était notre interlocutrice privilégiée.

Avant l'âge de la parole intelligible, nous émettions des sons, faisions des gestes et, à force de patience et d'agacement de notre part, notre mère arrivait souvent à finir par nous comprendre.

Il en est resté ce fantasme que nous répugnons à abandonner, qu'un être cher doit nous deviner.

En fait, nous travestissons le passé : certes notre mère arrivait le plus souvent à comprendre ce que nous exprimions, mais ce n'était pas immédiat. Rappelez-vous :

Nous avions moins d'un an et demi, et voulions absolument ce biscuit-là : il était rose, avait du sucre glace dessus, et nous paraissait à nul autre pareil.

Tous les autres, à côté, les rayés chocolat, les longs boudoirs, les petites meringues blanches, les cigarettes, les éventails, les cookies... aucun n'éveillait notre convoitise gustative comme ces merveilles roses au sucre glace.

Les yeux reconnaissants devant un tel plaisir à portée de papilles ou plutôt, d'abord, à portée de la main de notre mère, attendaient que notre désir si clairement exprimé (« abou, areu, gato... ») produise le miracle tant mérité : que notre mère nous le donne.

Le regard plein d'amour, Mère commence à gazouiller :

« Mais il est gourmand, mon bébé ! Tu le vois ce bon biscuit, quel délice ! »

Et “Elle” nous tend un... éventail !

Si, si, je vous assure, un éventail !

Sidéré, estomaqué, incrédule devant une erreur aussi grossière (pardon, aussi étonnante), nous redisons très clairement notre choix : « abou, areu, gato ! »

Mère semble ennuyée par notre refus :

« Oh ! Pardon mon bébé ! Ce n'est pas ce que tu veux ! Tu veux une petite meringue. Tiens, Amour ! »

Incroyable !

Mère n'a pas compris, c'est trop désespérant, trop injuste, trop éprouvant...

Nos yeux s'embuent, notre bouche se tord, et un hurlement de douleur morale nous échappe... Et nous étonne nous-mêmes.

Mère est bouleversée, elle nous prend dans ses bras :

« Non, non ! Ne pleure pas mon petit chéri ! »

Elle nous secoue un peu pour nous calmer, alors qu'une seule chose le pourrait : ce que nous avons demandé.

Mère nous approche de l'assiette de gâteaux pour que nous puissions réitérer notre choix.

Nous essayons d'attraper ce qui nous aurait fait ramper à travers la pièce, si l'assiette avait été, comme il aurait été opportun, par terre.

Notre bras est un tout petit peu trop court et, pour nous aider, Mère, nous donne un carré chocolat.

Nos nerfs lâchent, ainsi que notre reconnaissance, notre début de bonne éducation, notre stratégie, notre patience tellement aiguisée depuis notre naissance. N'y tenant plus, ivre de vengeance, nous donnons une énorme claque dans l'assiette !

Un biscuit rose, “Notre” biscuit s'échappe et en perd une partie de son sucre, sur la nappe. Une cigarette le rejoint ainsi que quelques autres qui continuent à ne pas nous intéresser.

Mère est furieuse :

« Bébé, tu ne dois pas faire ça, oh ! Le vilain ! »

Et, pour nous apprendre plus de civilité, nous sommes posés dans notre parc, étouffant de colère, de gourmandise déçue, d'injustice dans la vie, de perte de confiance dans le monde adulte...

Bon... Autre version moins tragique.

Mère ne se trompe qu'une fois, et nous, d'une indulgence qui ne cesse de nous émouvoir, lui pardonnons de bon cœur et dégustons, avec force salive dégoulinante, ce joyau de la cuisine française.

Tout cela pour dire que nous sommes victimes d'une amnésie partielle.

Si nous avions eu “le bon goût” de nous remémorer tous les bons soins que notre mère nous a prodigués ET toutes les erreurs commises sans le vouloir, nous aurions pris l'excellente habitude de la relativité.

Les gens qui nous aimaient dans notre enfance ont fait ce qu'ils ont pu. Bonnes et moins bonnes choses. Pas de piédestal mais une vraie reconnaissance pour tout le bon et une vraie prise de conscience de tous les manquements.

Cette absence d'idéalisation nous permet d'être plus respectueux envers nous-mêmes : nous pouvons reconnaître ce que notre entourage nous a apporté de positif et, par respect pour nos douleurs passées d'enfant, ce que nous avons vécu de cruel.

Aimer l'Autre en toute connaissance de cause, sans l'idéaliser, est vraiment l'aimer…

Aimer l'Autre, en ne considérant que ses points positifs, est se mentir et lui mentir sur la justesse de nos sentiments. En fait, pris dans sa totalité, c'est-à-dire dans sa réalité, dans son intégralité, il ne nous conviendrait pas… En avons-nous conscience ? Réalisons-nous que pour la pérennité d'une union, avoir une vision globale est nécessaire ?

Reprenons notre propos initial.

Nous avons gardé de notre enfance cette habitude de ne vouloir voir qu'en partie !

Nous dépendions totalement de nos parents, et percevoir comme incontournables leurs défauts que nous subissions pouvait tellement nous angoisser inconsciemment, qu'il était préférable, pour notre pseudo-équilibre, et pour notre pseudo-paix, d'imaginer que nous étions de “mauvais enfants” et nos parents d'excellentes personnes.

La crainte de la réalité nous pousse souvent à nous escamoter les parties de la vie qui pourraient nous angoisser.

Par exemple, dans les relations amoureuses, nous avons quelquefois tendance à idéaliser l'Autre :

« Nous n'avons même pas besoin de parler, nous nous comprenons ! » Peut-être est-ce le cas. Si nous avions le courage de vérifier que nous pensons vraiment la même chose, nous serions davantage rassurés par notre relation. Par ailleurs, savoir que nos opinions divergent nous permettrait de mieux nous connaître, et si les divergences ne sont pas rédhibitoires, de ne pas avoir peur de nos différences ! Nous saurons que l'Autre nous aime et nous apprécie vraiment comme nous sommes. L'Autre saura aussi que c'est vraiment lui ou elle (et non un fantasme) que nous aimons.

D'autre part, et il est bon de le rappeler, l'état extatique du coup de foudre, dans tout cet espoir d'extraordinaire que nous pouvons souhaiter dans nos relations amoureuses, ne peut “tenir” bien longtemps dans la réalité de la vie quotidienne.

Lorsque nous pensons avoir rencontré “la bonne personne”, il est prudent de le vérifier dans tous les domaines.

Comment pouvons-nous en avoir la certitude, si ce n’est à l’épreuve du temps ? Analyse aussi objective que possible, et vécu de situations communes. Ainsi, les artifices tombent, l’inauthenticité s’évanouit, le désir de plaire en se travestissant (début des relations amoureuses) s’épuise pour laisser place à deux êtres qui sont moins dans la séduction immédiate, davantage dans la réalité. Après cette période d’observation, si les buts sont communs, l’éthique et la spiritualité proches, l’attirance présente, la relation que nous attendions peut réellement commencer.

Dans tous les domaines de notre vie, essayons d’être dans le concret et non dans l’imaginaire. L’illusion, qui apaise consciemment en partie et pour un temps restreint, augmente les angoisses inconscientes. Une partie de nous-mêmes sait que nous nous mentons, que nous travestissons la vérité. Cela augmente bien sûr nos angoisses profondes.

Plutôt que d’être dans l’attente constante et constamment renouvelée “d’un Autre” idéal (bien que nous sachions pertinemment que l’idéal n’existe pas), nous pourrions essayer de voir ce qui nous plaît ET ce qui nous déplaît chez lui ou elle, et décider que la relation évolue en “toute” connaissance de cause.

Lorsque nous acceptons de ne plus être dans la relation superficielle induite par la séduction seule, nous pouvons commencer à construire.

Pour cela, il est bien entendu indispensable que l’Autre nous connaisse le mieux possible aussi. Si nous sommes trop infériorisés, nous agirons inconsciemment comme si nous devions jouer un rôle pour pouvoir plaire. Malheureusement, un bon acteur ne peut pas l’être à plein-temps bien longtemps.

Quelle désillusion pour l’Autre qui nous découvre comme nous ne voulions pas nous montrer. Il y aura peu d’indulgence pour ce qui pourra alors être vécu comme une tromperie. Rien ne dit que notre “vrai visage” lui aurait déplu, mais il souffrira de notre manque de confiance en lui et de l’étroitesse d’esprit que nous lui avons prêtée.

Essayons d’être authentiques… Cela nous permettra une relation durable.

Si nous avons conscience de cette nécessité comportementale, aidons l’Autre à nous connaître, ce qui lui permettra de pouvoir satisfaire nos désirs, si tel est son désir.

À jouer les mystérieux, nous compliquons la relation.

L’idéal de l’amour que l’enfant prête à sa mère appartient au passé, et était-il idéal ?

Le petit exemple ludique du bébé qui essaie de s’exprimer, doit nous rappeler que rêver une relation est un jeu à jouer à deux et qui peut ne pas durer.

Vivre une relation profonde est expliquer ses besoins, ses envies, ses attentes et connaître ceux de notre partenaire pour essayer d’y répondre dans le ou les domaines qui nous concernent.

Si j’ai envie de vacances en bord de mer, autant le dire.

Si l’Autre a une autre envie, il peut y avoir négociation.

Si je prends son désir comme une agression parce qu’il diffère du mien, le conflit peut éclater alors qu’une discussion ouverte était nécessaire.

Si l’Autre me demande ce que je désire comme cadeau de Noël, j’évite de répondre :

« Comme tu veux, je souhaiterais que tu me fasses une surprise », si j’ai un désir bien précis et je sais que je serais très déçu si l’autre n’a pas deviné ! Ce serait la quasi-certitude de gâcher la fête !

Peut-on imaginer que le but serait de culpabiliser l’autre « qui m’aime tellement peu qu’il (ou elle) n’a même pas su me comprendre, par son “évident” manque d’amour ? Je suis la victime et l’autre le bourreau ! »

Ou devrions-nous dire : « Je suis l'enfant déçu qui attend tout de sa mère et fantasme que la toute-puissance de l'autre (anciennement la mère), DOIT entraîner la médiumnité. »

Plaisons-nous à nous causer des frayeurs, encore une fois, en imaginant l'autre capable de lire en nous comme dans un livre ouvert, dans tous les domaines de notre vie.

Exprimons ce qui nous blesse, ce qui nous attriste.

Expliquons ce que nous attendons de l'autre ; échangeons sur nos désirs, voyons s'ils sont compatibles ou voyons ce que nous sommes prêts à concéder.

Affirmons ce qui nous enchante.

Arrêtons d'essayer de culpabiliser l'autre à tout propos. S'il est si insuffisant à nos yeux, pourquoi resterait-il ?

Si nous en sommes insatisfaits, pourquoi continuer la relation ?

Notre désir peut être exprimé comme un souhait et non comme une accusation de l'autre !

Un exemple caricatural :

« Peux-tu descendre la poubelle, s'il te plaît ? » est plus adéquat que « Tu n'as pas encore descendu la poubelle, il faut que je te le répète. »

Un autre :

« Demain matin, tu voudrais bien aller acheter les croissants pendant que je prépare le petit-déjeuner, s'il te plaît ? » raisonne mieux que « Demain, évidemment c'est moi qui vais encore aller acheter les croissants. »

Au lieu de formuler des reproches, demandons avec courtoisie.

En somme :

J'ai un "mode d'emploi", c'est-à-dire une façon de fonctionner avec les autres, une façon de percevoir la vie, de me comporter en société.

J'ai mes espoirs, mes attentes, mes objectifs : si je les fais connaître, je serai davantage compris ; si je donne des indications aux autres, je facilite la communication.

J'abandonne mon côté "enfant en attente de miracle" pour me prendre en main : je me responsabilise en expliquant à l'Autre la façon de me satisfaire.

De la même manière, je demande à l'Autre de me communiquer des informations sur sa vision de la vie et des relations aux autres, sur ses attentes, ses espoirs et je vois ce que j'ai envie de lui donner.

Expliquer mon "mode d'emploi" est donc une façon de me respecter, d'essayer de voir mes besoins et mes désirs comblés.

L'omettre est m'exposer à des déceptions répétées en accusant l'Autre au lieu de me responsabiliser de ce manque de compréhension entre nous.

Heureusement, cela ne devrait pas durer.

Il (ou elle) partira !

Expliquer son "mode d'emploi" est la base de la communication et une bonne chance d'être compris et satisfait...

Si je ne le fais pas, au moins que j'aie l'honnêteté de reconnaître que je n'ai pas agi comme il fallait : je n'accuse pas l'Autre de négligence ou de non-amour.

Application n° 1

Vous êtes en groupe, connu ou non.

Vous avez une envie : par exemple ouvrir la fenêtre parce que vous avez trop chaud. Vous n'osez pas. Vous vous éventez avec une feuille de papier ou vous dites « Il fait chaud », dans le secret espoir que quelqu'un vous entendra, sera de votre avis et ira ouvrir la fenêtre !

Cela peut demander du temps et l'objectif à atteindre est plus qu'aléatoire.

Votre manque de confiance en vous vous fait préférer attendre plutôt que de demander à la personne située près de la fenêtre de l'ouvrir. Vous allez oser demander, juste pour voir les réactions. La situation est simple : ou tout le monde est d'accord et cette idée est accueillie avec plaisir, ou des frileux s'insurgent et la majorité l'emportera. Vous pouvez aussi vous déplacer près d'une fenêtre et l'entrebâiller : personne n'y trouvera à redire.

"Simplifier" est souvent "dire".

Application n° 2

Vous aimeriez que votre conjoint vous propose d'aller dîner au restaurant, ce soir.

Il est important pour vous qu'il le devine.

— « Pourquoi ? »

— « Parce qu'en amour on doit se deviner. »

Cette théorie, nous l'avons déjà analysée, est heureusement fausse : l'amour n'est en aucun cas la "médiumnité". Nos illusions d'enfant doivent être reconnues comme telles. "L'idéal" est une entité philosophique, spirituelle peut-être, mais ne fait pas partie de la réalité quotidienne.

Si vous désirez quelque chose, le dire est le plus sûr moyen de l'obtenir et de tester la motivation que l'autre a d'exaucer vos souhaits.

Attendre que l'autre sache exactement ce que nous voulons, au moment où nous le voulons, est une recherche de la symbiose de notre stade fœtal !

Cette idée fausse a été ancrée dans nos jeunes cerveaux par les contes et autres erreurs pédagogiques.

Cela devrait nous relaxer, car nous ne sommes pas tenus, nous non plus, de lire dans les cellules cérébrales de l'Autre. Si nous agissons en adulte et non pas en enfant en quête d'une « merveilleuse irréalité », nous nous éviterons bien des déboires. Notre communication sera d'autant plus facilitée que nous ne serons plus dans la crainte de représailles, l'Autre non plus !

Reprenons l'exemple :
« Vous aimeriez que votre conjoint vous propose d'aller dîner au restaurant, ce soir. »
Modifions légèrement l'objectif :
« Vous voudriez aller dîner au restaurant ce soir avec votre conjoint pour passer une soirée amoureuse et complice ».
Que diriez-vous de présenter les choses de la façon suivante :
« J'aimerais beaucoup aller dîner en tête à tête avec toi, ce soir. Qu'en penses-tu ? »
Vous avez donné votre « mode d'emploi ».
Si votre conjoint n'est pas épuisé, cette perspective peut l'enchanter et votre but est atteint.
Sinon, ce sera pour une prochaine fois, car insister pourrait créer des tensions et une atmosphère à l'opposé de celle que vous recherchez. Vous le reproposerez ultérieurement.

Nous aurons intérêt à donner notre « mode d'emploi » aussi souvent que possible.
Cette clarification est applicable dans tous les domaines de notre vie qui demandent un échange : amical, amoureux, professionnel. Cela simplifiera notre communication et diminuera nos frustrations.
Ce petit effort à effectuer au début de notre prise de conscience sera riche de conséquences positives. Ensuite, nous exprimer fera, nous pouvons nous le souhaiter, partie de nos bonnes habitudes, de notre vie.

Espace de sécurité

Vous avez certainement remarqué l'attitude de proximité très différente d'une personne à l'autre : certaines vont vous toucher le bras, vous regarder de très près en vous parlant.

D'autres, au contraire, vont mettre systématiquement une distance si importante que cela peut vous étonner quelquefois, ou encore, lorsque vous commencez à leur parler, vont reculer d'un pas ou deux.

Si vous vous avancez vers elles, aussi discrètement que possible, elles vont reculer. La distance à laquelle nous nous sentons confortables avec un interlocuteur s'appelle notre distance de sécurité.

À quoi cela correspond-il ?

Par définition, à la distance à laquelle nous ne sommes pas en alerte (inconsciente ou quelquefois consciente).

Un bébé est très souvent porté, touché, bercé, caressé.

Sa peau est le récepteur du monde environnant le plus étendu, le plus sollicité depuis la vie intra-utérine.

Si un bébé que l'on déshabille sent un peu le froid, il se met à pleurer.

S'il est mouillé, idem, etc.

Les bras chaleureux mot signifiant la douce chaleur de l'amour représentent l'endroit le plus rassurant pour lui. Le peau à peau tant recherché par les adultes dans leur intimité en serait la réminiscence.

Le bébé peut entendre quelquefois les battements du cœur de sa mère qu'il a perçus pendant neuf mois, quand il est porté.

Malheureusement, pour certains bébés, la route ne commence pas dans cette béatitude de l'amour partagé.

Quelques parents, stressés, pressés voire franchement pathologiques ne peuvent apporter des soins corrects à leurs enfants. L'essentiel matériel est peut-être respecté (la propreté, l'alimentation) mais pas ce qui est tellement fondamental : la chaleur des bras aimants.

Quelquefois ils sont battus : c'est un désastre qu'ils intégreront de façon souvent définitive comme étant une information venant de ce monde si dangereux. Petit à petit, l'enfant se pensera méchant et justifiera ainsi le terrible comportement de ses parents. Un processus de sécurité sera élaboré : pour essayer de ne pas s'exposer, le bébé se fera le plus discret possible, évitera le contact. On voit de petits enfants raser les murs par peur constante.

La personnalité peut devenir craintive et inhibée : le monde est hostile, autant ne pas le fréquenter. Un repli sur soi est souvent la conséquence directe de ces agressions à répétition.

Un deuxième type de réponses est souvent identifié : l'enfant se révolte, est agressif avec ses camarades, devient même quelquefois sadique avec les plus petits que lui, se vengeant sur eux de ce que les adultes lui font ou lui ont fait subir. Ce sadisme est sa soupape de sécurité !

Difficile d'imaginer cet enfant à l'aise auprès d'autres. À l'âge adulte, il viendra grossir la cohorte des anciens enfants blessés. Il considérera de façon inconsciente ou non que l'Autre présente un danger constant pour lui.

Il feindra l'indifférence souvent alors qu'il meurt de cet amour qui lui a toujours été refusé.

Quand l'Autre arrive, par les voies secrètes de l'amour, à le rassurer, à l'apprivoiser, avec tendresse, patience, douceur, constance, il pourra enfin peut-être vivre ce trésor d'émotion qui lui avait été interdit jusque-là.

Respectons toujours la distance de sécurité de notre interlocuteur au risque sinon de le distraire de ce que nous sommes en train de lui dire. Il sera en train de penser à son malaise et d'élaborer une stratégie qu'il voudra aussi discrète que possible pour s'éloigner un peu ou pour partir si cette phobie du contact est intense chez lui.

Notre main vers l'Autre doit être respectueuse, sinon elle sera vécue comme agressive : cela peut aller jusqu'à ne pas toucher son bras, pour ne pas multiplier les contacts avec celui qui ne semble pas demandeur.

Nous savons que pour les mêmes raisons, nous devons tendre la main ouverte, vulnérable, vers l'animal que nous voulons approcher.

Il est important de mesurer notre distance de sécurité physique ?

Notre sécurité psychique, quant à elle, est affectée par l'autre de façon forte et désagréable lors des disputes.

Être agressé verbalement, par surprise, nécessite d'avoir pensé à y réfléchir à l'avance.

Notre interlocuteur, quel qu'il soit, a sa vie composée de plaisirs, de déboires ou de frustrations.

Il est indispensable, lorsque nous sommes invectivés, de savoir si nous sommes vraiment concernés par ce qui se passe ou non.

En effet, nous pouvons n'être que l'écran de la projection de l'Autre.

Imaginons un matin au bureau.

Notre patron vient d'arriver, l'air bougon, son « bonjour », aujourd'hui est quasi inaudible contrairement à son habitude.

Si nous savons que la veille nous avons commis une erreur qu'il a pu découvrir après notre départ, nous pouvons nous attribuer la paternité de son attitude peu avenante. Nous nous attendons à en entendre parler d'ici un instant, d'ailleurs.

Si, au contraire, nous savons que rien de ce qui nous concerne ne justifie son "état", nous pouvons attribuer son air maussade à une cause extérieure à nous.

S'il énonce un listing de réflexions désagréables et un peu tirées par les cheveux, à nous de comprendre qu'il se défoule sur nous.

Pour nous protéger d'une agression, il est important d'avoir préparé une méthode de protection efficace, valable dans toutes les situations de conflits.

Imaginons que nous tenons, bras tendu, un bouclier transparent qui laisse filtrer les mots, insultes ou cris émis en face. Ils nous arrivent très doucement, par de petits trous faits pour cela. Toutes les lettres des mots prononcés s'écrasent mollement contre notre bouclier et dégoulinent jusqu'au sol.

Nous avons entendu, un peu, ce qui a été dit, mais de tellement loin que nous n'en avons eu que faiblement conscience.

En parallèle, nous avons regardé le visage de notre interlocuteur se congestionner, ce qui a suscité en nous de nombreux commentaires. Par exemple :

– Qu'il est rouge, il va avoir un infarctus !

– Qu'il est ridicule de s'agiter comme cela !

– On croirait un crapaud dans son bocal !

Faisons le tri pour ne pas nous laisser aller à des angoisses douloureuses : souvent les agressions que nous subissons sont essentiellement la preuve du déséquilibre de notre interlocuteur. Il peut se sentir bafoué, non respecté, cela "l'hystérise" et le rend agressif. Notre attitude a pu l'insécuriser affectivement, matériellement, émotionnellement : les cris, l'agacement, les réflexions acerbes sont autant de réactions de défense que l'Autre nous montre de façon peu diplomatique, et peu élégante !

De la même manière que nous possédons un mode d'emploi dans tous les domaines, il en va de notre intérêt d'être clair pour permettre l'émergence d'une bonne relation avec notre interlocuteur.

Au début d'une rencontre (qu'elle puisse évoluer ou non vers une relation très proche), exprimons nettement ce que nous n'aimons pas et ce qui nous déplaît tout à fait.

Pour certains, ce sera l'indiscrétion dans les questions inquisitrices, pour d'autres les plaisanteries qualifiées de douteuses, pour d'autres encore, un ton de voix un peu agressif ou sarcastique ou même quelquefois les ordres, qu'ils soient camouflés ou non.

N'oublions jamais que chacun a son vécu et que certaines attitudes réveillent, sans qu'on le sache, des douleurs passées de l'enfance. Apprendre à se connaître et énoncer clairement quelles sont nos interdictions ponctuelles ou définitives est la base d'une communication positive et constructive.

En effet, si nous n'osons pas "dire", nous n'aurons pas longtemps l'opportunité de l'exprimer, car l'autre nous sera devenu insupportable. Nous déciderons de nous en éloigner, voire de rompre définitivement toute relation.

Pour le bien de tous, exprimons-nous sur nous-mêmes.

Le miroir

Notre système de communication avec autrui est riche, varié et en partie inconscient.

Il est important d'en connaître le maximum de rouages. L'Autre, en face de nous, agit avec bon nombre d'habitudes identiques, caractéristiques de notre culture. Il a, lui aussi, plus ou moins accès à la compréhension de ses mécanismes, suivant son vécu, ses rencontres, ce qu'il a découvert.

Pour une plus grande "fluidité" de notre communication, nous pouvons être amenés à exposer clairement des comportements que nous percevons chez l'Autre et qui ne nous conviennent pas. Il ne s'agit pas d'être un éducateur mais de lui fixer les limites nécessaires si nous ne nous sentons pas respectés, ou que son comportement nous semble inacceptable, erroné, injuste.

Imaginons un voisin se garant sur notre place de parking: cela nous insupporte, nous fait perdre notre temps, et ne semble pas correspondre à la bonne intelligence de groupe.

Comment réagir ?

Nous irons certainement le trouver (surtout si ce n'est pas la première fois) et lui exprimer notre ennui de la situation. Il sera souvent nécessaire d'illustrer ce comportement en faisant "allusion au miroir". Nous expliquons à ce voisin peu scrupuleux, que si je faisais la même chose avec quelque chose lui appartenant, cela l'insupporterait à coup sûr. Mettre l'Autre, par la pensée, dans la même situation que celle dans laquelle il nous a mis : rien ne peut sembler plus juste, plus clair, plus réaliste.

Si cette confrontation ne porte pas ses fruits, d'autres recours seront nécessaires, mais là n'est pas notre propos.

Imaginons encore un collègue de travail, qui stressé, fatigué, à bout, nous parle de façon insultante ou pour le moins agressive. Dès le début de l'invective, il est utile de le stopper. En effet, pourquoi accepter un dialogue désagréable ? Nous savons que nous laisser prendre à "rebrousse poils" ne donnera pas les résultats escomptés. Nous pouvons dire à notre interlocuteur :

« Écoutez, je peux comprendre que vous soyez stressé et inquiet, mais cela ne vous donne en aucun cas le droit de m'agresser comme cela. Imaginez un instant que je vous parle sur le même ton, comment réagiriez-vous ? Ce serait inacceptable pour vous comme ça l'est pour moi ! »

En général, l'Autre reconnaît s'être emporté et le dialogue peut continuer de façon plus constructive.

Si ce n'est pas le cas, il est possible de refuser de continuer la conversation.

En général, cette technique du miroir est remarquablement efficace. L'Autre se voit agir sans fioriture ni exagération. Il est face à la réalité de la situation qu'il a provoquée. Il comprend aussitôt pourquoi nous voulons qu'il cesse. Les limites posées entraînent le plus souvent le respect accru de l'Autre.

Nous avons fréquemment observé que toute personne fixant des limites fermes et non agressives est celle qui sera le moins souvent agressée par la suite. Ses plates-bandes sont alors considérées comme sacrées et il n'est pas question de les piétiner !

Une fois encore, exprimer de façon diplomatique et fermece

que l'on ne supporte pas, permet une meilleure communication.

N'oublions pas non plus, qu'en agissant de la sorte, nous évitons frustrations et stress.

Nous nous protégeons, ce qui est notre devoir. Sinon, qui le fera pour nous ?

Notons également que ces limites de respect, imposées aux autres, nous permettent d'être plus nous-mêmes, d'être moins sur la défensive et de nous faciliter la vie.

Comme souvent dans le domaine de la psychologie du quotidien, tout le monde y gagne.

Application n° 1

Imaginons que vous arriviez à votre travail, un matin.

Votre collègue répond par un vague grommellement à votre bonjour.

Vous le notez mais ne dites rien, vaguement surpris.

Quelques instants plus tard, vous lui adressez la parole. Il ne lève pas le nez de son ordinateur et vous répond de façon discourtoise.

Que faites-vous ?

Peut-être est-il temps de réagir, surtout si cette personne est coutumière du fait et que vous n'avez jamais rien dit, tout en étant très ennuyé par son attitude.

Vous pouvez lui demander très directement et calmement ce qui se passe.

Vraisemblablement, il vous répondra : « Rien ! »

Vous pouvez être clair : « Visiblement, il se passe quelque chose : soit cela me concerne et il serait plus constructif de me le dire, soit cela ne me concerne pas, alors, je peux attendre de vous un comportement correct. »

Un « Mais, je suis correct ! » vous attend.

« Je dois donc en conclure, si vous ne me dites pas en quoi je suis impliqué, que je ne le suis pas. Je suppose que vous n'accepteriez pas que je me comporte avec vous comme vous le faites avec moi. Si vous avez des problèmes personnels, j'en suis désolé pour vous, et j'espère que vous y trouverez rapidement une solution. »

Le plus souvent, après ce genre de réflexion, la personne concernée ne change pas d'attitude à la seconde (trop fière ou trop mal à l'aise, ce qui est souvent la même chose !). Par contre, vous pouvez vous attendre à ce qu'elle ne "récidive" pas avec vous !

Les "limites justes" fixées à l'autre sont en général perçues comme telle et donc acceptables. Il est évident aussi qu'un comportement inadapté, souligné par l'entourage, ne laisse pas grande possibilité à la personne de persister dans son attitude.

Ne pas laisser l'autre s'égarer est une garantie de communication plus fluide et agréable.

Application n° 2

Vous avez dit et fait quelque chose d'inadéquat. L'autre vous le signifie en vous expliquant que s'il (elle) se comportait avec vous comme vous le faites avec lui (elle), vous ne le supporteriez pas. Vous savez pertinemment que c'est vrai ! Autant être fair play, et présentez aussitôt vos excuses.

Savoir reconnaître ses torts, sans se répandre en contrition spectaculaire, est un signe de force, de confiance en soi et de bonne volonté. N'oublions pas que c'est la moindre des choses, il ne manquerait plus que nous mordions en plus.

Un « Excusez-moi, je vous prie, je suis très stressé en ce moment devrait suffire ».

Cela permet de repartir dans une communication "adulte" et responsable.

Si nous nous enferrons, imaginons notre reflet dans ce miroir qui nous a été tendu : nous commençons à être pitoyable et notre mauvaise foi est visible. Cela devrait nous calmer et nous inciter à présenter nos excuses. Autant s'exécuter de suite.

En général, quand nous sommes en mauvaise posture, insister est la garantie d'avoir encore plus de difficultés à nous en sortir.

Il est rare que le fait de reconnaître ses torts ne suscite pas le respect de notre interlocuteur.

Si ce n'est pas le cas, il est fort à parier que nous sommes en présence d'une personne très infériorisée qui essaie de rabaisser l'autre pour se sentir mieux. De toute façon, si nous avons tort, reconnaissons-le, ne serait-ce que pour nous : c'est un exercice très important pour augmenter notre confiance en nous. En effet cela sous-entend pour l'autre et pour nous-mêmes que si cette fois nous n'avons pas raison, en général, si !

Application n° 3

La "technique" du miroir est très pédagogique pour les enfants.

Un de vos enfants prend un objet appartenant à un autre sans lui en demander l'autorisation.

Le "propriétaire" hurle et pleure (il est très jeune).
Vous intervenez en demandant ce qui se passe et vous expliquez calmement :
« J'ai une chose très importante à vous expliquer : lorsque l'on aimerait bien que quelqu'un nous prête quelque chose, on le lui demande poliment. De la même façon, nous prêtons facilement nos affaires si la personne qui veut les emprunter le demande gentiment. »
Si l'autre refuse, il en a le droit, car c'est à lui. Cependant, interrogeons l'autre pour savoir pourquoi il refuse. Peut-être n'avons-nous pas voulu lui prêter un de nos objets la dernière fois ? Proposons alors de prêter quelque chose à notre tour : souvent cela s'arrange, sinon, il nous faudra attendre une autre fois.
« Maintenant, Paul, tu peux demander à ta sœur si elle veut bien te prêter son robot ? »
« Agathe, tu veux bien me prêter Doggy ? »
Agathe, royale, dans cette nouvelle considération que son frère lui porte, tend Doggy, dans un dernier reniflement.
Les enfants ont un sens aigu de la justice, et ce genre de comportement clair et facile à comprendre leur permet d'apprendre à gérer ou à éviter des conflits. Les négociations, le respect de chacun, la courtoisie sont à apprendre le plus tôt possible : la famille y gagne en tranquillité et les enfants en complicité et en « savoir communiquer ».

Grâce au miroir, nous pouvons éviter les longs discours : le miroir synthétise la situation et "parle" juste.

Savoir dire « Non »

Quel mot l'enfant en bas âge entend-il le plus fréquemment ?

Est-ce : « Mon petit Chéri » (trois mots !)

Est-ce : « Je t'adore » (trois mots !)

Est-ce : « Oui », ce qui serait éventuellement le cas pour un enfant qui serait en âge de poser une question.

Bien sûr, vous l'avez deviné… C'est « Non ».

Ce « Non » qui protège de la chute, de l'approche d'un objet dangereux, du risque d'un balcon, de manger du savon, de s'enfermer dans un placard, de s'approcher du feu, de taper, de mordre, de mettre sa main dans l'assiette de potage, de tirer la queue du chien, de toucher à la télévision, de monter sur la table, etc.

En un mot, ce « Non » est "salvateur".

En effet, s'il l'est fréquemment, qui pourrait oublier le nombre de fois où il est prononcé pour "simplifier" la vie des parents, si souvent occupés, stressés et donc, peu disponibles ?

Nous ne parlons pas du « Non » indispensable à l'éducation de base de l'enfant qui lui permet de comprendre le fonctionnement du monde et de s'y repérer.

Tout autre chose est l'interdiction qui permet au parent de ne pas s'occuper de son enfant. Le « Non » est alors synonyme de « Tu me déranges, reste tranquille dans ta chambre, ne bouge pas une oreille, je suis occupé ». S'il est évident que les parents ne sont pas toujours disponibles pour leurs enfants, ce qu'ils comprennent fort bien d'ailleurs, il est évident que ne jamais l'être, ou presque, est un autre problème. La vie moderne peut nous faire perdre de vue les priorités pour nous fixer sur des "obligations" matérielles, qui certes sont très importantes mais… Notre vigilance est fondamentale pour l'équilibre de nos enfants (et le nôtre).

Si nous sommes très peu avec lui, l'enfant va croire qu'il n'est pas intéressant. Selon sa logique (consciente ou inconsciente, d'ailleurs), s'il était un individu d'une quelconque valeur, ses parents passeraient du temps avec lui, car ils sont les personnes qui l'aiment le plus (en toute logique, une fois encore). Il s'ensuit une angoisse très paralysante :

« Si mes parents, qui m'aiment tant, n'ont pas de temps à me consacrer car je ne suis pas intéressant, qui pourra vouloir rester avec moi et trouver agréable de s'occuper de moi ? »

« À qui pourrais-je parler, raconter mes histoires, dire mes peurs, mes angoisses, chercher à me rassurer ? »

« Qui voudra répondre à mes questions avec autre chose que : "Je n'ai pas le temps, tu vois bien que je travaille ?" »

« Qui trouvera que je suis une personne avec laquelle on aime échanger, partager, rire ? »

« Qui voudra me donner de l'amour et qui voudra en recevoir de moi ? »

« Si je ne suis pas intéressant, mon amour ne doit pas l'être non plus. »

Cela, vous le ressentez bien, donnera à cet enfant une vision désastreuse du monde et de son avenir. Il ne se construira pas avec cette confiance en soi, juste et fondamentale pour pouvoir exister confortablement.

Le manque de confiance en soi est le sentiment « qui fait marcher le monde ». On attribue en général à l'argent exclusivement cette potentialité. Or, une personne à l'aise dans sa vie, aura-t-elle envie d'écraser l'autre, d'avoir un pouvoir immense sur autrui, d'avoir de l'argent afin de satisfaire toutes ses envies de la plus futile à la plus égoïste ? Ne peut-on imaginer celui qui serait à l'aise "dans sa tête" comme quelqu'un qui aurait plaisir à partager, à communiquer, à découvrir les différences, à les comprendre, à se considérer comme un privilégié d'être en vie et à en assumer les devoirs qui en découlent ?

Quels peuvent être les symptômes quotidiens du manque de confiance en soi ?

Ils sont tellement nombreux que nous n'en ferons pas une liste exhaustive mais citons-en quelques-uns, histoire de stimuler notre imagination et de voir que le monde en est “imbibé” :

– Parler haut et fort,
– Se dévaloriser,
– Être jaloux,
– “Crâner”,
– Ne pas oser parler en public,
– Ne pas oser dire ce que l’on pense,
– Se sentir incapable,
– Mentir,
– Exagérer ses “prouesses”,
– Ne pas avoir d’énergie,
– Se trouver “moche”,
– Se trouver inintéressant,
– Être agressif avec les autres,
– Avoir peur d’être entendu,
– Penser que tous les regards sont tournés vers soi quand on entre dans un espace fréquenté,
– Ne pas oser demander son chemin,
– Rougir pour un rien,
– Penser que l’on ne sera jamais aimé,
– Penser que “tous les gens bien” sont déjà “pris”,
– Se faire aussi petit et inexistant que possible,
– Dire souvent « Pardon » ou « Excusez-moi »,
– Avoir des difficultés à aller seul prendre un café ou au cinéma,
– Se demander ce que « les autres pensent de soi » (alors qu’en général, les autres pensent à eux et c’est déjà bien suffisant !),
– Afficher un complexe de supériorité ou d’infériorité qui sont deux symptômes de la même souffrance morale,
– Agir alternativement comme quelqu’un de très infériorisé ou de très hautain,
– Montrer ou ressentir du mépris,
– Écraser les plus faibles,

– Faire acte de violence avec les plus faibles,

– Se montrer autoritaire avec ceux qui nous sont "soumis" (travail, éducation…)

– Jouer les "gros bras" avec des personnes que nous savons moins qualifiées ou compétentes que nous dans un domaine donné,

– Se valoriser à travers ses enfants,

– Détester les succès des enfants des autres,

– Ne pas reconnaître les torts de ses propres enfants en cas de conflit avec autrui,

– Dévaloriser ses propres enfants en public pour "plaire" aux autres,

– Valoriser les enfants des autres pour se faire apprécier,

– Ne pas oser entreprendre,

– S'interdire d'agir,

– S'auto-punir,

– Penser à soi avec des mots insultants,

– Échouer de façon systématique,

– Ne pas s'aimer,

– Se croire indigne d'être aimé,

– Ne pas oser demander un service,

– Ne pas oser déranger,

– Faire "l'enfant",

– Fuir les responsabilités,

– Être cruel avec les animaux,

– Craindre l'inconnu,

– Craindre les voyages,

– Ne pas supporter ce qui est différent de soi ou de sa façon de penser,

– Être psychorigide (sans souplesse),

– Avoir des convictions immuables même si l'on nous démontre notre erreur,

– Avoir des difficultés à s'adapter à des situations nouvelles,

– Être irritable,

– S'adonner à l'alcool ou aux drogues,

– Être incapable de présenter des excuses,

– Se sentir humilié quand quelqu'un nous indique que nous avons tort,

– Sentir la colère "monter" à la moindre critique,

– Détester celui qui nous critique,

– Ressentir de la haine envers celui qui réussit là où nous avons échoué,

– Penser que nous mettons "la barre trop haut" et que c'est pour cette raison que nous sommes seuls (ce qui sous-entend que les autres sont moins hauts que nous et pas assez bien pour nous plaire... Le problème se situerait-il là ?!),

– Se sentir dévalorisé par l'échec plutôt que de le prendre comme une étape de notre apprentissage sur Terre,

– Ne pas diagnostiquer notre manque de confiance en nous et ses multiples conséquences douloureuses au quotidien, pour nous et notre entourage,

– Etc.

Ne manquons-nous pas de confiance en nous ?

Ne sommes-nous pas entourés de personnes souffrant de cette même carence (à des degrés divers, selon ce que la vie leur a offert depuis leur naissance...) ?

Quelles en sont les conséquences pratiques ?

Que fera donc l'enfant pour se rassurer ?

Soit il deviendra insupportable pour que l'on s'occupe de lui : il pourra être dans une telle détresse qu'il préférera une gifle, une punition, des cris, plutôt que l'indifférence parentale.

Ou il choisira inconsciemment, bien sûr, l'attitude opposée : être aussi transparent que possible pour ne pas déranger (et par peur des sanctions, évidemment), niera ses besoins et ses envies et développera souvent une soumission à l'autre.

Il essaicra de plaire en multipliant les "gentillesses", les petits services rendus. Il s'évertuera à deviner les envies et besoins de l'Autre souhaitant y répondre et quêter ainsi un regard, un remerciement; en un mot une reconnaissance, dans le sens d'être reconnu, c'est-à-dire, avoir l'impression d'exister pour l'Autre.

L'enfant sera prêt à nier sa propre existence en faisant des choses qui ne sont pas de son âge pour être apprécié. Il ne saura plus qui il est, en dehors d'un être en quête permanente du regard et de l'attention de l'Autre. Il adoptera l'attitude terriblement humiliante de « L'ombre de ta main, l'ombre de ton chien » qui se veulent les paroles d'un amour infini et qui sont en réalité, les paroles d'un malheur infini. La chanson au succès international: *Ne me quitte pas* est une façon de concevoir l'amour qui glace. Celui qui va être quitté et qui aime encore est dans un état de désespoir tel qu'il est prêt à accepter toutes les humiliations pour ne pas être abandonné, même s'il n'y a plus d'amour chez l'Autre à son égard.

Ce sentiment de ne pouvoir survivre sans la personne aimée est bien connu de tous ceux qui ont vécu « un grand chagrin d'amour ». Nous pouvons comparer cet état à la quête affective continue de l'enfant dont on s'occupe trop peu. Il se met dans un état de soumission tel qu'il n'a qu'une idée obsédante: être apprécié. Quand nous parlons d'idée obsédante, il peut s'agir d'une idée qui n'est pas consciente mais habite inconsciemment le sujet qui est totalement habité et dirigé par elle. Être reconnu devient le souci inconscient de tous les instants.

Pose-t-on une question à cette personne, elle va essayer de deviner ce que l'on attend comme réponse pour se risquer à parler. Il ne s'agit pas d'un mensonge en tant que tel, ni d'un travestissement de sa vérité, il s'agit de dire quelque chose qui va transformer l'autre en allié.

« Ma pensée n'a aucun intérêt pour l'Autre, puisque j'ai si peu de valeur. Je n'ai jamais intéressé personne, je dois me fondre sans attirer l'attention sur mes insuffisances, sur ma bêtise et mon manque de culture générale. »

Depuis l'enfance, le sujet a pris l'habitude de regarder le monde comme un lieu où "vivre bien" n'est pas envisagé mais, vivre "le moins mal possible" avec le peu de moyens dont il dispose est sa seule ambition.

Il devra d'abord "sécuriser" son entourage :

– Professionnellement, il sera aussi discret que possible, soumis, le plus souvent, en sentant bouillonner en lui ce malaise qu'il n'identifie pas.

– Sur le plan affectif familial, la soumission à ses parents peut se prolonger durant toute sa vie : il rendra service, même au détriment des engagements qu'il avait pu prendre pour son plaisir, les autres passant toujours avant lui.

Il ne supporterait pas les critiques ou colères parentales qui le replongeraient dans cette atmosphère d'enfance si négative.

En fait, il n'en est jamais sorti, n'ayant pas imaginé que **son action détermine la réaction de l'autre.**

Nous y reviendrons.

Sur le plan amoureux, son "choix", conditionné par cette si mauvaise opinion qu'il a de lui, lui offre quelques options peu enviables... :

– Il peut rester seul : ses angoisses d'être quitté s'apaisent, n'étant avec personne.

– Il peut se risquer d'être en couple, en ayant pris soin de choisir un partenaire qui ne l'impressionnera pas, mais ne lui conviendra pas et lui plaira fort peu. Souvent, les critères de compatibilité sont infimes. Il pourra, éventuellement, se montrer dominant voire écrasant, rejouant à l'opposé ce qu'il a vécu depuis l'enfance.

– Il peut aussi choisir une personne autoritaire qui le soumettra comme il a toujours été soumis à ses parents.

Ce malaise profond d'identité rejaillira dans tous les actes de sa vie, tant le manque de confiance en soi est un voile qui recouvre le quotidien.

Comment faire pour sortir de cette impasse si humiliante et si douloureuse qui empêche de bien vivre ?

Si ce BILAN est évident aux yeux du sujet, une bonne partie du chemin est déjà accomplie.

Il est souvent observé qu'il peut être nécessaire de toucher le fond de la piscine pour avoir l'idée de donner un coup de talon salvateur. Il est évident que ne pas attendre ce stade dramatique est hautement souhaitable. Mais notre tolérance éventuelle à l'intolérable est directement liée à notre éducation.

Quand nous en prenons conscience, nous pouvons enfin agir.

Pourquoi le désir de l'Autre devrait-il être prioritaire sur le nôtre ?

Par altruisme ?

Pourquoi pas, si ce n'est pas TOUJOURS le cas...

Mais si nous nous faisons passer systématiquement après tous les autres ? Est-ce logique, "normal", juste ?

Certainement pas, mais c'est peut-être une habitude qui nous paraît si ancrée qu'il sera difficile d'en changer.

Peut-être pas. Essayons de voir ce qui nous "pousse" à agir ainsi :

– Je suis avec quelqu'un qui m'impressionne.

– Je pense que je vais être nul.

– Je préfère me taire plutôt que de dire une ânerie.

– La personne me demande mon avis.

– J'imagine qu'elle attend de moi une réponse qui ne la contrariera pas.

– Je la lui donne du bout des lèvres en espérant de toutes mes forces ne pas m'être trompé dans ce que j'imagine être son opinion.

– Je guette, anxieusement, sa réaction.

– Elle sourit !

– Ouf ! Je vais être apprécié !

Seulement, voilà...

Depuis que j'utilise cette méthode pour être accepté (je n'ai même pas l'ambition d'être aimé !), je vois que j'ai toujours aussi peu d'amis et qu'au bout d'un certain temps, toute personne m'ayant rencontré prend de la distance avec moi.

Or, je suis sûr de ne pas avoir été désagréable, agressif ou prétentieux. J'ai toujours essayé de me fondre dans le décor et de faire le moins de vagues possible, c'est-à-dire de ne contrarier personne.

S'il est évident qu'être systématiquement contredit, dans notre discussion avec autrui est pénible et nous fait nous éloigner du critique chronique, il est certain, également, que ne pas arriver à savoir ce que pense l'Autre, ou avoir l'impression de sortir avec son ombre, finit vite par nous lasser.

« Souvent je me suis entendu dire que je n'avais pas de personnalité, aucun caractère. Ce côté effacé que j'ai toujours cultivé pour ne gêner personne, comme mes parents me l'ont "enseigné" depuis ma plus tendre enfance, semble exciter les dominants qui me maltraitent, ou me faire rejeter par les autres. »

J'estime que cette situation a assez duré et que je dois changer mon comportement.

J'ai d'ailleurs entendu dire que : **Mon action entraîne la réaction de l'Autre.**

Si je change mon comportement, ma façon d'être envers les autres, j'en percevrai la conséquence rapidement.

Si je dis ce que je pense (avec diplomatie, si besoin), l'Autre apprendra à me connaître et modifiera son attitude à mon égard.

Si je décide de ne plus me laisser faire ou maltraiter, je ne serai plus maltraité.

Certains, dans la même situation initiale que moi, rétorqueront que si je prends le risque de changer, il se peut que les gens ne m'aiment plus.

Cela ne changera pas grand-chose, puisque je ressens qu'ils ne m'aiment déjà pas ou peu.

Le lendemain, au bureau, chacun parle du film qu'il a regardé à la télévision la veille.

Personne ne m'interroge pour savoir ce que j'en pense.

Je vais écouter ce qui va être dit et... je me lance ! Allez, je parle :

Je vais comparer cet épisode au dernier qui était moins crédible.

On se retourne vers moi, comme surpris par ma présence.

Je sens que je rougis : tant pis.

On me répond qu'« en effet, on n'y avait pas fait attention ».

Je suis complètement soulagé.

Bien sûr, et je le comprends, celui ou celle qui n'a jamais vécu cela peut trouver que cette victoire est dérisoire...

Mais pour moi, c'est le premier pas vers ma liberté : liberté d'être moi et de pouvoir communiquer avec les autres.

L'après-midi, je ressens un "je-ne-sais-quoi" dans le regard de deux de mes collègues.

Peut-être est-ce un phantasme, mais j'ai l'impression que leur regard me voit, ne me balaye pas comme d'habitude.

Le soir même, ma mère me téléphone pour me dire de venir débarrasser sa cave ce week-end.

Comme à son habitude, elle ne me demande pas si je peux avoir la gentillesse de lui rendre ce service, mais me donne l'ordre de le faire.

Je m'étais préparé à agir différemment avec elle, avec une inquiétude tellement intense qu'il était évident que l'enfant en moi avait peur de perdre l'amour de sa mère, et de se faire disputer.

J'avais décidé de répondre à son prochain ordre, que : « Je suis désolé mais je ne suis pas disponible. »

L'ouragan fut pire que ce que j'avais imaginé :

« Qu'est-ce que tu me chantes comme ânerie ? Qu'est-ce que c'est que cette façon de parler ? Pour qui te prends-tu ? Je ne suis pas disponible ! Où as-tu lu ça ? Je t'ai dit de venir samedi, j'ai besoin de toi, donc tu vas venir ! »

« Maman, je regrette, ce n'est pas possible cette semaine. Dans quinze jours si tu veux. »

J'ai bien cru qu'elle allait s'étrangler : elle m'a raccroché au nez en disant « Il est devenu complètement fou ! »

Me sentir coupable ? Par chance, sa réaction a été si outrancière qu'il était évident pour moi qu'elle était "pathologique".

En fait, petit à petit, ma mère a pris l'habitude de me demander quel jour j'étais disponible pour elle et de m'en remercier ensuite.

Pour être franc, les remerciements que j'ai demandés puis exigés ne sont pas venus facilement.

Il est certain qu'avec le recul de quelques mois, ma mère semble me considérer comme un homme et plus comme un enfant caractériel et capricieux.

Ma façon de lui avoir fixé des limites lui a permis de me respecter enfin.

Non seulement je n'ai pas perdu son amour, mais j'y ai gagné son estime et sa reconnaissance pour ce que je fais pour elle.

J'ai changé mon action, elle a modifié sa réaction.

Il semble fondamental de se demander qui a le plus à perdre dans une relation de ce genre.

Changer est dans ces cas s'autoriser enfin à vivre, en vérifiant que les parents n'ont pas soumis l'enfant du fait de son manque de valeur personnelle mais du fait de leur propre "dysfonctionnement psychique".

Le dominant préfère souvent baisser ses exigences plutôt que tout perdre. En réalité, le dominé se rendra vite compte qu'il tient souvent le dominant dans le creux de la main… et que si la situation ne s'améliore pas, il pourra enfin décider de rencontrer une personne qui ne se complaira pas dans ce genre de relation pathologique.

Nous pourrions multiplier à l'infini les exemples de progrès possible. Notre but est de montrer le processus général et généralisable :

« Je suis dans une telle situation insatisfaisante que je ne veux plus continuer ainsi. »

La personne qui décide de changer d'attitude peut avoir la sensation de jouer son "va-tout".

En fait, il n'en est rien !

Les risques sont minimes et les conséquences positives innombrables et résumables en deux mots : "Vivre bien".

Savoir fixer des limites à celui qui abuse est imposer le respect que l'on nous doit. Ne pas le faire est stimuler le "mauvais côté" de l'Autre, c'est-à-dire le laisser être sadique par absence d'interdit.

Savoir dire « Non » est alors la clef de l'amélioration de toutes les relations basées sur la peur de perdre l'autre.

Se soumettre est s'assurer une vie de misère qui ne fera qu'accroître, jour après jour, le sadisme dominateur de l'Autre.

Cadrer l'Autre est le forcer à nous percevoir comme nous sommes vraiment : un être avec ses forces et ses faiblesses, qui ne se laissera plus humilier, avec lequel on pourra avoir envie de communiquer et intérêt à le faire.

Ordres négatifs et autres expressions

Nos mécanismes de pensée sont multiples. Certains évidents, d'autres plus intéressants à étudier pour les conséquences positives qu'ils vont nous offrir dans notre rapport aux autres.

Prenons l'exemple étonnant suivant :

N'imaginez pas un éléphant rose à pois bleus.

L'ordre donné est de ne pas imaginer ; or qu'avez-vous fait pour ne pas imaginer ?

Avez-vous vu l'éléphant et avez-vous mis une croix dessus, pour le barrer ?

Avez-vous imaginé l'éléphant et n'avez-vous pas su comment faire ensuite ?

En tout état de cause, vous avez effectué l'inverse de ce qui vous était proposé, par réflexe, sans le vouloir !

Vous n'étiez pourtant pas impliqué affectivement, l'enjeu était plus que mineur.

Nous voyons dans cet exemple ludique qu'un ordre négatif entraîne un réflexe intensifiant l'interdiction.

Si une personne se dit :

« Je ne veux pas grossir », le mot "grossir" s'inscrit dans son inconscient de façon différente et moins fructueuse que ne l'aurait fait la phrase :

« Je veux maintenir mon poids » ou « Je veux maigrir ».

Le « Nous devons arrêter de nous négliger » sonne différemment à notre oreille que « Nous devons prendre soin de nous » qui est plus positif, qui indique ce que l'on doit faire et non ce que l'on ne doit pas faire !

Dire « Je ne dois pas faire », sous-entend qu'il y a quelque chose d'autre à faire, qui n'est pas exprimé.

Allons tout de suite à l'essentiel, au projet positif.

Sinon nous considérons l'action négative (ce qui la fait perdurer !), nous insistons sur ce qui devrait être passé sous silence : perte de temps et perte d'énergie.

Rassemblons nos forces et nos envies pour atteindre le but recherché.

La façon d'aborder les choses est fondamentale dans leur réalisation.

Nous avons tout intérêt à en être conscients pour nous simplifier la vie.

Nous avons des habitudes culturelles à modifier.

Prenons l'exemple tellement fréquent de l'expression :

« Il n'y a rien à dire ! »

Nous l'utilisons pour exprimer notre contentement face à une situation.

Nous ne pouvons le comprendre que parce que nous en avons l'habitude.

Si une personne d'une autre culture arrivait chez nous et nous entendait dire cela, nous pouvons être sûrs qu'elle penserait qu'il n'y a rien d'intéressant à dire, ou qu'il ne s'est rien passé.

Or cette phrase signifie tout le contraire : nous la prononçons quand nous trouvons que la situation est satisfaisante et que nous sommes contents ! Trop d'enthousiasme nous rendrait malade ? Nous imaginons facilement l'effet délétère sur nos enfants quand nous regardons leurs carnets de notes.

Il est indispensable de passer en revue D'ABORD toutes les bonnes notes et d'en féliciter très chaleureusement l'enfant qui est stimulé. Sa confiance en lui sera augmentée, il aura envie de recevoir d'autres compliments et d'avoir d'autres bonnes notes.

C'est un réflexe positif que tous les éducateurs et parents doivent connaître.

ENSUITE, nous regardons les mauvaises notes avec attention.

Nous demandons sans agressivité à l'enfant ce qui s'est passé : leçon non apprise, non comprise. Nous lui proposons de revoir avec lui ce qui n'a pas été su.

L'enfant, friand comme tout un chacun (en principe !), de renforcement positif, aura vu ses parents ravis de ses bonnes notes et voudra leur faire, à nouveau, ce plaisir.

Il aura noté, aussi, leur essai de compréhension de ses difficultés, ce qui augmentera sa confiance en eux.

Donc, utilisons le « Il n'y a rien à dire » quand il n'y a précisément rien à dire.

Sinon, souvenons-nous que les compliments et remerciements, ainsi que la reconnaissance de ce qui a été fait positivement sont autant d'influx d'énergie offert à l'Autre qui, d'ailleurs, le mérite.

D'autres expressions ont également un impact insoupçonné, si nous ne nous arrêtons pas dessus.

Nous employons, selon notre personnalité, notre vécu, nos craintes inconscientes, nos objectifs, des mots caractérisant notre état d'esprit.

Lorsque quelqu'un le matin déclare :

« À l'attaque ! »

« Je vais tous les avoir. »

« Il faut que je les écrase. »

« Je monte au front. »

« Je suis armé pour… »

nous pouvons supposer qu'il possède une conception quelque peu guerrière de la vie.

De là à penser que l'Autre est considéré comme un ennemi… que la vie est dure et que c'est un rude “combat”, il n'y a qu'un pas que nous franchissons sans complexe.

Nous sommes loin de la vision tranquille et apaisante qui nous serait nécessaire.

De nombreux champs de vocabulaire sont utilisés de façon assez constante chez chacun de nous.

Celui d'humeur ludique peut dire :

« C'est une partie gagnée. »

« À qui le tour ? »

« Je prendrai ma revanche. »

L'Autre est un peu considéré, de façon inconsciente souvent, comme un partenaire de jeu.

De la même façon, celui qui annonce le matin à ses enfants :

« En avant pour de nouvelles aventures ! »

« Vous me raconterez vos découvertes ? », sous-entend que la vie est un vaste champ de curiosités enthousiasmantes. Ceci est très stimulant et joyeux pour les enfants ainsi que pour celui qui prononce de telles phrases.

Dans le domaine professionnel, nous entendons depuis quelques années :

« Je vaux tant. »

Expression qui peut faire frémir ceux qui ne l'utilisent pas...

Pour parler "salaire", un terme équivalent à une "valeur personnelle" est une habitude peu respectueuse, non ?

Les paroles dites "parentales", c'est-à-dire les ordres donnés par nos parents ou éducateurs que nous avons intégrés sans même nous en apercevoir agissent comme des freins.

Les :

« Il faut que je... »

« Je dois... »

sont autant d'expressions que nous aurions intérêt à remplacer par des :

« J'ai envie de... »

« C'est bien pour moi de... »

« J'ai intérêt à... »

« J'ai besoin de... »

« Ce serait bon pour moi que je... »

Les ordres parentaux nous remémorent nos obligations d'enfants souvent pesantes, puisqu'il n'y avait ni échappatoire ni possibilité de les discuter (et même souvent de bien les comprendre !).

Nous rappeler nos contraintes passées en employant le vocabulaire qui nous a stressé, nous a fait ressentir une tension, voire de la souffrance qui gaspille notre énergie. Nous nous stressons inconsciemment, et nous nous freinons considérablement dans nos réalisations. Si nous “devons” faire quelque chose, autant analyser la situation d’un autre point de vue qui peut être celui très prosaïque d’en être débarrassé ensuite et d’en être très content.

Nous avons tout intérêt à nous remémorer les expressions employées par nos parents et éducateurs qui nous faisaient souffrir, nous inhibaient pour les extraire de notre vocabulaire après avoir analysé tout ce qu’elles portaient de faux.

Écouter ce qui nous est dit et ce que nous disons en essayant d’analyser le sens de nos paroles et l’impact qu’elles peuvent avoir sur l’Autre.

La modélisation

La part de l'inné et de l'acquis reste un vaste champ de questionnement.

Tout au long de notre vie, nous apprenons.

Notre expérience, qu'elle soit consciemment "enregistrée" dans notre cerveau ou inconsciemment, augmente chaque jour.

Le temps passe et nous l'enrichissons de nos actions, nos repos, nos réflexions...

Nous avons souvent besoin de modèles pour apprendre.

Essayons d'apprendre une langue étrangère sans avoir accès aux sons de cette nouvelle langue : impossible (même si la phonétique peut nous y aider en partie).

Essayons d'apprendre à conduire une voiture sans rien y connaître : même pas que le contact se met avec la clef.

Si nous y parvenons, cela aura pris un temps infini.

Nous avons besoin d'apprendre : par les livres, par des enseignants, professionnels ou non, par l'observation du monde autour de nous.

Les stages en alternance associent de façon claire, évidente et constructive, l'apprentissage théorique à l'application sur le terrain.

Lorsque nous voyons une personne très performante dans un domaine, nous pouvons imaginer qu'il y a eu un long apprentissage.

Évidemment et dans tous les domaines, les acquis seront enregistrés à un rythme différent selon la personne et suivant la matière : tel bon en maths le sera peut-être moins en langues.

Encore faudra-t-il identifier la différence de motivation et donc la différence d'investissement de temps consacrée à une matière qu'il adore et à une autre qui lui semble plus rébarbative.

Mais, bien sûr, cette évidence n'aurait qu'un intérêt mineur si nous n'abordions pas l'attitude fréquemment rencontrée devant une personne excellente dans un domaine donné. Très souvent, nous nous sentons moins fort (ce qui est vrai) mais aussi infériorisé (ce qui est inutile, mais présent !). Notre manque de confiance en nous peut nous faire regarder cette personne de “travers”. Nous souffrons de notre incompétence relative dans le domaine envisagé.

Nous pouvons prendre le temps d'analyser tous les actes d'une journée et nous poser la question suivante :

« Dans cette action, existe-t-il des gens plus performants que moi ? »

Ce serait sidérant de pouvoir répondre « Non » !

N'oublions pas que nous sommes environ six milliards d'êtres humains.

Nous pouvons aussi analyser une de nos actions, et nous poser la question inverse :

« Dans cette action, y a-t-il des gens moins performants que moi ? »

La réponse est évidemment « Oui ».

Ce genre de questions est-il intéressant ? Si nous y trouvons un intérêt, grand bien nous fasse.

Maintenant analysons concrètement la compétence de l'Autre.

Telle danseuse est formidable : est-elle plus douée que nous, de façon innée ? S'est-elle entraînée davantage ?

Tel élève est excellent en maths. Est-il né avec la bosse des maths ou a-t-il travaillé de façon acharnée ?

Dès que nous nous comparons, interrogeons-nous sur notre investissement réel pour le résultat obtenu. Nous devons admettre que dans la vie, si nous avons une intelligence normale c'est-à-dire moyenne, nous devons être capables de réaliser ce que font la majorité des gens.

Si nous voulons réussir mieux que la moyenne, il nous faudra investir plus de temps que la moyenne : c'est mathématique. Nous aurons beaucoup de personnes moins bonnes que nous si nous travaillons beaucoup et beaucoup se révéleront meilleures si nous avons préféré faire autre chose. Les choses logiques ne sont souvent pas analysées logiquement et les conclusions qui en sont tirées se révèlent souvent fausses. Travailler moins que les autres et se prendre pour un imbécile à la vue de nos résultats moins bons serait aberrant (mais fréquent). Est-il plus facile et moins lourd de conséquences de se faire passer pour quelqu'un de limité (ce n'est pas notre "faute"), plutôt que pour un "paresseux" ? Le faire croire est une chose, le croire est beaucoup plus ennuyeux. Cela peut accroître notre manque de confiance en nous et nous freiner encore davantage.

Essayons d'analyser objectivement ce que nous faisons et fuyons les fausses excuses qui nous éloignent de notre vérité.

Nous risquerions de finir par y croire.

La modélisation est une technique de pensée et d'action très sympathique. Si nous voulons réussir dans un domaine donné, nous pouvons nous inspirer de celui qui y réussit déjà bien.

– Nous le prenons pour modèle.

– Nous pouvons lui en parler, lui demander conseil.

– Nous pouvons aussi simplement observer et en tirer des conclusions et des idées.

– N'oublions pas que nous n'avons aucune information sur le temps qui lui a été nécessaire pour parvenir à ce savoir-faire. Il peut être plus doué que nous, tant mieux pour lui. Cela ne change rien à notre situation. Nous avons à faire avec ce que nous avions.

Si nous trouvons que les fées ne se sont pas penchées assez longtemps sur notre berceau, se le répéter n'aura pour effet que de nous inférioriser par rapport aux autres.

Admettons que le constat soit exact, prenons les décisions adéquates : donc je dois travailler un peu plus que la moyenne.

Ce n'est pas juste ? Qui a dit que la distribution des cartes à la naissance était juste ? Mais elle est comme cela : autant admettre les faits et voir comment nous pouvons améliorer notre situation.

Geindre est peut-être une perte de ce temps que nous aurions pu utiliser à meilleur escient : nous entraîner, par exemple.

Si nous ne sommes pas responsables de l'inné, nous le sommes (en grande partie) de ce que nous en faisons par la suite.

À partir d'un même inné, les acquis peuvent différer du tout au tout.

C'est à nous d'analyser nos vraies possibilités et nos désirs. Nous sentir, nous savoir responsables de nous-mêmes est valorisant, rassurant, si nous décidons de nous occuper sympathiquement de notre sort.

Dans l'observation des autres, ne nous leurrons pas sur l'apparente facilité que nous constatons. Lorsque le travail a été intense, que le résultat est fluide, et ne laisse rien paraître de l'immense énergie investie pour atteindre ce but, nous parlons d'"élégance". Souvent un vrai professionnalisme peut passer pour un acquis moins difficile qu'il ne l'a été en réalité.

Nous pouvons minimiser le travail accompli par l'Autre pour nous rassurer quant à la tâche à "abattre". Souvent, et c'est dommage pour nous, nous le minimisons pour diminuer le mérite de la personne et nous sentir moins incompétent devant elle. Tout ce qui nous sert à diminuer la valeur de l'Autre à nos yeux est un piège dont nous sommes la première victime. Nous savons, dans notre for intérieur, que nous sommes moins bons. C'est un fait et souvent cela n'a pas réellement d'importance. Le nier est nous abaisser un peu plus à nos prorcs yeux et nous montrer jaloux. Quel temps perdu, quelle souffrance évitable !

Devant une personne efficace dans un domaine :

– Nous avons intérêt à le reconnaître,

– Nous avons intérêt à modéliser dessus si nous voulons avoir un résultat approchant.

Si devant une personne performante :

– Nous nions son savoir-faire,

– Nous n'élaborons pas une tactique de réussite,

– Nous critiquons par jalousie,

– Nous minimisons son mérite,

– Nous ne nous investissons pas pour nous,

– Nous pensons que c'est trop difficile sans nous être donné le temps nécessaire à la progression,

alors... nous perdons notre temps. Si nous avons la chance d'en prendre conscience, il nous restera une chose à faire :

Modéliser !

Quelques différences Homme Femme

Vaste sujet passionnant… L'intérêt de connaître les principales différences psychologiques et comportementales entre les hommes et les femmes est immense.

Cela va nous permettre de mieux comprendre, de mieux communiquer et donc, entre autres conséquences, de mieux aimer et d'être mieux aimé.

Nous avons certes de très nombreux points communs :

– Le besoin d'amour,
– Le besoin d'être reconnu,
– Le besoin d'être respecté,
– Le manque de confiance en soi (si répandu),
– Le besoin de nous aimer nous-mêmes (si peu évident),
– Le besoin de comprendre ce qui nous entoure,
– Le besoin de sécurité,
– Le désir de protéger nos enfants,
– Le besoin de donner et de recevoir,
– L'envie de découvrir,
– L'envie de vivre bien,
– L'envie d'harmonie,
– L'envie de paix,
– L'angoisse d'échouer,
– La peur du ridicule,
– La peur de la souffrance physique et psychique,
– Souvent, la peur de la mort (la nôtre, celle des autres),
– La peur de manquer,
– La peur de l'inconnu (quelquefois),
– La peur de rater notre vie,
– La peur de n'être pas fiers de nous,
– La peur de la solitude (quand elle n'est pas choisie),
– La peur d'être abandonné, rejeté…

Comme nous le voyons, nous avons de très nombreux traits communs de l'ordre du désir ou de celui de l'inquiétude.

Nous fonctionnons comme tous les êtres humains certes, mais nous allons analyser les grandes différences comportementales entre les hommes et les femmes.

Cela nous permettra de mieux nous connaître les uns les autres, de nous apprécier davantage, et de ne pas prendre nos différences d'attitude pour des signes d'agressivité.

Peut-être pouvons-nous commencer par le début ?

À sa naissance, le petit enfant "pense" qu'il ne fait qu'un avec sa mère.

Il n'existe qu'une personne au monde : Lui.

Ce "Lui" est composé de deux entités indistinctes : sa mère et lui.

Lorsque l'enfant prend conscience qu'ils font deux, cela lui crée un "choc".

Le père n'est pas encore représenté dans sa réalité pleine et entière.

Après un certain temps, il peut intégrer l'image de son père dans la symbolique de « ni moi ni ma mère ».

Le bébé découvre que le monde existe et qu'il n'est pas uniquement composé de ces deux personnes : Lui et sa mère.

En continuant de raisonner de façon nombriliste... (comportement comme nous le voyons très précoce !), le monde est symbolisé par son père : cela valait bien la peine d'attendre un peu, Messieurs, non ? (En général, cette prise de conscience apparaît vers l'âge de trois mois).

Mais évitons l'erreur qui consisterait à croire que le père n'est important pour l'enfant qu'à partir de cette date. L'attitude du père sera retransmise au bébé par sa mère. Par exemple, une femme heureuse, amoureuse de son mari, se sentant protégée, partageant cette aventure extraordinaire qu'est la naissance d'un enfant (surtout s'il est désiré), rayonnera de bonheur et de plénitude. Le bébé ressentira cette harmonie possible si le "mari et père" est partie prenante et heureux lui-même. Il est facile d'imaginer le stress que pourrait ressentir le petit enfant dans les bras d'une mère inquiète, en conflit avec son époux ou dans une situation de vie problématique. Cette symbolique du monde endossée par le père nous fait entrevoir l'importance fondamentale que revêtira son comportement (et ses sentiments) aux yeux de son bébé.

Si le père est bon, attentif, drôle, entreprenant, l'enfant imaginera le monde généreux et passionnant.

Par contre, un père triste, anxieux, agressif éveillera la crainte de l'enfant. Mieux vaudra pour lui rentrer dans sa coquille pour se protéger d'éventuels dangers ou agressions.

L'attitude du père pourra être déterminante pour la vie de l'enfant qui deviendra soit un adulte ouvert et passionné, soit un introverti, craintif et/ou agressif, bien entendu avec tous les stades intermédiaires possibles suivant son vécu.

Le père et la mère dans des rôles différents et complémentaires structurent et aident au développement de la personnalité de leur enfant.

La mère symbolise plus la protection maternante qui "ramène à la maison", la douceur, le cocooning.

Le père, la protection virile, qui rassure en protégeant contre les éventuels dangers de la vie, qui emmène le matin à l'école, en disant, par exemple (nous vous le suggérons !) :

– « En avant pour de nouvelles aventures ! »,

– « Partons à la découverte du monde ! »,

– « Vous me direz ce que la maîtresse vous a fait découvrir ? D'accord ? »,

– « Qui a la chance d'aller apprendre plein de nouvelles choses ? »

Les yeux de votre enfant ne disent-ils pas...

– « Ah ! Mon papa ce héros ! »

Analysons la période allant jusqu'à l'âge de trois ans date de l'émergence du fameux complexe d'Œdipe.

Reprenons le début de la vie de l'enfant en le différenciant suivant le sexe.

Commençons par la petite fille.

Imaginons-la lovée dans les bras de sa mère, elle se sent délicieusement bien. Attendrie par cette complice, cette alliée, la mère a mille projets en tête pour sa fille. À travers son enfant, elle revit un peu son enfance, compare et se promet de faire tout ce qu'elle pourra pour rendre sa fille heureuse.

Cet altruisme, cet amour maternel qui montent par vagues enivrantes la submerge d'une émotion si tendre, si intense, qu'elle ne peut retenir ses larmes. Quelle chance de pleurer de bonheur ! Son père, quant à lui, laisse paraître son attendrissement plus discrètement... Notre culture n'a pas encore réussi à surmonter des principes et habitudes construites au détriment de la sensibilité de tous les hommes. Il se prépare au futur complexe d'Œdipe de son petit ange et parle de “ses deux petites femmes” comme un coq en pâte ; toute la famille jubile.

La mère peut ressentir une légère appréhension à l'idée que vers trois ans, sa petite libellule, son petit ange n'aura peut-être d'yeux que pour son père. Et lui, la délaissera-t-il ?

Mais non, tout ira bien, et elle serre plus fort son enfant dans ses bras tout émue par tant de bonheur. Cette petite fille qui a tellement plus de facilités dans la vie qu'elle-même n'en a eu sera un peu sa réparation : vague d'émotions.

L'enfant adorée par son père et sa mère est heureuse, son regard, ses joyeux babillages en attestent : son développement psychique ne peut être qu'harmonieux !

Vers trois ans arrivera le complexe d'Œdipe qui effectivement la fera se tourner préférentiellement vers son père. Elle cherchera à le séduire, sera adorable avec lui, lui chantera ses plus jolies chansons et regardera par-dessus son épaule pour voir si sa mère en est suffisamment jalouse.

Mesdames les mères, soyez assez aimables avec vos filles, et en toute complicité avec votre époux, soyez un tout petit peu vexées, que cela augmente la confiance que votre enfant a déjà en elle.

« Maman est un peu jalouse de moi, elle qui est si merveilleuse... Suis-je donc encore plus merveilleuse ? »

Tout ce processus se déroule bien entendu inconsciemment dans la tête de l'enfant.

Son père lui dira qu'elle est adorable, extraordinaire, qu'il est le père le plus chanceux du monde. Vous voyez le genre...

À ce propos, inutile de dire qu'elle est la petite fille LA PLUS formidable du monde, ce qui fausserait sa vision simple et tranquille du monde. Il n'est pas utile "d'être la plus" mais "d'être" formidable. Autant ne pas créer une hiérarchie, une compétition qui seront bien vite démenties par le monde lui-même.

Par contre, lui dire « Pour moi, tu es la petite fille la plus merveilleuse du monde » est juste et le restera en principe.

S'il y a d'autres filles, vous déclinez : « Pour moi (ou pour nous), vous êtes les petites filles les plus merveilleuses du monde. »

Donc il n'y a pas mensonge, pas de rivalité et cela construit l'enfant en toute sécurité. Ces paroles, comme les compliments, expriment votre amour immense que l'enfant ressentait déjà et qu'il a tant de plaisir à entendre... N'hésitez pas.

La petite fille reçoit une valeur absolue : la réassurance des parents la structure et lui donne confiance en elle. Le père prendra soin d'ajouter, pour la "programmer" dans un futur positif, que l'homme qu'elle choisira aura beaucoup, beaucoup de chance...

Un petit conseil "délicieux" :

N'hésitez pas à acheter ces petites gaufrettes sur lesquelles sont inscrites de courtes phrases, qui seront transformées par vos soins, votre enfant ne sachant pas encore lire.

En "lisant" le prénom de votre fille, donnez libre cours à votre imagination : X est une petite fille adorable, ou X a de jolies nattes. Vous personnalisez, ce qui montre à l'enfant que le monde est capable de la reconnaître dans tout ce qui est positif.

Un monde si bienveillant mérite d'être découvert !

Tournons-nous maintenant vers le petit garçon adoré par son père et sa mère.

Il est heureux, se développe parfaitement, mais **la différence est fondamentale.**

Le petit garçon peut ressentir que cette “femme” :

– Qui le tient dans ses bras depuis le début de sa vie,

– Qui lui montre constamment son amour,

– Qui ne sait pas quoi faire pour qu'il soit heureux (comme elle le fait d'ailleurs pour sa fille),

– Qui le berce si tendrement,

– Qui lui parle avec des intonations merveilleuses,

– Qui sait quand il a faim ou froid...

Cette femme donc sera Sa femme.

Tout le montre : elle l'a toujours adoré, le lui a dit, le lui a chanté, c'est certain, il l'épousera...

Survient alors le cataclysme : cette femme est mariée.

Quoi qu'elle ait dit, montré sans discontinuer au cours de ces trois années, quoi qu'elle ait laissé supposer, l'évidence est là... Elle n'a pas avoué la cruelle vérité...

L'Objet d'Amour Absolu du petit garçon a “menti”.

Le père est alors vécu comme un rival. Il est tellement plus fort, tellement plus Tout, qu'il vaut mieux, après une période très difficile à accepter, se tourner vers lui. C'est décidé, après une si cruelle désillusion, après avoir vu son monde s'écrouler, il vaut mieux prendre “son Papa” comme modèle et apprendre la vie de lui. Le père représente le monde pour un enfant, comme nous l'avons vu précédemment. Si le père est attentif et s'occupe de son fils, celui-ci pourra dépasser cette terrible blessure “narcissique”. Il pourra se tourner vers la vie qui ne sera plus dans “les jupons trompeurs” de sa mère.

Il semble que cette période si douloureuse pour le garçon qui a tout attendu et espéré de sa mère, détermine son comportement ultérieur face au monde.

Le garçon préférera le plus souvent être dans l'action, peu dans l'introspection, peu dans cette atmosphère d'intimité (qui rappellerait la proximité avec sa mère, et l'on sait comment cela s'est terminé...).

La proximité émotionnelle et sentimentale peut présenter tant de risques pour lui : nous sommes, bien sûr, dans les comportements inconscients. L'homme, nous le voyons dans notre société est peu enclin aux bavardages.

À l'inverse, les femmes ne cessent de parler, se posent mille questions sur les comportements, sur la compréhension des autres, sur leurs motivations dans tous les domaines de la vie. Ce vaste champ d'exploration de l'humain au quotidien les passionne constamment.

Enfants, elles ont pu adorer leur mère sans jamais avoir eu envie de l'épouser. Tous ces gestes maternels si tendres n'ont jamais été interprétés comme prometteurs d'une union définitive, ultérieure.

Le complexe d'Œdipe s'est basé sur un espoir plus récent : à l'âge de trois ans, environ.

Il n'a pas eu pour objet la personne qui a pris soin d'elle depuis sa naissance.

N'oublions pas un autre point fondamental de cette douleur intense et structurante dont nous pouvons analyser les infinies conséquences : la mère a porté l'enfant dans son corps.

Ils ont vibré à l'unisson de ses vibrations cardiaques, vécu en commun, partagé la même nourriture, réagi aux émotions avec l'intensité de la symbiose : leurs vies étaient mêlées.

La petite n'aura pas vécu cette séparation d'avec sa mère comme un terrible "mensonge" (bien qu'il ne s'agisse pas de cela, en réalité). Elle aura été élevée avec toute la douceur, tout l'amour dont elle avait besoin et pourra alors se tourner "amoureusement" vers son père, ce héros.

La déception sera certes grande quand elle comprendra que "la place est prise" par sa mère.

Son père devra la rassurer et la projeter vers un avenir délicieux avec un mari qu'elle aura choisi avec justesse et amour.

Peut-on imaginer la “prudence” des hommes face à l’intimité profonde, l’ambivalence face à ce qu’ils ressentent de l’importance de la femme pour eux, et la peur que les engagements profonds peuvent entraîner inconsciemment ?

Il y a, à la fois, la quête de cette relation longtemps idéale (de l’ordre du magique, de l’impensable, du parfait et de l’absolu) et en même temps la peur de “tout” perdre.

Les hommes peuvent être terrorisés à l’idée qu’il puisse ne s’agir, en fin de compte, que d’une illusion, la plus cruelle car la plus superbe. Les femmes connaissent bien le besoin absolu que de nombreux hommes ressentent, après un moment de forte intimité, d’aller faire un tour... Peut-être pour vérifier qu’ils ne sont pas “à nouveau” pris au piège, mais qu’ils gardent le contrôle de leur indépendance, de leur liberté.

Les femmes, en général, ne sont pas dans cette crainte (ou pour d’autres raisons, d’autres blessures d’enfance), et adorent souvent cette symbiose qui ne les « aspire » pas, et qu’elles vivent dans un immense plaisir paisible.

Par extension, nous pouvons nous demander si le désir de pouvoir de l’homme sur la femme, à travers les siècles, son besoin de la contrôler, voire de la “chosifier”, ne serait pas, entre autres, un vestige de cette peur de tant d’espoir déçu ?

Une façon de tout diriger pour ne pas avoir de mauvaises surprises. Ne pas laisser à l’Autre un “espace de liberté” qui pourrait être utilisé contre lui. Serait-ce une vengeance de cette douleur à jamais inscrite dans l’inconscient de l’homme ?

L’idéalisation de la mère est retrouvée sans nuance dans l’adage « toutes des..., sauf ma mère et ma sœur ».

Ne peut-on pas, également, mettre en parallèle la difficulté que de nombreux hommes ressentent à accepter l’aide d’une femme ?

Certains parleront d’habitude de domination, ou de machisme. Et s’il s’agissait aussi d’une crainte si violente, si viscérale, si ancrée inconsciemment qu’elle entraînerait cette réaction extrême de défense ?

Attaque-t-on avec tant de véhémence quand on ne se sent pas dans un “vrai” danger (fantasmé ou non) ?

Nous pouvons observer que les femmes apprécient souvent sans ambivalence l'aide des hommes. Habitude de « l'infériorisation culturelle ancestrale » ? Ce n'est pas évident.

Peut-être s'agit-il aussi souvent d'une envie d'entraide bilatérale qui n'engage ni l'honneur ni la puissance ? Entraide qui implique des sentiments, et sous-entend une alliance qui rend plus fort et plus performant...

Les femmes ont moins besoin d'être reconnues pour leur force physique ou mentale.

Essayons de voir ce qui pourrait motiver une si grande différence, en rapprochant cela à la source : ce début de vie vécu si différemment par les deux sexes.

Profitons de cette analyse pour ajouter un petit *nota bene* aux hommes :

Messieurs, ce n'est pas parce que les femmes sont plus tranquilles avec la symbiose, que cela signifie qu'elles veulent vous « capturer, ni être capturées ». N'oubliez pas non plus que de très nombreuses femmes ont subi dans leurs vies des traumatismes tels qu'un désir d'engagement peut être une chose très difficile pour elles. N'imaginez pas qu'il est facile à toute femme de s'engager profondément et durablement.

Si la femme que vous avez rencontrée le veut, cela signifie alors qu'elle vous fait confiance, et vous signifie donc son amour, pour vous et vous seul. Il serait dommage de ne pas apprécier à sa juste valeur ce “bonus narcissique”, si délicieux, s'il a été identifié et n'en faire qu'un réflexe féminin.

Nous avons énoncé quelques différences entre le petit garçon et la petite fille très jeunes.

Regardons maintenant ce qu'apportent aux enfants certains contes de notre société occidentale, et le conditionnement qu'ils induisent.

Les histoires tant et tant répétées et recherchées par les enfants les structurent.

Elles font partie intrinsèque de leur acquis culturel, de NOTRE patrimoine...

Ce mot souligné insiste sur le fait que nous, adultes, avons également eu cette base « éducative » avec les conséquences que nous allons analyser.

Oserons-nous parler de structuration transgénérationnelle de la névrose, des habitudes comportementales négatives transmises par l'éducation d'une génération à l'autre ? N'hésitons-pas !

Enchanteurs pour certains, d'autres contes, lus au deuxième degré peuvent donner le frisson !

Considérons notre traditionnelle *Blanche Neige et les sept nains...*

Une pauvre petite orpheline de mère (princesse, tout de même !), va avoir quelques problèmes avec sa belle-mère.

Son père, trop occupé à sa tâche de roi, n'a pas le temps ni "les compétences pédagogiques" nécessaires pour s'occuper d'elle.

Les hommes travaillent, pendant que les femmes s'inquiètent de leur beauté.

Chacun a les préoccupations qu'il peut.

La seconde épouse présente "une petite faille narcissique".

Elle veut être la plus belle !

Dommage pour Blanche Neige qui doit la vie au cœur tendre d'un chasseur qui la protège, comme son père aurait d'ailleurs dû le faire.

Les nains, groupe de compagnons isolés dans l'univers duquel semble ne graviter aucune femme, la recueillent.

Elle reprend sa "fonction féminine" : le ménage et la cuisine pendant que les hommes travaillent.

La reine, femme intelligente et cultivée (elle sait composer des filtres, se transformer...) met son savoir au service du "mal".

Nous voilà devant le prototype de la jalousie féminine.

En effet que peuvent donc faire d'autre deux femmes ensemble, que d'être en compétition "esthétique" ?

Si le conte s'arrêtait là, nous aurions déjà fort à faire auprès de nos enfants pour rétablir un petit sens des réalités concernant le rôle des hommes et celui des femmes dans la vie et leurs compétences.

Cet amoncellement de clichés négatifs n'en est pourtant qu'à son début.

Continuons !

L'apparence physique de la reine (après potion maléfique et transformation pour montrer son véritable visage, tel *Le Portrait de Dorian Gray*) symbolise sa personnalité : une sorcière !

Le mal a raison de l'innocence et du jeune âge de la petite princesse.

Les nains avec leur expérience d'adultes l'avaient incitée à se méfier... Mais Blanche Neige est victime des apparences : une vieille dame qui offre un cadeau ne peut être que digne de confiance.

S'ensuit un morceau de choix : les comportements masculins et féminins sont caricaturaux. Le phénomène de projection nous fait adhérer à cette histoire qui "finit bien". Dommage, une issue dramatique nous aurait rendu un peu plus critiques.

Blanche Neige est dans son cercueil : toujours aussi belle, délicieuse, émouvante et surtout en attente. Dans la plus totale passivité, elle est là, inerte (mais belle : elle sait ce que l'on attend d'elle). Mais la chance est avec elle. C'est une histoire bien morale, après tout. Un jeune prince, avec les qualités qui sont incluses dans la "panoplie", (nous dirions maintenant dans le package) est beau, jeune, riche et altruiste.

Par chance pour BN, non, assez d'insolence, pour Blanche Neige, il la trouve à "son goût" (sinon, combien de temps encore aurait-elle dû attendre ?).

Il n'a pas à lui demander la permission pour déposer un baiser sur ses lèvres délicates, sinon, il l'aurait fait, bien sûr. Ne mettons pas en doute sa bonne éducation.

Et se passe ce qui devait se passer...

Il lui redonne la vie.

Elle l'aime instantanément (il est beau : c'est le seul critère qu'elle peut analyser en se réveillant ; à moins qu'elle n'ait aperçu le cheval blanc ? Dans ce cas, il est beau et riche. L'allusion à l'émoi physique serait quelque peu déplacée, non ?).

Elle a une chance de conte de fée, d'avoir été choisie par un homme qui lui convient. Ce n'est pas un voleur de grands chemins, c'est un homme gentil, de belle naissance. Il a tout pour plaire. C'est son Zorro ! Il la révèle à elle-même et lui ouvre les portes de la vie.

Nous pouvons imaginer le conditionnement que de telles histoires engendrent.

Ils partent ensemble, elle derrière, lui sur le cheval : elle est en sécurité et va être heureuse du choix du prince !

Cet énoncé quelque peu sarcastique permet de ne pas revenir sur chaque épisode de cette histoire dans les détails.

Il illustre notre conditionnement éducatif selon notre sexe.

La petite fille "apprendra", car c'est bien de cela dont il s'agit, ce que l'on attend d'elle : la passivité.

Elle doit être belle et se taire.

Blanche Neige est parfaite dans le rôle.

Elle doit se laisser choisir après une attente qui ne dépend pas d'elle mais du hasard et du bon vouloir d'un homme qui passera par là. Joyeuse perspective...

Il faut profondément croire aux bons côtés de la vie pour ne pas être terrorisée par ce destin, ô combien aléatoire.

Le rôle du prince semble certes plus enviable, puisqu'il a le pouvoir de décision.

La contrepartie est cependant à analyser avec soin.

L'homme doit :

– Être beau,

– Être intelligent (il a la sagacité de lui donner le baiser de « libération » enfin, dans une certaine mesure, la libération !),

– Être responsable : il décide,

– Être généreux : Blanche Neige n'a pas de dot, pour le moment,

– Être perspicace : il sait que Blanche Neige "mérite" d'être sa femme.

À aucun moment, il n'est question d'hésitation, de faiblesse, de défaut : il est et DOIT ÊTRE parfait.

Que déduire de l'impact que cette histoire et, de la même façon, de celle de *La Belle au Bois Dormant* ?

Les femmes sont et doivent être fragiles, passives, belles, futiles et surtout se laisser guider par l'Homme.

Quant à lui, il doit être fort, généreux, héroïque, beau, riche, et n'avoir aucun défaut. Il ne doit pas montrer sa sensibilité, ce qui lui ferait exprimer une émotion. Il doit assumer toutes les responsabilités pour Sa femme.

Nous sommes dans la caricature aussi irrespectueuse pour l'homme que pour la femme. Il s'agit peut-être d'une "complémentarité" dans laquelle, en fait, personne ne pourrait se retrouver à l'heure actuelle.

Il n'est pas, dans ce conte, question de respecter la personnalité de chacun qui doit endosser un rôle qu'il n'a pas choisi et lui est imposé par la société de l'époque.

Ces contes sont séduisants de prime abord.

Ils exercent une grande influence éducative sur les enfants qui espèrent devenir identiques aux héros narcissiquement "sympathiques" :

La petite fille est une princesse et aura un mari "bien sous tout rapport".

Le petit garçon est un prince qui fait ce qu'il veut (dans la mesure où il fait ce qu'il doit !).

Nous savons tous que cette notion de “prince charmant” est présente dans toutes les têtes.

Les psychanalystes savent à quel point de très nombreuses jeunes femmes souffrent encore de cette “pathologie” de l'attente.

N'oublions pas non plus le corollaire sous-entendu : j'ai longtemps attendu l'homme, j'en ai tant parlé, je l'ai tant espéré que je dois recevoir à la hauteur de mes attentes.

Combien de fois avons-nous tous entendu : « Je veux un homme sur lequel m'appuyer ? » Merci du cadeau... Mesdemoiselles... Et si vous alliez chercher une béquille ailleurs, en vous-mêmes, par exemple, et ne plus penser qu'être un poids est le rôle dévolu à la femme.

Les femmes fortes de leurs compétences peuvent profiter d'une liberté difficilement acquise par “leurs mères”, à travers les siècles.

Il reste encore un peu de ce chemin à faire pour que l'autonomie et la responsabilité de chacun fassent de ce duo, homme-femme, une équipe gagnante.

Associons nos compétences pour avancer en dehors de la névrose enseignée si longtemps.

L'homme qui doit être un moteur laissera sa femme sur le bord du chemin lorsqu'il voudra changer de rôle et ne plus être la locomotive pour tous.

Mesdemoiselles, si vous cultivez et favorisez cette dépendance, vous augmentez les risques et les angoisses d'être seules, abandonnées.

Quant à vous, Messieurs, si vous voulez être compris, exprimez-vous. Ayez la force de dépasser cette conception aussi fausse qu'ancienne : un homme ne doit pas montrer sa sensibilité pour ne pas être pris pour un faible.

Savez-vous qu'une femme craque lorsqu'elle voit un homme sensible : elle a enfin l'impression qu'elle va être comprise. Si vous jouez les insensibles, elle vous croira insensible. La sensibilité n'est pas de la faiblesse, comme il l'a été enseigné par erreur.

Cela vous laisse, à vous Messieurs, la possibilité de développer toutes les facettes de votre personnalité et de vous en sortir plus riches, plus appréciables et plus vrais.

Nous sommes dans la réalité, pas dans les contes : si vous voulez une femme enfant irresponsable, vous en trouverez toujours une.

Si vous voulez une femme qui veut vous comprendre vraiment, vous aimer dans votre réalité et non dans ses phantasmes de petite fille, vous la trouverez aussi.

Nous sommes à une époque où la compréhension de chaque sexe se développe vite (pour ceux que cela intéresse) et nous pourrons donc tous profiter de cette plus grande authenticité.

Essayons de ne plus idéaliser l'Autre, mais de l'aimer comme il ou elle est.

Donnons-nous le temps de choisir la personne avec laquelle nous avons de nombreuses affinités : c'est ce qui fera la profondeur de l'engagement et nous offrira le bonheur d'un couple durable si telle est notre envie.

Il ou elle m'aime, comme je suis, non pas comme il ou elle voudrait que je sois.

Nous ne sommes pas dans le phantasme, mais dans la réalité de chacun.

Nous nous choisissons en adulte responsable et arrêtons de jouer des rôles qui ne nous correspondent pas et ne nous permettent pas de nous respecter et de vivre notre authenticité.

Une autre attitude liée à notre inconscient d'enfant est très intéressante à analyser.

Nous avons déjà parlé du complexe d'Œdipe : l'enfant est amoureux du parent du sexe opposé.

Nous savons qu'il peut être difficile pour un enfant de partager l'amour de ses parents avec ses frères et sœurs. Il est important d'expliquer aux enfants que l'amour des parents grandit avec le nombre d'enfants. Chaque enfant a sa part, complète et très grande. Lorsque naît un frère ou une sœur, une nouvelle case d'amour s'ouvre dans la tête et le cœur des parents. Donc, il n'est pas question de partager. De façon définitive, rien ne peut changer ce phénomène merveilleux : chacun a une case d'amour aussi grande que celle d'à côté ! Ce genre de discours rassure tellement les enfants que nous avons intérêt à le leur dire le plus tôt possible : les résultats se voient dans le regard de l'enfant, enfin rassuré.

Pourquoi toute cette introduction ?

Le partage avec les enfants de sa fratrie est déjà quelque chose de douloureux pour celui auquel on n'a pas expliqué le phénomène des cases étanches si rassurantes !

On imagine alors très facilement le profond désarroi que peut ressentir un enfant qui doit partager avec un autre (ni famille d'origine, ni adopté) et qui a en tête l'idée que plus nombreux on est, moins on a.

Imaginons maintenant un petit garçon pupille de la nation.

La collectivité qui le prend en charge, la mère-patrie symbolise la mère.

Le complexe d'Œdipe peut alors, éventuellement, s'appliquer de la façon suivante :

« C'est ma patrie, pas la tienne. » (Synonyme de « C'est ma mère, pas la tienne ! »)

Il y aurait compétition avec tout autre enfant dans la même situation que lui, ou avec toute personne impliquant une notion de partage de la nation.

« Je ne peux pas partager, j'ai déjà tellement peu que j'ai peur d'être complètement démuni. »

L'Autre est alors considéré comme l'agresseur potentiel, l'ennemi, l'étranger dangereux. « Je ne partagerai ni ma Maman ni ma patrie. »

Les comportements masculins et féminins sont différents car nous le sommes sur un bon nombre de points.

Il est nécessaire de bien se connaître soi-même pour mieux se faire comprendre par les autres.

Hommes, apprenez aux femmes qui vous êtes et comment vous voudriez être traités.

Femmes, expliquez votre fonctionnement et dites ce que vous désirez de l'Autre.

Ces discussions rapprocheront hommes et femmes : nous serons tous bénéficiaires du résultat de cet effort de compréhension.

Il est quelques clefs faciles à intégrer, qui devraient l'être dès le plus jeune âge.

L'homme parle peu de ses sentiments et montre rarement ses émotions.

Est-ce à dire qu'il ressent moins que la femme ?

Cela n'est pas évident. Cela signifie surtout, que la société, lui a intimé l'ordre, depuis des siècles (des millénaires ?) de se montrer fort, de ne pas pleurer, de protéger sa tribu en cachant sa peur. Cette obligation comportementale devait être LA condition de son pouvoir. Il avait le droit de commander, de décider, en un mot d'être le maître, s'il parvenait à faire ce qu'on attendait de lui.

Au début, long moment où la "vie intellectuelle" n'en était qu'à ses premiers balbutiements, une certaine logique peut-être...

Depuis longtemps, la force physique n'est plus la qualité première requise pour prendre le pouvoir : les mammouths sont tous morts.

Le pouvoir a-t-il suivi l'évolution de la vie ? Certes non ! Il est trop bon de diriger pour penser à partager et à former une équipe composée de personnes différentes et complémentaires.

Les hommes préfèrent encore, pour la plupart, être dans le monde du travail qui prend les décisions, en laissant les femmes s'occuper des tâches plus subalternes. Ce phénomène comportemental, si répandu encore, ne tient pas compte des compétences et envies de chacun mais de la difficulté viscérale à partager les privilèges...

Le petit garçon n'est pas conditionné à jouer à la poupée mais aux petites voitures qui souvent "font" des accidents.

Cette vision précoce de "la vie" qui intègre l'agression (non voulue !) de l'Autre ou par l'Autre, ne stimulera pas ses potentialités d'écoute, d'attention à l'Autre, de compassion, de partage, de construction ensemble, etc. Ces petites voitures qui font la course ou se rentrent dedans, symbolisent compétition et agressivité. Que dire des fusils et autres armes offerts dès le plus jeune âge ? Ce "moyen de communication" aura les effets pervers pour la société que l'on constate aisément, l'enfant devenu adulte.

La petite fille sera stimulée dans son altruisme, sa compassion, son ouverture à l'autre dès la première poupée dont il faut s'occuper et essayer de deviner les besoins (« Elle a froid, elle veut voir sa maman... »).

Elle doit être à l'écoute de l'Autre, quitte à s'oublier elle-même. En général, le conditionnement réussit.

Le cerveau de l'homme et celui de la femme fonctionnent de la même façon, il est intéressant de le savoir.

La répartition des zones d'activité dépendant du sexe est objectivée scientifiquement et explique certaines différences comportementales. Lors des accidents vasculaires cérébraux, la récupération se fait en général plus rapidement chez la femme qui a davantage de zones dévolues à une même fonction que l'homme. Les hormones différentes chez l'un ou l'autre sexe ont aussi un impact important sur les comportements.

L'agressivité, les fluctuations de l'humeur, le stress en dépendent EN PARTIE...

Certaines différences de traits de caractère sont retrouvées de façon presque constante.

Lorsqu'une femme exprime un compliment à un homme, que ce soit au niveau de ses compétences, de son habillement, ou de quoi que ce soit d'autre, nous le voyons aussitôt se redresser, sourire, manifester son contentement, même s'il ne l'exprime pas par des mots (ne l'imaginons pas systématiquement crédule lorsqu'il est en position de pouvoir : il peut repérer la flatterie intéressée).

La femme, quant à elle, peut se réjouir spontanément d'un compliment si elle connaît très bien l'homme qui le fait et sait son "honnêteté".

Sinon, elle mettra en route INSTANTANÉMENT un système de réflexion :

– Dit-il ce qu'il pense ?
– Est-ce de la flatterie ?
– Que veut-il de moi avec ce compliment ?

Si elle peut répondre à ces questions et conclure que c'est un vrai compliment, elle pourra remercier, se sentir touchée...

En général, cette "information" qu'est un éloge, est perçue comme telle par l'homme et décortiquée par la femme.

Femmes et généralisations

Imaginons une dispute entre un homme et une femme.

La situation s'envenime, l'incompréhension est là.

Très souvent, la femme exprimera sa colère en énonçant des généralités :

– « DE TOUTE FAÇON, tu ne m'écoutes jamais ! »
– « Tu as TOUJOURS raison ! »
– « C'est moi qui fais toujours tout ! »

Il est même possible d'entendre :

– « Tu ne m'as JAMAIS aimée ! »

Un sourire en coin, Messieurs ?

En fait, la femme exprime son emportement par une généralisation blessante : c'est sa soupape de "sécurité expressive".

Messieurs, il est fondamental de LE SAVOIR et de TRADUIRE cette rage agressive, ce langage au vitriol.

La femme veut dire qu'EN CE MOMENT, elle se sent blessée, en colère, incomprise. Elle exprime une vraie souffrance, une vraie douleur morale.

Si les hommes ne traduisent pas instantanément cette "envolée lyrique", ils vont se refermer sur eux-mêmes (pour combien de temps ?), se sentir humiliés, incompris, bafoués et démunis :

– « Elle est injuste, avec tout ce que je fais pour elle ! »

– « Elle doute de mes sentiments. »

– « C'est elle qui veut toujours avoir raison… »

L'homme doit savoir que l'orage passera aussi vite qu'il est arrivé s'il offre d'écouter ce qu'elle lui reproche en ce moment précis, s'il arrive à comprendre ce qui a motivé l'accès de colère.

Si la souffrance de l'une déclenche l'écoute de l'autre, le conflit peut tomber et la connivence reprendre sa place.

(Nous n'avons pas analysé la situation où RÉELLEMENT, l'homme ne fait rien, ne se préoccupe que très peu de son épouse, etc.).

Ce comportement très "haut en couleurs" se manifeste tôt dans la vie de la petite fille.

Les « Tu ne seras plus ma copine, et de toute ma vie entière ! » émaillent les cours de récréation.

Un exemple de discussion entre un frère et une sœur qui s'entendaient en général bien en est l'illustration flagrante :

Ils jouent aux cartes.

Il a 14 ans, elle 8.

Elle perd : ce qu'elle n'arrive toujours pas à gérer.

Il lui dit qu'elle est pénible de bouder pour cela.

Il n'en faut pas plus pour que la flèche soit décochée par la petite fille ivre de colère et d'humiliation d'avoir perdu :

« Si je meurs avant toi, je ne veux pas que tu viennes à mon enterrement ! »

Le frère sidéré par tant de violence, va voir sa mère qui lui explique que sa sœur réagit comme bon nombre de femmes, dans une expression excessive qui signifie qu'elle est contrariée, voire triste ou très triste.

Le fils apprend que dans un cas comme celui-ci, il vaut mieux discuter avec sa sœur en lui expliquant que ce n'est pas drôle de perdre, que personne n'aime cela, et laisser passer l'orage.

Il a tout intérêt à intégrer ce fonctionnement de l'autre sexe, le plus tôt possible, pour ne pas envenimer la situation. Il parviendra à distancier les propos et à en comprendre le sens véritable. Il s'évitera ainsi la souffrance de se sentir rejeté comme tant d'hommes le croient dans cette situation. Il est important de ne pas commettre ce contresens et d'apprendre comment fonctionne l'autre !

Ce garçon de 14 ans retourne voir sa mère dix minutes plus tard, encore plus décontenancé que la première fois :

« Elle vient de me demander de venir jouer avec elle ; elle m'a souri comme si de rien n'était ! C'est vraiment incroyable ! »

La mère, fière du tonus de sa progéniture féminine, de répondre :

« C'est une femme, qui a un comportement de femme. Tu as la chance de le comprendre si tôt… D'ailleurs, tu peux en parler à ton père, qui a compris cela depuis longtemps et qui est maintenant beaucoup plus zen quand il se retrouve dans cette situation ! »

Il est important pour nous tous d'apprendre le langage de l'Autre.

Nous pouvons ressentir les mêmes choses et les traduire différemment.

Expliquons notre ressenti à l'Autre dans l'impossibilité de tout deviner.

Souvent nous entendons :

« J'ai essayé de lui faire comprendre que... »

Cette phrase très nuancée sous-entend déjà que la personne n'a pas simplement “dit”.

Lorsque nous avons quelque chose à dire, à faire comprendre, l'énoncer simplement est le premier pas le plus efficace souvent. Ensuite viendront les développements et explications si l'Autre n'a pas saisi d'emblée.

Si nous sommes clairs, c'est-à-dire aussi sans ambivalence ni crainte, l'Autre nous comprendra plus facilement.

Si nous avons en tête que l'Amour doit transformer l'Autre en devin, nous allons nous exposer à des déceptions et le culpabiliser. Dire les choses et oublier la magie irréelle (pléonasme !) du prince charmant nous évitera bien des déconvenues.

Un exemple très classique :

Un homme demande à son épouse ce qu'elle désire pour Noël.

« Ce que tu choisiras, mon chéri », répond-elle, se préparant un moment d'intense complicité.

Ils préparent la fête avec entrain et plaisir.

Elle n'a pas demandé à son époux ce qu'il désirait car elle l'a entendu parler au cours des derniers mois d'objets qui le tentaient.

Le jour J arrive, les cadeaux aussi.

La femme découvre au pied du sapin un gros paquet qui évidemment ne peut pas renfermer ce qu'elle “attend”.

Elle ouvre, déconfite : un peignoir de bain !

Certes, il est joli, moelleux, doux et les petits savons cachés dans les poches sentent délicieusement bon... Mais, ce n'est pas du tout ce qu'elle VOULAIT.

Le sourire attendri de son mari s'efface instantanément devant le visage déçu de sa femme.

Elle voudrait sembler enthousiaste mais, trop tard, il a vu !

Il lui demande d'une voix agacée :

« Un problème ? »

Elle nie, il insiste et finit par apprendre que sa femme « attendait » un bijou !

Il lui avait pourtant posé la question avant Noël, et il se rappelle très bien sa réponse !

Il comprend que la réponse sous-entendait autre chose : il aurait dû « deviner » ce qu'elle désirait.

Il se sent furieux contre elle car il a cherché un cadeau censé lui plaire. Il a discuté avec la vendeuse des couleurs à la mode, de la forme... Il y a passé du temps et trouvait charmante l'idée des petits savons au parfum si délicat ! Et elle n'est pas contente...

Mais il est aussi furieux contre lui-même, bien sûr, qui n'a pas su comprendre le message de sa femme. Une fois de plus, il a raisonné comme s'il s'était agi de lui !

Il sait pourtant que les femmes pensent différemment, il s'était juré d'être plus attentif, de mieux comprendre son épouse.

Lui était, comme toujours, ravi de ses cadeaux : comment faisait-elle pour tomber juste ?

Et lui, comment faisait-il pour se tromper si souvent ?

Cette mésaventure (effectivement de l'ordre du petit caillou dans la chaussure qui peut gâcher une soirée et surtout inquiéter un couple sur son degré de vraie communication...), reflète la nécessité de parler.

La femme aurait dû orienter son mari et dire qu'elle avait très envie d'un bijou qu'il aurait choisi lui-même.

Il est possible que la femme soit restée floue dans ce désir phantasmatique de voir l'Amour de son mari le transformer en "voyant".

Une partie d'elle rêve certainement encore au Prince Charmant (peut-être la partie "petite fille" en quête de protection et de l'Homme ?).

Il est difficile pour certaines femmes d'abandonner ce processus de « Tu dois deviner » ou « Tu dois savoir », qui les fait quitter le monde de l'enfance et sa croyance à la magie qui compense une déception ou une frustration au quotidien.

Elles doivent savoir que mettre leur mari en porte-à-faux le fera se replier sur lui-même et peut-être même décider de ne plus lui offrir la moindre chose, « puisqu'il tombe toujours à côté » et « qu'elle n'est jamais contente ». Au moins, si elle fait la tête, ce sera justifié !

Dans ce genre de conflit (puisqu'il est rare que cela ne débouche pas dessus), il est nécessaire de NÉGOCIER.

Le mari explique sa frustration, sa femme aussi, et tous deux se mettent à la recherche d'une solution.

La plus évidente est peut-être que la femme s'exprime plus clairement, ne suggère pas, mais "annonce la couleur".

Le conjoint sera peut-être plus attentif aux messages envoyés : « J'ai une copine dont le mari l'a emmenée en week-end à Venise... »

« J'ai vu un sac chez... rue..., vraiment joli. »

« J'ai entendu la dernière chanson de... »

Le mari se promenant avec son épouse peut la voir regarder une boutique avec attention et retourner ensuite lui acheter l'objet convoité.

Le conflit sera alors évité et le but premier de la fête (le bonheur...) sera atteint.

La façon la plus sûre d'éviter le "malentendu" (mal entendu !) est de dire les choses clairement.

Des différences fondamentales sont à analyser également dans le domaine de la sexualité.

Très fréquemment, les femmes se plaignent de la distance que leurs partenaires mettent après un moment d'intimité.

La femme, semble-t-il, est souvent à l'aise avec un certain degré de symbiose dans la sexualité.

Elle peut rester (et le souhaite) longtemps à côté de son compagnon dans une proximité qui la réjouit.

Et, le plus souvent, elle ne s'endort pas rapidement !

L'homme au contraire a fréquemment besoin de réinstaurer une distance physique : il peut se lever, aller fumer une cigarette, etc.

Craint-il d'être aspiré par cette proximité ? Inconsciemment, bien sûr, c'est vraisemblable ; la psychanalyse y fait allusion fréquemment.

Pour respecter le plaisir de chacun, l'homme doit savoir que la femme est à l'aise avec la proximité prolongée qu'elle recherche. Il pourra la rassurer par des mots, par des gestes lorsqu'il décidera de sortir du lit.

La femme, quant à elle, sachant le besoin de l'homme d'aller respirer un peu seul, n'interprétera pas ce "départ", cette "séparation" comme autant d'abandon ou d'indifférence : il ne s'agit pas de cela.

Pour l'homme, le plaisir est dans cette alternance rapprochement/éloignement (même si celui-ci peut être très relatif : aller dans la pièce à côté un moment est une respiration, rien de plus).

Cette symbolique de mouvement est retrouvée de façon bien évidente dans le rapport sexuel.

Homme et femme ne fonctionnent pas à l'identique mais dans une complémentarité qui les enrichit si elle est discernée et comprise.

Une autre source de conflits fréquents à repérer pour éviter nombre de tempêtes : la gestion du téléphone !

Si les adolescents l'utilisent de façon assez semblable quel que soit le sexe, c'est-à-dire beaucoup trop aux yeux de leurs parents, la différenciation sexuelle est criante un peu plus tard.

Les femmes, bavardes par nature (génétique ? !), parlent au téléphone à peu près comme si l'Autre était là. Il est alors évident que la conversation peut durer le temps d'une soirée. Il n'est pas rare de voir deux copines se téléphoner après un dîner passé ensemble, pour parler de cette soirée, précisément.

Cette attitude a le don d'exaspérer au plus haut point les maris ou compagnons, même s'ils devraient avoir à l'esprit que devant eux leur femme raccourcit déjà considérablement ses discussions téléphoniques !

Il devrait d'ailleurs lui en être reconnaissant et surtout trouver une occupation assez longue pour ne pas se sentir envahi par la jalousie ou le sentiment d'abandon.

Les femmes qui téléphonent à un homme et commencent par lui demander de ses nouvelles, peuvent être étonnées de l'entendre répondre brièvement : pour lui, le plus souvent, le téléphone est un moyen de communication RAPIDE, fonctionnel, informatif.

Il est exclu de l'entendre s'épancher, lui qui a déjà tant de réticences à le faire *de visu*.

Il est fréquent de le voir écrire un SMS comportant exclusivement un horaire de train, par exemple, puisque la demande était celle d'un horaire de train.

Ce SMS écrit par une femme comportera quelques lignes, incluant le renseignement, l'espoir exprimé que cela convienne, les vœux de bon week-end, et accessoirement une allusion à la prochaine sortie.

Un gag ? Non ! Une différence à connaître et à retenir.

Dans ce même registre, sachons qu'une femme disant « Je te téléphone tout à l'heure », téléphone "tout à l'heure" !

Si elle dit, « à plus tard », cela sous-entend en général, « dans la journée ».

Un homme n'a peut-être pas la même notion du temps !

En tout état de cause, la femme a tout intérêt à se faire préciser le délai annoncé.

Pour l'homme, dire « Je te téléphone plus tard », peut aussi signifier : plus tard dans la semaine ou encore plus prosaïquement d'ici quelque temps.

S'il dit « On se revoit très vite » cela peut signifier un de ces jours, ou... un jour quand nous en aurons le temps.

Le désir exprimé est suffisant pour faire comprendre à l'autre que l'envie de la rencontre existe, mais que toutes les obligations professionnelles (entre autres) décideront de la date possible.

Pour les hommes, aucune précision n'est en général nécessaire... Pour les femmes, il en est le plus souvent autrement !

N'oublions pas Blanche Neige en attente...

Les femmes sont souvent dans cet état d'esprit qui les épuise (malgré l'habitude ancestrale ou à cause d'elle, précisément !).

Par ailleurs, elles ont le souci de la précision : elles sont très analytiques des comportements, des paroles prononcées et pensent que toute chose mérite une explication claire.

Sans cela, elles continuent à attendre une mise au point, une logique qu'elles ne voient fréquemment pas venir, ce qui les irrite alors intensément.

Si un homme leur a dit : « Je te téléphone ce soir », elles ont pu s'organiser pour être près de leur téléphone le soir (bien sûr, les portables ont induit une modification du comportement vers un plus de liberté).

Si un homme veut rompre une relation amoureuse, il le fait souvent en arrêtant de donner signe de vie.

Cette attitude semble tellement commune que les femmes doivent absolument en être informées.

Beaucoup de souffrances, de supputations, d'inquiétudes leur seraient évitées si elles avaient intégré cette notion.

Une femme qui veut rompre donnera rendez-vous à son partenaire pour lui expliquer par le menu tout ce qui dysfonctionne dans leur couple.

Elle expliquera tous les efforts qu'elle a faits, toutes les questions qu'elle s'est posées, toutes les aides pour le comprendre qu'elle a pu solliciter, et conclura qu'il n'y a plus d'autres solutions pour elle que la séparation...

Elle lui demandera ce qu'il en pense, quand a-t-il vu que rien n'allait plus, s'il avait déjà décidé la séparation, etc.

Elle l'interrogera, non pour l'ennuyer mais pour analyser la situation avec le maximum de justesse.

Elle veut avoir fait le tour de la question avant de prendre la décision finale.

Il est extrêmement rare d'entendre une femme dire qu'elle s'est séparée sans dire un mot : cela ne correspond pas à son mode de fonctionnement.

À l'opposé, quel pourcentage d'hommes, las d'une relation, a décidé, sans plus de démarches, de ne plus téléphoner ? Aucune explication, aucunes prémices de désintérêt perçues par la femme, rien d'autre que...

Le silence !

Nombre de femmes parlent de la "lâcheté" des hommes.

Diraient-elles la même chose, si devant un silence de deux ou trois jours, rompant avec les habitudes de l'homme, le diagnostic de rupture était posé de façon évidente par elles-mêmes ?

Les femmes doivent savoir que, le plus souvent :

– Un homme parle peu,

– Un homme rompt souvent sans rien dire,

– Un homme pense que le silence affiché est explicite et signifie la rupture,

– Un homme ne sait souvent pas que devant ce tableau une femme peut se mettre en attente pendant des mois,

– Un homme ne sait souvent pas que cette absence d'explication entraînera chez la femme une méfiance ultérieure profonde,

– Un homme a horreur des discussions très longues,

– Un homme a horreur des femmes qui font des scandales lors d'une rupture,

– Un homme a horreur d'une femme qui pleure (réminiscence des pleurs si culpabilisants de sa mère ?),

– Un homme a horreur de se sentir coupable.

Donc, que faire ?

Si les hommes pouvaient avoir le courage ou l'altruisme, non pas de parler (« À l'impossible, nul n'est tenu ! »), mais de laisser un mot signifiant la rupture, voire un message sur un répondeur...

Bien sûr cela ne pourrait pas satisfaire pleinement les femmes mais leur permettrait peut-être de passer leur chemin et de cesser d'essayer d'avoir des renseignements par d'autres canaux. Cela garantirait le plus souvent à l'homme, la paix ! Cela en vaudrait certainement la peine.

Les femmes doivent savoir qu'un homme qui ne se manifeste pas, est un homme non intéressé.

Un homme amoureux téléphone, donne des rendez-vous...

S'il ne le fait pas, que les femmes essaient d'être "synthétiques" :

« Serait-ce qu'il ne m'aime pas ? »

« Allez, encore un petit effort... »

C'est qu'il n'aime pas !

Cette prise de conscience BASIQUE est indispensable. La femme qui était dans une attente aussi inutile qu'irréaliste va pouvoir reprendre son chemin et rencontrer un homme qui lui conviendra.

Apprendre les grands traits comportementaux de l'autre sexe est la voie indispensable vers la communication satisfaisante.

Dans le domaine très quotidien des tâches ménagères, pour tous ceux qui n'ont pas la chance de se faire aider par une personne extérieure, comment faire ?

Les couples tranquilles par rapport à ce sujet sont souvent ceux qui sont exempts des *a priori* des générations antérieures.

Pour ce qui est de "la cuisine", de nombreux hommes y excellent avec plaisir. Au quotidien ? Non, plutôt dans les grandes occasions ou le week-end.

Les femmes travaillent à l'extérieur de plus en plus longtemps maintenant. Le retour tardif à la maison ne leur laisse plus le temps d'accomplir les tâches de celles qui ne travaillent pas, évidemment. L'homme rentre donc chez lui avec un certain nombre de choses à accomplir qui n'étaient pas demandées à son père, vingt ans auparavant. En général, le père "donnait un coup de main" à son épouse lors des dîners entre amis : il pouvait servir l'apéritif et le vin, sortir les cigares et les digestifs.

Ce tableau est caricatural, sans doute. Les statistiques risqueraient pourtant bien de le corroborer !

Depuis ces époques, oh ! combien révolues... l'homme de retour à la maison, consent souvent à "aider" sa femme.

De quoi parle-t-on ?

De partage des tâches ou des tâches dévolues à la femme dont l'homme veut bien assumer une partie ?

Le terme d'"aide" est donc tout à fait inapproprié.

Chacun a SA PART de travail domestique à assumer !

Le partage des tâches suivant ses goûts et son temps effectif à la maison est à décider conjointement, en bonne intelligence et bonne volonté.

Nous avons envie et besoin, le plus souvent, d'une vie harmonieuse entourée de ceux que nous aimons.

La vie de tous les jours comporte un certain nombre d'obligations aussi désagréables pour les uns que pour les autres.

S'en libérer le plus rapidement possible permet de se retrouver et de vaquer à des occupations beaucoup plus sympathiques...

Si l'un des deux parents assume tout le "travail ingrat", qui dépasse une juste répartition suivant le temps disponible de chacun, il sera K.O. et agacé devant cette injustice. Si le partenaire est épuisé, il aura en tête le poids de la vie de famille et le contentieux s'épaissira. Allez lui demander ensuite d'avoir la moindre disponibilité pour vous ! Le partenaire éreinté voudra essayer de recharger ses batteries, le plus souvent, en dormant "Il" (ou le plus souvent "elle" ? Vous croyez ?) voudra être en forme pour sa journée de travail et pour le marathon ménager qui suivra.

Enthousiasme !

Cette aberration comportementale a un prix : l'amour.

Dans tous les exemples traités, nous avons voulu souligner la nécessité de comprendre nos différences de comportement.

Cela nous permettra d'éviter des attentes inutiles, des souffrances évitables, des blessures infligées non désirées.

Apprenons à connaître nos désirs, à les exprimer pour permettre à l'Autre de réaliser, s'il le désire, ceux qui le concernent.

Cela nous permet d'être à l'écoute de l'Autre, non pas en traduisant ce qui est dit dans notre gamme de pensées, mais en essayant d'entendre ce qui nous est vraiment dit.

Nous pouvons demander un complément d'informations et reformuler avec nos mots pour être sûr d'avoir bien compris.

Cette ouverture de l'esprit et du cœur incitera, bien sûr, l'Autre à faire de même, voyant que cela fonctionne si positivement !

Heureusement, notre prise de conscience nous laisse le choix :

Former une équipe gagnante de deux personnes qui s'aiment.

Former une équipe dans laquelle le perdant rendra son tablier au "gagnant".

Application n° 1

Au quotidien, à chaque fois que l'Autre nous exaspère ou nous agace d'agir différemment de nous, pensons :
« Il (elle) est différent : c'est un fait ! Je veux qu'il me respecte, donc je le respecte. Si je tiens absolument qu'il fasse comme moi dans un domaine précis, je le lui demande avec politesse et courtoisie. Je remercie s'il est d'accord et je considère qu'il a fait un effort et m'a rendu un service. Cela ne veut en aucun cas dire que la prochaine fois il agira de la même façon que moi ! C'est un être humain à part entière (Si, si !) et il a le droit (Eh ! Oui !) de faire différemment ! »
Il est important d'avoir constamment à l'esprit que l'association de deux êtres se fait sur les affinités, ce qui ne signifie pas similitude dans tous les domaines.
Si je cherche à le (la) changer, il (elle) se sentira mal, dans une inauthenticité qui ne pourra lui plaire.
Moins nous demandons de concessions à l'Autre, plus il aura plaisir à être avec nous. Il en est de même pour nous, évidemment.
Imaginons l'Autre nous demander fréquemment de changer nos habitudes, de suivre un rythme qui n'est pas le nôtre : nous le trouverions vite exaspérant.
Vivre en groupe, en famille, en couple, sous-entend une adaptation aux autres, c'est-à-dire un aménagement de notre désir : nous devons en partie le modifier pour être en adéquation avec les autres. Moins nous avons à faire de concessions, mieux nous nous portons !
Prenons l'habitude de ne pas trop en demander et de mettre des limites à celui qui nous demande trop.

Application n° 2

Pour la fluidité de la relation, pensons à faire des compliments et à remercier de ce que l'Autre a fait pour nous.
Remarquons les choses, ne soyons pas « somnambules » devant les attentions de l'Autre. Si nous demandons un effort, remercions. Nous fonctionnons tous mieux avec la reconnaissance plutôt qu'avec l'ingratitude des autres.

Nous pouvons noter régulièrement dans notre agenda de faire des constats positifs :
« Je suis bien avec toi. »
« Je t'aime. »
« Je suis heureuse d'être votre père (votre mère). »
« Ton amitié m'est fondamentale. »
« Sans toi, ma vie serait si différente. »
Si nous ne disons rien de positif, toute cette énergie rassurante, émue, joyeuse sera perdue. Nous avons le choix de nous taire et de ne pas apporter « du bon » aux autres. Analysons les conséquences de cette perte de bonheur !

Application n° 3

À vous Mesdames :
Si vous prenez l'habitude de cadrer vos « rêveries amoureuses », vous serez plus efficaces pour trouver un homme qui vous convient !
Si vous êtes en attente du Prince Charmant, vous pourrez lire chroniquement votre journal, vous en aurez le temps !
Si la passivité est une façon d'agir, ce n'est pas une méthode pour rencontrer, analyser et plaire !
De plus, l'homme n'est ni une béquille ni un sauveur !
Si vous vous assumez, vous diminuerez une dépendance dont vous seriez la première victime.
Se mettre dans la main de l'Autre est un risque… Attention s'il lui venait l'idée de la refermer !

Application n° 4

À vous Messieurs :
Si vous voulez rompre, dites-le ou écrivez-le.
Vous permettrez à votre « ex » de savoir qu'elle est une « ex ».
Ne serait-ce pas un « cadeau » de séparation que vous pouvez lui offrir, en souvenir des bons moments passés ensemble ?
Vous la libérerez et lui éviterez ainsi une attente aussi douloureuse et

frustrante qu'inutile.
Ce sera une façon de vous montrer gentleman et courageux. Pourquoi ternir les hommes aux yeux des femmes ?
Merci !

Application n° 5

Prenons l'habitude de percevoir les différences comme telles : sans hiérarchisation des valeurs.
Nous pouvons répertorier au quotidien nos points de vue opposés, nos opinions divergentes en concluant que ce sont des faits.
Nous savons que la « vérité » est un concept d'une grande relativité !
Les autres seront d'autant plus tolérants avec nous que nous serons dans un esprit d'ouverture avec eux.
De nombreuses différences au quotidien sont compatibles avec la vie de couple, de famille et de groupe, sauf si nous nous obsédons sur nos idées censées être les meilleures.
Ce genre d'attitude, dû à un profond manque de confiance en soi, rend despotique et antipathique. Cette rigidité de pensée que l'on retrouve chez ceux qui sont sûrs d'avoir raison, que les autres sont des imbéciles, qu'ils font partie d'une élite, est difficilement acceptable dans des groupes respectueux de l'autre. Cette vision très obtuse de la vie est due à une angoisse très importante qui n'a pas été analysée consciemment. Mais ces cas extrêmes sont néanmoins assez répandus.
Prendre l'habitude (et vérifier que nous l'appliquons régulièrement) d'écouter l'autre, de percevoir ses différences sans s'en sentir agressé est la base d'une communication satisfaisante. L'autre est différent de nous, nous sommes différents de l'autre et tout le monde peut coexister « en bonne intelligence ».

Application n° 6

Lorsque nous entendons l'Autre parler, nous pensons souvent :
« Dans son cas, je n'aurais pas agi ainsi ».
Nous prononçons souvent cette phrase quand nous sommes frustrés de

l'attitude de l'Autre à notre égard. Nous énonçons un fait, or il ne s'agit pas de nous, précisément. L'Autre a ses raisons d'avoir agi différemment, essayons de les connaître si ce n'est de les comprendre !
Voyons son intérêt qui diffère du nôtre, certainement.
L'important pour nous est de ne pas être dans l'idéalisation de l'Autre mais dans la réalité.
Si nous sommes déçus, sachons que nous avons la paternité de cette déception, puisque nous avons imaginé l'Autre différent de ce qu'il était !
Certes, il a pu nous mentir : donc, nous n'avons pas perçu son « côté » menteur. Cela nous aidera-t-il à faire preuve de plus de perspicacité la prochaine fois ?
Espérons-le !
Essayons, pour notre tranquillité relationnelle, de voir l'Autre tel qu'il est : soyons attentifs à ce qui est dit ou fait. Ouvrons grand les yeux pour percevoir la réalité aussi justement que possible.

Application n° 7

Messieurs :
Lorsqu'une femme s'exprime en généralisant, sachez traduire ce qu'elle dit.
Nous avons des modes de communication différents. Pour ne pas souffrir inutilement, essayez de percevoir ceux de votre partenaire.
L'expression globalisante sert simplement à faire comprendre à l'Autre à quel point la souffrance, la frustration ou la colère est grande au moment où elle est exprimée.
L'antériorité mise en avant n'est le plus souvent pas à prendre en compte :
Le « Tu ne m'as jamais aimée » signifie :
« Je me demande si tu m'aimes. »
Il ne nous viendrait pas à l'idée de critiquer une personne de ne pas savoir parler notre langue : pensons à faire de même dans le cas des différences d'expression entre hommes et femmes. Devant une langue étrangère, nous avons tendance à penser, fort justement que, si elle doit nous être utile, nous avons intérêt à l'apprendre. Adoptons la même at-

titude pour comprendre nos partenaires, amis, enfants de l'autre sexe : apprenons leur langage !

C'est la moindre des choses que nous pouvons faire pour l'Autre. Soyons conscients que le faire nous assure une grande part de bien-être et ne pas le faire, des problèmes constants et souvent graves.

Application n° 8

Expliquons tout cela à nos enfants !

Des Maux de la Vie

Le manque de confiance en soi

Notre "conditionnement" commence bien avant notre naissance. Quand nos parents ont-ils commencé à prendre des décisions nous concernant ?

Très tôt dans leur propre vie, et ces décisions venaient elles-mêmes de ce qu'ils avaient appris de leurs parents qui eux-mêmes les avaient prises de ce que leurs propres parents leur avaient transmis... Remontons-nous à la première amibe ? Peut-être pas nécessairement !

Souvent depuis leur plus tendre enfance, les enfants parlent de ce qu'ils feront plus tard et aussi de l'image qu'ils ont déjà de leur future famille. Bien sûr, il s'agit d'une projection dans l'avenir qui a toutes les chances de changer. Ces projets seront plus ou moins clairement exprimés suivant la personnalité de l'enfant :

S'il a déjà acquis, par ses parents, confiance en lui, il pourra les exprimer positivement, en ayant conscience qu'il tiendra les rênes de sa vie. Si ses débuts dans la vie ont été malheureusement difficiles, les projets seront souvent de l'ordre de la protection, de l'agressivité, de la réactivité contre ce "monde" qui s'est déjà montré hostile.

Rappelons-nous de notre propre enfance : les petites filles, jouant "classiquement" à la poupée, apprenaient déjà à s'occuper de leurs futurs enfants.

Les petits garçons lorsqu'ils jouaient "au Papa et à la Maman" avaient des comportements clairement exprimés vis-à-vis de leurs compagnons de jeu, "progéniture" du moment.

Ces attitudes dépendaient en grande partie de ce que l'enfant avait déjà vécu dans sa famille. Les personnalités si jeunes et si promises à évolution pouvaient, souvent, donner une idée de l'adulte “à venir”. Au cours de notre enfance, les évènements, les incidents ou même simplement les “petites choses” quotidiennes modèlent notre personnalité, notre caractère.

Nous subissons tous des traumatismes qui nous font ensuite regarder le monde de façon différente :

– Certains ne seront vécus que comme un apprentissage et nous enseigneront la prudence, l'analyse, la réflexion, l'esprit de découverte, la curiosité, l'ouverture vers les autres, la recherche de l'amitié, de l'affection, etc.

– D'autres, plus traumatisants, laisseront des blessures longues à cicatriser plus ou moins spontanément, et vont développer des facettes de notre personnalité : méfiance, peur, agressivité, mensonge, manque de confiance en soi et en les autres, difficultés de communication, inhibition, crainte de l'avenir, dépression...

De toutes ces expériences, positives ou négatives, nous ne gardons consciemment en mémoire qu'une infime partie.

Elles vont forger nos convictions : nous avons telle ou telle opinion sans savoir quel cheminement de notre pensée les a engendrées. Bien entendu, nos idées évoluent tout au long de notre vie (en principe !). Nous voyons quelquefois nos “certitudes” s'évanouir après une discussion avec une personne qui aura su ouvrir une porte dans une zone de pensées jusque-là inaccessible.

Nous savons reconnaître, souvent de façon amusée et, espérons-le, respectueuse, l'évolution de nos opinions politiques.

Nous avons appris aussi qu'une rupture amoureuse, après une période de deuil, allait nous permettre, le plus souvent, de rencontrer une personne plus en adéquation avec ce que nous sommes devenus.

Très tôt, la vie nous “gâte” en nous faisant découvrir le

monde et nous blesse du fait d'un environnement plus ou moins "agressant" (le terme "gâte" doit malheureusement être entendu des deux façons opposées suivant le vécu de l'enfant).

Il est un travail de compréhension de nous-mêmes fondamental et quasiment constant (sans en devenir obsessionnel !) à faire pour être plus proche de notre "vraie" personnalité : ce concept est passible de toutes les critiques puisqu'il est pratiquement impossible de savoir dans tous les domaines de "notre Moi", ce qui ressort de l'inné ou est de l'acquis ! Mais pour rester dans la cohérence, nous pouvons affirmer qu'il est d'une importance sans mesure de "faire le point", sur ce que nous avons vécu et d'essayer d'en repérer les conséquences sur notre façon de vivre, de ressentir, de se permettre et d'évoluer.

Les convictions négatives à notre sujet, qui ont leurs racines souvent si puissantes dans nos traumatismes d'enfant seront réanalysées : notre opinion négative, dans un domaine donné, est-elle juste ?

Si oui, essayons de comprendre comment nous en sommes arrivés à ce type d'attitude. S'agit-il d'une défense contre un mal QUI N'EXISTE PLUS ?

Dans ce cas, la compréhension nous permettra, si nous le jugeons opportun, de changer de comportement. Il faudra certes de l'entraînement : repérer QUAND nous "dysfonctionnons" au moment où nous dysfonctionnons et corriger aussitôt notre attitude négative.

Un exemple.

La moindre critique nous rend malade : nous sentons notre estomac se contracter, le rouge nous monte aux joues, nos épaules se raidissent, nous faisons le dos rond, et nous SOUFFRONS.

Le cortège de réflexions négatives s'imprime INSTANTANÉMENT dans notre cerveau :

– Nous sommes nuls,
– Nous avons encore dit une idiotie,

– Ce n'est pas possible d'être aussi bête,

– L'autre se moque de nous,

– Il nous méprise (si nous avions des intentions amoureuses, nous savons que c'est perdu),

– Et en plus il fait semblant de trouver cela mineur pour ne pas nous humilier... C'est encore bien plus insupportable. S'il était odieux, on pourrait au moins le détester, mais là non, nous nous détestons sans "mesure" et puis nous le détestons aussi.

En fait, à décrire, ce processus semble durer longtemps, mais dans la réalité tout se déroule en une fraction de seconde.

Justement, c'est à ce moment que nous pouvons nous dire « STOP ».

Certes, nous avons certainement déjà le dos rond et toutes les autres manifestations de repli sur soi, parce que c'est le début de notre "rééducation".

Après ce « STOP » salvateur (oui le mot n'est pas trop fort. Après avoir pris cette décision, nous aurons l'opportunité vivre tellement mieux, plus paisiblement et confortablement notamment avec les autres), mais analysons la "démarche" mentale.

Au moment où nous entendons la critique, l'alerte rouge nous électrise : à ce moment précis, pensons à nous dire :

– Je respire (faisons-le),

– C'est une critique qui me blesse et me fait revivre toutes celles qui m'ont tant blessé pendant mon enfance, mais je sais maintenant que je ne suis pas nul,

– Que nous avons tous nos limites,

– Que la "valeur" des gens ne se base pas sur la connaissance,

– Que tout le monde commet des erreurs, même la personne en face de nous !

– Nous respirons à nouveau, nous changeons de position (un simple changement d'appui fessier si nous sommes assis suffit),

– Nous nous redressons,

– La respiration en est facilitée,
– Et notre début de détente aussi.

Nous savons que nous repenserons plus tard à ce qui se passe, mais pour le moment nous nous concentrons sur ce qui se dit : nous continuons la conversation et nous respirons.

Si notre interlocuteur nous enfonce vraiment, un autre processus est indispensable dans ce genre de situation où nous manquons de confiance en nous (puisque, depuis le début de cet exemple, c'est de cela dont il s'agit).

Une personne qui tente d'écraser l'autre (à moins que nous ayons commis une faute gravissime) souffre d'un complexe d'INFÉRIORITÉ et essaie de se prouver qu'elle a quelque valeur, en mettant l'autre au tapis.

Nous pouvons dans ce cas généraliser, en disant que ce n'est jamais quelqu'un qui se porte psychiquement bien. Son inconscient a transformé ce complexe d'infériorité en complexe de supériorité qui lui est plus confortable mais n'améliore, certes pas, sa relation aux autres. Nous pouvons prendre l'habitude, dès que nous avons connaissance de ce processus d'écrasement de l'autre, de nous commenter pour nous-mêmes, en silence (c'est souvent préférable), ce genre de comportement en nous disant quelque chose comme :

« Le pauvre chou, il a dû en subir, dans son enfance pour être dans cet état-là ! »,
ou encore : « Il est pitoyable et il se croit fort ! », mais cette version méprisante peut stimuler la haine, ce qui est bien inutile !

En fait nous imaginons devant nous un bouclier transparent qui arrêtera les insultes, réflexions acerbes et autres déchaînements verbaux.

Nous nous faisons des commentaires concernant le problème de l'autre.

Nous sortons de la situation et nous analysons avec recul ce qui se déroule sous nos yeux, sans y participer.

Nous pouvons faire intérieurement de l'humour mais attention de ne pas nous mettre à rire :

« Il va nous le faire, son infarctus ! »

« Pour un peu, il cracherait, le bougre ! »

« Et dire qu'avec sa femme, c'est peut-être un toutou ! »

« Si sa mère le voyait, elle aurait honte ! »

« Mais c'est qu'elle mordrait, la sale bête ! » enfin vous voyez le genre, le but étant de ne pas se sentir concerné ni blessé.

(Quand nous nous disons "pas concerné", si nous le sommes, nous savons très bien ce que nous devons faire pour améliorer nos performances, être plus compétents dans notre travail, etc., mais ce n'est pas notre propos ici.)

Cela nous permettra de rester zen et de réfléchir, à froid, à la situation et à d'éventuelles décisions que nous devrons prendre.

Ce genre d'exercice mental est nécessaire au début de notre prise de conscience et de notre décision de changer.

Avec le temps (qui peut être court si nous nous surveillons du coin de l'œil), nous n'aurons plus à « nous verbaliser mentalement » tout ce processus, mais à la moindre alerte nous prendrons le recul nécessaire pour ne pas souffrir, pour ne pas nous sentir humiliés.

Nous ne prendrons plus les réflexions, la mauvaise humeur de l'autre en "pleine figure", mais après un « Que se passe-t-il ? », nous nous mettrons sur nos gardes, nous placerons la distance entre l'autre et nous afin d'analyser son comportement. N'oublions tout de même pas ce qui nous est dit.

Ignorons l'impact négatif de la forme en restant attentif au fond, s'il est juste !

Ces changements de comportement sont assez faciles à acquérir, ne nous en privons pas !

Nous aurons tout intérêt à nous poser bien d'autres questions encore, comme :

Sommes-nous en train de vivre comme si nous n'avions pas

plus de défense que l'enfant que nous avons été ? Ressentons-nous devant un supérieur hiérarchique agressif, par exemple, les mêmes angoisses que devant l'adulte sadique qui a pu traumatiser l'enfant que nous étions ? N'avons-nous pas encore pu reconsidérer la mauvaise opinion que nos parents ou que notre entourage semblait avoir de nous ? Sommes-nous encore certains d'avoir aussi peu de compétences qu'il a pu nous l'être dit il y a des années ?

Sommes-nous sûrs de ne pas nous inhiber nous-mêmes, par habitude de l'avoir été pendant si longtemps ?

Nos règles de vie qui nous semblaient si justes, l'étaient-elles vraiment ?

Nous rappellerons encore et encore que l'enfant préfère imaginer que ce qu'il vit est juste, plutôt que d'être amené à constater que les adultes dont il dépend peuvent être dangereux pour lui. Il préfère penser que les sévices sont mérités, que le manque d'amour est la conséquence de son indignité à être aimé, que la vie est pénible en réponse à ses actions si répréhensibles... Car ne doit-il pas être parfait ?

Cette culpabilité inconsciente est retrouvée avec une plus ou moins grande intensité chez chacun d'entre nous. Nous avons pris de très nombreuses habitudes de pensée pour rester cohérents avec ce que nous avons appris.

Nos comportements dépendent très longtemps des convictions sociales, politiques, religieuses et éthiques de nos parents.

Nous en reconsidérons certaines à l'adolescence, qui est ce moment de vie où tout notre être envie de s'ouvrir au monde, par lui-même.

Cette période de grande fragilité, d'opposition systématique, de douleur morale intense au moindre petit événement contrariant, est celle du désir "d'être soi" sans toutes ces influences qui, pour certaines, nous ont fait nous perdre nous-mêmes de vue au niveau de notre authenticité, de nos désirs et de nos goûts.

N'oublions pas que nos parents, pour la plupart, ont essayé

de nous donner le meilleur de ce qu'ils savaient, avaient, supposaient être juste, pour notre plus grand bonheur. Ils ont commis des erreurs, comme tous les parents, et c'est à nous de les repérer pour nous délivrer de poids inutiles, injustes, négatifs et souvent lourds de conséquences douloureuses et inhibantes.

Pour la politique et la religion, reconsidérer ce qui nous a été donné est certainement plus facile que pour d'autres domaines où la discussion avec des pairs est plus difficile, voire évitée par pudeur, souffrance ou non prise de conscience d'un nécessaire changement possible.

Prenons, par exemple, le domaine de la communication aux autres.

Si nous avons confiance en nous (confiance acquise pendant l'enfance ou plus tard par expérience éventuellement, mais plus sûrement grâce à un travail psychologique sur nous-mêmes), nous pouvons discuter, partager des opinions avec un esprit ouvert, prêt à recevoir, à donner.

En fait, l'échange avec d'autres est vécu comme *a priori* intéressant, enrichissant et nous savons que cela va nous permettre de mieux nous connaître nous-mêmes.

Si, par contre, nous n'avons pas suffisamment confiance en nous, nous avons tendance à craindre les discussions, les échanges de point de vue, vécus comme autant de “situations à risque” :

Le risque de nous sentir nuls, de stimuler le mépris de l'autre que nous imaginons, de nous disqualifier à ses yeux (puisque nous le sommes déjà aux nôtres).

Si nous sommes constamment habités par cette peur induite par nos traumatismes d'enfance, nous aurons tendance à rester silencieux en public (« Je n'ai rien d'intéressant à dire »), nous pourrons nous montrer agressifs à la moindre question (peur que notre nullité fantasmée, c'est-à-dire imaginée, non réelle, soit découverte) ce qui pourra nous valoir une réputation de « mauvais caractère », jamais celle de “personne qui souffre”.

Le manque de confiance en nous peut nous donner un air qualifié d'arrogant alors que nous sommes complètement coincés, contractés, très mal à l'aise.

Nous ne savons pas comment nous détendre, être comme « tous ces gens qui vont bien » car c'est ce que nous imaginons et qui augmente encore notre souffrance.

Il sera alors nécessaire de faire un travail sur nous-mêmes.

Des années à façonner notre personnalité, en niant de nombreuses facettes, en nous faisant croire que nous avions beaucoup de défauts : ceci nous a souvent gravement inhibés dans certains domaines et nous a CONVAINCUS de notre peu d'intérêt.

Saurons-nous être suffisamment sympathiques avec nous-mêmes pour nous offrir cette chance si fondamentale de nous réparer, de nous découvrir, et de pouvoir profiter de tout ce que nous allons découvrir de positif en nous ?

Des années à nous voir à travers des verres déformants nécessite une réadaptation qui ne peut pas être instantanée : un peu de patience, de détermination, et un thérapeute avec lequel le *feeling* passe, et notre renaissance est garantie.

Notre impatience n'aurait d'intérêt que si elle pouvait avoir un effet stimulant sur nos prises de conscience.

Nous pouvons envisager comme une évidence le fait que nous avons appris de nombreuses choses erronées qu'il nous faut désapprendre : cela prend du temps.

Nous savons aussi que nous avons mis en place tout un système de défense qui s'active sans que nous ayons même à y penser : ce sont des réflexes de "protection". Mais ils sont très fréquemment basés sur des certitudes acquises dans notre enfance qui sont fausses.

Elles peuvent l'avoir été depuis toujours :

– Tous les adultes sont méchants,

– Je suis nul,

– Je n'arriverai jamais à rien, comme mes parents me l'ont dit.

Elles peuvent avoir perdu de leur réalité :

– Je suis plus faible que les adultes,
– J'en sais moins que les adultes,
– Il faut se méfier de l'inconnu,
– Il faut raconter ses problèmes à ses parents.

Nos comportements acquis en réaction à l'attitude de l'entourage persistent souvent faute d'en avoir analysé l'aberration ou encore (et c'est peut-être le plus fréquent), faute de savoir comment s'en défaire.

Des parents autoritaires peuvent faire régner un climat de crainte qui peut se perpétuer à l'âge adulte devant toute personne représentant une autorité (quelle qu'elle soit).

Quiconque aura vécu pendant des années avec la conviction de sa nullité aura des difficultés à reconsidérer sa réalité, d'autant qu'il pourra ne pas même avoir l'idée de le faire.

Lorsque des amis lui auront signifié à plusieurs reprises « qu'il est très complexé, qu'il est agressif, qu'il semble mal à l'aise, qu'il a peur de beaucoup de choses, qu'il se « fait des films », qu'il « est parano », qu'il n'est pas « marrant », qu'il est suspicieux, qu'il est trop gentil, trop passif... », il pourra ressentir que sa souffrance présente peut-être un caractère anormal. Cette prise de conscience lui ouvrira peut-être l'horizon... de l'espoir : si j'agis d'une façon qui semble bizarre à d'autres, ma façon d'analyser les choses est-elle juste ?

Si elle ne l'est pas, cela signifie peut-être que ma vision du monde est erronée... ce qui serait une excellente nouvelle, vu ce que j'en pense !

Les autres sont peut-être de doux rêveurs, des idéalistes déconnectés, mais ils semblent intégrés, plutôt réalistes et ressentent de temps en temps des baisses de forme qui seraient contre l'idée d'une vision idyllique de la vie !

Pouvoir accepter d'avoir vu le monde derrière les lunettes déformantes que notre entourage d'enfant a vissé sur notre nez n'est pas évident.

En effet, ce recul nécessaire à l'analyse nouvelle des choses sous-entend aussi que nous avons peut-être souffert pour rien depuis le moment où « nous aurions pu » voir les choses plus objectivement.

En fait, « nous n'aurions pas pu », puisque nous n'avions pas fait le travail psychologique nécessaire, et ne savions certainement pas en quoi il consistait vraiment.

Ou alors nous savions, mais nous avions trop peur, c'est-à-dire, que nous avions fantasmé une dangerosité.

Nous avons souffert de convictions fausses.

Souffrir est déjà difficile mais souffrir pour rien est encore plus douloureux... Alors ? Alors, dépêchons-nous de diminuer les causes injustes de nos souffrances : voyons comme la vie est souvent plus simple que ce que nous avons toujours imaginé.

Certains vont peut-être penser que ce sont des vœux pieux, qu'il est facile de dire que l'on peut simplifier, mais que ce n'est pas simple à réussir.

Certes, mais prenons un exemple qui sera d'autant plus intéressant qu'il est extrêmement fréquent :

Nous ressentons souvent une grande inhibition à entrer dans une pièce où se trouvent déjà bon nombre de personnes : c'est évident.

C'est logique, puisque tout le monde va nous regarder, nous examiner, évidemment voir tout ce qui cloche dans notre démarche, notre habillement, voir notre malaise.

Nous savons que nous allons rougir ce qui nous fera passer pour le crétin de service, à notre âge ! C'est tellement insupportable d'être critiqué par un tel nombre de personnes à la fois, qu'il vaut mieux :

– Rebrousser chemin, dépité, furieux contre nous-mêmes et contre les autres,

– Attendre l'arrivée du prochain participant : entrer à deux divisera d'autant les regards sur moi, mais comment faire semblant d'être en train d'arriver pour ne pas avoir l'air d'attendre quelqu'un ?

– Ou, justement, feindre d'attendre quelqu'un et sembler

agacé au moment où le participant arrivera et lui emboîter le pas ! Bonne idée ! Mais si c'est quelqu'un d'impressionnant, je ne vais pas pouvoir...

– Ne plus aller à aucun colloque, à aucune réunion, cela sera peut-être inévitable mais tellement triste...

« Mais comment m'en sortir ? Pourquoi suis-je comme cela ? Je n'en peux plus. Il faut que cela change. »

Nous sommes d'accord, et si cela commençait à changer maintenant ?

Cela vous intéresse ?

Vous allez voir la « technique de réflexion » !

Lorsque nous sommes en réunion, en train d'écouter un intervenant et qu'un retardataire arrive et se glisse sur une chaise, que faisons-nous, que pensons-nous ?

– « Un retardataire, c'est agaçant ces gens qui sont tout le temps en retard », puis nous reprenons notre écoute.

– Ou bien : « Il a l'air gêné, je le serais à sa place », puis nous reprenons notre écoute.

– Ou : « Qu'il est mal attifé », puis nous reprenons notre écoute.

– Éventuellement : « Mais où va-t-il s'asseoir ? Il dérange », puis nous reprenons notre écoute.

Si nous nous ennuyons ferme, nous pouvons faire de l'excès de zèle et nous faire plusieurs réflexions de suite !

Êtes-vous en train de dire que c'est exactement ce que vous craignez ?

C'est logique, mais encore un instant, voulez-vous ?

Qui pourrait dire au bout de quelques minutes à qui ressemblait le retardataire, comment il était habillé, quelle allure il avait, quelle était sa démarche, quel âge il avait...

Tout cela pour dire que notre intérêt pour sa "petite personne" était bien minime.

Pourquoi ?

Parce que nous nous intéressons bien d'avantage à nous-mêmes qu'aux autres.

Parce que nous sommes la personne la plus importante pour nous-mêmes, et que, dans leur immense majorité, les autres nous indiffèrent (exceptés nos proches).

Non ?

Combien de fois nous sommes-nous dit que les confidences de telle ou telle personne non proche nous saoulaient TOTALEMENT !

Combien de personnes essayons-nous d'éviter, régulièrement ?

Combien de fois avons-nous souhaité être seuls dans l'ascenseur pour éviter d'avoir à parler du chien de la voisine, des oreillons du petit du troisième étage, du chômage de notre voisin d'en face ?

Combien de fois avons-nous pressé le pas pour ne pas avoir à tenir une porte, à dire bonjour et à échanger quelques mots ?

Eh bien ! réjouissons-nous : les autres sont dans les mêmes dispositions d'esprit que nous : ils s'en fichent !

Oui, ils se fichent de nous, non pas qu'ils rient de nous, non, même pas cela, ILS N'ONT RIEN À FAIRE DE NOUS.

C'est très vexant... Mais ils ont leur vie et nous n'en faisons pas partie.

Nous leur sommes TOTALEMENT indifférents !

Et ça... c'est vraiment formidable quand on manque de confiance en soi !

Savoir que nous sommes transparents pour les autres nous permet enfin de respirer, de vivre comme nous le souhaitons, de regarder autour de nous les maisons dans la rue, de ralentir, d'accélérer, de rire, de nous faire une réflexion à haute voix...

Même si l'Autre, par extraordinaire, se faisait une réflexion, cela ne durerait qu'une fraction de seconde. Pas de quoi se priver d'une attitude qui nous ferait plaisir !

Rappelons-nous Bourvil dans *Le Passe-muraille* : il était invisible.

Nous le sommes presque aux yeux des autres, et c'est délicieux, cela nous offre une liberté fascinante au quotidien. C'est une façon réaliste de voir le monde qui peut faire froid dans le dos quand les autres ne nous dérangent pas et que nous sommes plutôt à leur recherche.

Mais pour les timides, les anxieux, les “mal à l’aise”, c’est une aubaine. De quoi arrêter de s’en faire.

Prenons encore deux exemples concernant notre perception des autres et essayons de voir ce que nous pourrions en conclure pour nous-mêmes.

Imaginons-nous sur une plage, tranquillement allongés, en train d’observer les baigneurs et les promeneurs.

Notre conscience est flottante, quelquefois plus attentive à telle ou telle personne au physique avenant, telle autre au maillot horrible... Banalités, rien de particulier !

Puis, soudain, notre regard se pose sur une personne obèse avec un surpoids de cinquante kilos.

“Discrètement” nous l’observons : son maillot, sa démarche, ce corps à l’opposé des conseils médicaux et de la mode, son visage qui pourrait être si joli...

Nous sommes gênés d’être voyeurs mais nous continuons notre observation.

Puis nous détournons le regard et réfléchissons :

– Comment est-il possible de se laisser grossir à ce point ?

– Quelles fragilités cette obésité révèle-t-elle ?

– Peut-on s’aimer comme cela ?

– Peut-on être aimé ?

– Est-ce familial ?

– Je ne pourrais jamais m’accepter avec dix kilos de trop, alors cinquante !

– Comment retrouver un poids normal ?

– En a-t-elle envie ?

– Combien de temps cela lui demanderait-il ?

Au bout d’un court moment, nous reprenons notre livre, notre somnolence ou notre examen des passants et des environs.

Si nous étions interrogés sur le look de la personne obèse

vue un peu plus tôt, nous nous souviendrions de son allure générale, vraisemblablement pas de son visage, peu d'autres détails dont, en fait, nous n'avons rien à faire.

Nous retenons ce qui n'est pas habituel pour nous, ce que nous n'aimerions pas pour nous, ce qui ne cadrerait pas avec notre désir pour nous.

Nous avons vu cette personne et l'avons comparée à nos objectifs, à nos façons de voir la vie, à notre idéal physique, sportif, etc.

Nous nous sommes "projetés".

À travers elle, nous avons pensé à nous, comme tout être humain a l'habitude de le faire.

De plus, n'oublions pas qu'elle nous a permis de considérer avec soulagement nos seulement trois kilos de trop, ou, pour les plus anxieux, elle aura stimulé le démarrage de ce régime que nous paressions à commencer.

En regardant cette personne, nous avons été très peu intéressés par elle, mais bien plus par une réflexion sur l'obésité et sur nous-mêmes, nous rassurant sur notre conception de ce que nous devons ou pas faire.

L'autre exemple se passe aussi sur une plage.

Un homme retire sa prothèse de jambe et va se baigner en sautant sur son unique pied. Il a la quarantaine, est musclé, n'a regardé personne, trop conscient des regards posés sur lui.

Nous pensons aussitôt à son allure déterminée, au courage dont il a dû faire preuve pour surmonter la terrible épreuve.

Notre réflexion éventuellement émue, inquiète, peut ressembler à :

– Que lui est-il arrivé : accident ou maladie ?
– Comment aurais-je réagi à sa place ?
– Aurais-je ce courage ?
– Me serais-je déprimé ?
– S'est-il déprimé lui-même ?
– Comment a réagi sa femme ?

– Comment réagirait mon conjoint ?
– Et mes enfants ?
– Pourvu que cela ne m'arrive jamais !

Une fois encore, nous pouvons constater que l'intérêt pour une situation donnée n'existe souvent que dans la mesure où nous pouvons la rapprocher de nous-mêmes. Les réflexions que nous nous faisons nous concernent directement.

À nouveau nous serions bien en peine de décrire cet homme car nous n'avons été intéressés que par la problématique : notre réaction après un éventuel accident.

Ces deux exemples ont pour but de montrer que si notre regard est rivé sur notre nombril, les autres font de même.

Ce que nous faisons, qui nous sommes, n'intéresse que notre entourage proche et nous-mêmes.

Nous ne serons pris vraiment en considération que s'il y a une vraie relation avec autrui : que ce soit dans un sens positif (au travail par ex.), ou par l'intermédiaire d'un évènement négatif (fuite d'eau dans notre appartement, agression physique dans un parking...).

Les autres relations sont le plus souvent fugaces, et sans véritable intérêt pour personne.

Sentons-nous libres du regard de l'autre qui si souvent nous regarde sans nous voir.

Notre société en est arrivée à un stade avancé de déshumanisation qui existe moins dans les campagnes et partout où les groupes humains sont restreints.

Mais quel citadin regrettera cette tranquillité (qui serait d'ailleurs plutôt de l'indifférence !) qui règne dans les grandes villes ? Il dit ne pas pouvoir supporter le regard inquisiteur des voisins qui à la campagne sont censés être au courant de tous nos mouvements.

Nous pouvons à juste titre arrêter de fantasmer le regard agressif, critique et inhibant de l'autre.

Nous pouvons également penser que si nous imaginons

l'autre ayant cet état d'esprit, pourquoi lui-même ne nous imaginerait pas agressif, critique et inhibant ?

Un exemple.

Nous arrivons à une soirée en connaissant très peu de monde.

Nous nous sentons mal à l'aise et pensons, bien sûr, que nous sommes le seul à être dans cet état !

Si nous pouvions regarder autour de nous avec attention, nous pourrions voir tel homme au regard compassé, telle femme tortillant discrètement le bout de son écharpe, telle autre recherchant du regard un ami qui n'arrive pas, etc.

Nous sommes six milliards d'êtres humains et nous avons l'idée étrange d'être unique dans une situation donnée, seul à ressentir un déplaisir de tel ordre, seul à... ?

Seul à rien : c'est un fantasme dû à notre manque de confiance en nous, à l'inhibition et au malaise constant qui nous habite si injustement, c'est-à-dire, de façon si erronée.

De toutes les convictions douloureuses de notre enfance, nombreuses sont celles que nous n'identifions pas consciemment mais qui continuent à faire leur travail de sape au quotidien.

Une bonne partie de notre vie peut en être gâchée.

Si nous avons la chance de faire un travail psychologique sur nous-mêmes, nous accroîtrons le champ de nos possibles en diminuant nos inhibitions et donc nos souffrances.

Sur le plan affectif, nos acquis peuvent être très inhibants :

– Soit que nous ayons une piètre opinion de nous-mêmes,

– Soit que nous doutions de l'amour et que cette méfiance ruine notre vie affective,

– Soit que nous n'osions pas exprimer nos sentiments. Ce serait dangereux de le faire, cela nous mettrait dans une situation de faiblesse par rapport à l'Autre, qui pourrait éventuellement en profiter pour nous faire mal !

Pauvre "Autre" qui peut nous aimer profondément et ne vouloir que notre bien et le sien !

– Soit que nous ayons des schémas mentaux très précis, que la vie nous offre tout autre chose et que nous ayons des difficultés à élargir notre champ des possibles également dans un domaine fondamental de notre vie.

– Nos parents, nos habitudes, nous ont appris qu'une vie devait se dérouler de telle ou telle façon, avec tel genre de personne, dans tels buts complètement préétablis et immuables pour notre plus grand bonheur...

Or notre chemin peut nous offrir des rencontres, des objectifs auxquels nous n'aurions jamais pensé.

Il peut être difficile de s'engager dans une voie si nouvelle et si riche d'opportunités, de possibles.

L'inhibition, l'habitude peuvent être des obstacles que seule une réflexion profonde sur nous-mêmes peut lever, pour arriver à notre désir profond et à notre véritable évolution.

Quelquesfois, il arrive aussi que pleins de courage pour aller de l'avant vers ce qui nous convient vraiment, nous sommes pris d'une angoisse de cet inconnu que nous pressentons être notre vérité. Nous pouvons reculer un peu, quelque temps, en nous demandant s'il ne serait pas plus simple de ne rien changer, de rester dans ces sillons tracés depuis si longtemps par d'autres, pour nous. Mais, heureusement, quand nous avons goûté à ce que notre vie peut nous offrir, nous osons à nouveau et reprenons courageusement le chemin de notre bonheur. Nous nous aimons et nous nous respectons alors nous-mêmes suffisamment pour nous offrir notre vraie voie et arriver ainsi à être beaucoup plus positif pour nous, et pour les autres.

Le manque de confiance en soi est certainement la souffrance psychologique la plus partagée au monde.

Nous manquons souvent tellement de confiance en nous que nous ne pouvons pas l'imaginer un instant.

Mais c'est un fait.

Et c'est très rassurant de le savoir !

Application n° 1

Pour faire le point sur votre éventuel manque de confiance en vous, nous vous proposons d'aller chercher un papier et un crayon, et de réaliser ce petit "travail" en étant seul.

Vous allez dresser la liste de vos "qualités" et celle de vos "défauts".

Ce n'est pas un entretien d'embauche (donc il n'y a rien à cacher!), mais un face-à-face avec vous-même, dont le résultat sera très intéressant pour vous et certainement inattendu, vous verrez bientôt pourquoi ! Vous n'oublierez pas de déchirer le papier et de le jeter car... tout de même !

Vous essayez d'établir une liste de qualités non microscopique. Voyez vos compétences, votre ouverture, votre curiosité, votre honnêteté, votre altruisme, votre humour, vos traits de personnalité sympas, vos dons, votre intelligence, votre spiritualité, votre sens pratique, votre savoir-faire, votre créativité, vos qualités sportives, votre physique, ce que l'on dit de vous positivement, etc.

Pour les défauts, vous pouvez écrire sans retenue, c'est même très important pour la suite. Allez dans les petits recoins de votre réflexion pour y traquer le moindre petit défaut qui voudrait s'y cacher ! Si la liste est longue, pas de problème...

Une fois la liste en mains, vous regardez si le nombre de qualités dépasse dix ; sinon, soit vous êtes déprimé, soit beaucoup trop perfectionniste : il ne s'agit pas d'être un Rembrandt ou un Chopin pour parler de vos dons artistiques, ni un Lao Tseu pour aimer votre réflexion !

Avez-vous noté votre éventuelle modestie ?

Vous allez analyser la liste de vos défauts.

Avec votre crayon, vous allez faire un petit signe devant chaque défaut résultant du manque de confiance en vous.

Un petit rappel à ce sujet :

- Le pessimisme,
- L'irritabilité,
- La jalousie,

– Le complexe de supériorité,
– Le complexe d'infériorité,
– L'inhibition,
– La cruauté,
– La mythomanie,
– Le mépris,
– L'intolérance,
– Le sectarisme,
– L'appât du gain outrancier,
– Les obsessions,
– Privilégier l'"avoir" plutôt que l'"être",
– Le renfermement sur soi,
– La "surdité" aux autres,
– L'égoïsme,
– La vantardise,
– La malhonnêteté (souvent),
– Le manque d'objectivité,
– La cruauté envers les plus faibles,
– Se réjouir du malheur des autres,
– Ne pas se réjouir du bonheur des autres,
– L'arrivisme,
– Les critiques envers les autres,
– La paresse,
– La colère,
– L'importance du regard d'autrui,
– La méchanceté,
– La violence (non défensive),
– La conviction d'avoir toujours raison,
– Etc.

Certains de ces défauts ne semblent pas forcément liés au manque de confiance en soi, à première vue, mais après réflexion, si.
Vous refaites donc votre liste de défauts en ne notant pour tous ceux inclus ci-dessus que : « manque de confiance en soi » ; une seule fois, bien sûr.

Vous pouvez constater que votre liste s'est considérablement amoindrie.
Combien reste-t-il de défauts à votre actif ? Peu, vraisemblablement.
Le travail que vous ferez sur vous, si vous le faites, réduira de façon importante ce manque de confiance en vous avec ses multiples conséquences négatives pour vous et pour les autres.

Application n° 2

Vous imaginez qu'un ami veuille vous présenter une de ses relations dont il vous parle avant de la rencontrer.
Vous prenez votre liste, vous vous la lisez à haute voix :
« Je voudrais te présenter un ami qui est... "liste des qualités" et qui a quelques défauts..." liste résumée avec *manque de confiance en lui*" ».
As-tu envie de le connaître ?
En général, avec la confiance que vous faites à cette personne et à l'écoute de ce listing, vous acceptez avec plaisir.
Alors, constatez qu'il s'agit de vous (Vous l'aviez oublié, n'est-ce pas ?).
En fait, nous avons très souvent intérêt à nous mettre à distance de notre propre situation pour essayer d'être plus objectif. Nous pouvons imaginer un (une) ami à notre place. Nous réussirons certainement à y voir plus clair que si nous nous mettions au centre de la "scène".

Application n° 3

Lorsque quelqu'un présente un des défauts de la liste en rapport avec le manque de confiance en soi, prenez l'habitude de vous y référer et de regarder cette personne avec plus d'aménité. Il vous sera très utile d'analyser la situation de la sorte : cela vous permettra de ne pas vous sentir concerné par ce qui ne serait que l'expression du manque de confiance que l'autre aurait en lui (en elle). Finalement, vous voyez que votre personnalité est beaucoup plus sympathique que ce que vous imaginiez.

Une fois de plus, accéder à une meilleure connaissance de nous-

mêmes, contribue à diminuer nos inhibitions et à nous donner la chance "d'être" en harmonie avec notre personnalité.
Cela permet également de mieux comprendre les autres et donc d'améliorer notre communication à tous niveaux: notre entourage et nous-mêmes en serons les bienheureux bénéficiaires!

Quête de la perfection

L'idée même de perfection peut étonner par son absence de relativité.

Ce concept semble étonnant, voire incongru quand il s'agit d'un être humain !

Le désir de s'améliorer et d'avoir envie de progresser, pour moins pompeux qu'il soit, donne peut-être une meilleure idée de la quête poursuivie par beaucoup d'entre nous. L'objectif à atteindre est peut-être moins "glorieux" mais au moins accessible. La progression peut se faire pallier par pallier, l'important étant de pouvoir continuer à avancer.

Si nous avons la très mauvaise idée irréaliste de viser la perfection, le découragement peut nous envahir et nous stopper.

Qui peut avoir "besoin" de se donner, en point de mire, "le parfait" ?

Contrairement à ce que nous pourrions croire de prime abord, ce n'est pas la personne qui a confiance en elle. En effet, pour celle-ci, s'améliorer est un but honorable, possible, satisfaisant, qui demande du temps, de la persévérance, de la détermination. Ne dit-on pas que « Rome ne fut pas construite en un jour ? »

Sachant qu'il est possible d'évoluer durant toute notre vie, jusqu'à notre dernier souffle (si nous choisissons cet objectif), nous nous donnerons le temps de le faire, de bien le faire, tout simplement parce que nous n'avons rien de particulier à nous prouver, dans l'urgence d'une angoisse à calmer.

La personne qui, au contraire, ne croit que très peu en elle-même, et en souffre, se fixera des challenges qui, s'ils étaient accessibles, la "transformeraient totalement" à ses propres yeux et aux yeux d'autrui !

Pour colmater la souffrance de se sentir « nulle, peu intéressante, idiote, incompétente... », telle femme phantasme une réussite exceptionnelle qui la propulserait au rang "des gens admirables".

En fait, elle est en pleine illusion inconsciente : elle n'arrivera (nous n'arriverons) jamais à être parfaite, car il semble que ce ne soit pas exactement le propre de l'homme.

Son manque de confiance en elle est tellement douloureux, qu'une façon d'essayer d'y "remédier" est de se survaloriser en s'imposant un objectif "grandiose".

Or, cela ne fait qu'accroître la dévalorisation.

La cruelle désillusion de ne pas être capable de réussir cette tâche impossible (sans réaliser qu'elle est impossible), augmente encore la mauvaise opinion qu'elle a d'elle-même. Le complexe d'infériorité est tellement insupportable, que son inconscient lui propose une attitude contraire à son ressenti : plus elle se sent "petite" plus elle essaye de donner l'impression d'être grande. Plus une personne est infériorisée, plus elle peut essayer de le cacher en adoptant une attitude prétentieuse, sûre d'elle.

Plus une personne cherche à inférioriser les autres et plus elle est critique vis-à-vis d'autrui, plus cela signifie qu'elle est "mal dans sa peau".

La quête de la perfection peut devenir obsédante, et entraîne immanquablement une frustration grandissante et un manque de confiance en soi de plus en plus intense.

Cette façon de penser rappelle quelque peu le comportement des personnes souffrant d'un problème de surpoids. Au lieu de se fixer un objectif réaliste et réalisable dans un délai raisonnable, elles se donnent un objectif impossible. Ce dernier les stresse davantage et les frustre tellement qu'elles vont "craquer" de plus belle. Elles reprennent tout le poids perdu avec un "bonus" qui, à chaque tentative drastique, se soldera par un poids, après régime, supérieur au poids antérieur. On imagine facilement le découragement, le désespoir, la mauvaise image, voire le mépris de soi que cela peut entraîner... Et donc un essai de compensation de ce stress encore plus intense par une prise alimentaire excessive.

C'est le cercle vicieux des raisonnements ayant pour fondation le manque d'estime de soi : il est le plus souvent obsessionnel et peut entraîner une dépression.

La solution ?

Le principe général serait de retrouver ou d'avoir enfin un peu confiance en soi, les enjeux étant alors différents.

Nous passerions du désir d'avoir une image idéalisée de nous-mêmes à celui plus réaliste et tellement moins douloureux de suivre avec bonheur le chemin que nous nous sommes tracés, en toute connaissance de nos possibilités réelles.

Connaître nos points forts, être conscients de nos vrais dons, nous permet d'accepter plus facilement, moins douloureusement nos points faibles et de chercher à y remédier, si cela est possible, et si cela nous tente.

Nous supportons d'autant plus facilement notre autocritique et la critique des autres que nous sommes certains d'avoir une vraie valeur.

La confiance en soi est la base de toute notre construction "positive". Croire en soi, nous permet d'avancer.

Nous dénigrer, nous penser "nuls" est la plus sûre façon de "stagner" et de nous faire souffrir.

L'idée d'être "nul" est le plus souvent corrélée à celle de ne pas être capable de transformer cette "nullité" : « Je suis nul et le resterai ».

Une "tactique" de pensée très facile à appliquer au quotidien, lorsqu'un sentiment négatif nous envahit :

Je fais le constat de mon incompétence ou de mon insuffisance dans un domaine.

Le plus souvent, ce constat s'accompagne d'un accablement, d'une souffrance morale et d'une dévalorisation pouvant aller jusqu'à la haine de soi.

Reprenons ce stade de constat.

Un exemple schématisera facilement le "processus" :

« Dans ce domaine, utile pour moi, je n'y connais rien. » Ce point de ponctuation laisse notre perplexité s'installer, voire notre découragement immédiat.

Imaginons que nous reprenions cette phrase en en changeant la ponctuation, le point se transformant en virgule ou en deux points :

« Dans ce domaine, utile pour moi, je n'y connais rien, ET DONC je vais me documenter, me faire expliquer, combler ma lacune. »

Je sais que toute personne ayant une compétence l'a acquise. Les facilités peuvent certes différer d'une personne à une autre, la comparaison n'ayant pas un grand intérêt (si ce n'est celui négatif de m'inférioriser un peu plus !), mais il serait illusoire et irréaliste (très simpliste et faux) d'imaginer que telle compétence n'a pas été acquise par de la détermination, de la persévérance et du travail.

Arrêtons d'imaginer que l'autre "a de la chance" et essayons plutôt de considérer le travail qu'il a fourni pour arriver à ce résultat.

Plutôt que de "jalouser", essayons de modéliser, de nous inspirer de la technique de réussite de ceux qui réussissent pour aller vers notre propre but.

Si nous partons battus d'avance (si nous souffrons d'un manque important de confiance en nous), nous provoquerons nous-mêmes notre échec dans un domaine où il nous aurait été possible de réussir.

Nous sommes notre propre frein, notre propre pourvoyeur d'inhibition.

Pour essayer de lever cette angoisse qui nous paralyse et nous empêche de suivre le chemin souhaitable pour nous, il est toujours nécessaire de faire le point sur ce qui nous a été inculqué pendant notre enfance.

Nos parents ou éducateurs nous ont-ils encouragés, félicités, stimulés sans agressivité ?

Nous ont-ils dit et fait comprendre que nous avions de la valeur dans l'absolu et à leurs propres yeux ?

Nous ont-ils montré de la confiance, nous ont-ils dit que nous aurions une vie agréable, que nous pourrions avoir un métier qui nous plairait, que nous étions des enfants “bien” et que nous serions des adultes sympathiques ?

Nous ont-ils valorisés ?

Nombre d’entre nous ont été élevés, éduqués par des personnes maladroites, non informées de la pédagogie et des besoins fondamentaux des enfants. Ils se sont moqués, ont critiqué, blessé, jugé agressivement, voire ont insulté ou frappé des enfants pour des difficultés scolaires et n’ont entraîné qu’un immense désarroi évoluant très rapidement vers une perte d’estime de soi, un mépris de soi, une dévalorisation et la certitude que les parents avaient raison.

Ce harcèlement négatif construit l’enfant dans le mépris de lui-même. En effet, l’enfant pense que ses parents l’aiment et disent la vérité. Il aura tendance à croire que cet amour leur fait minimiser leurs critiques à son égard. L’enfant arrive à avoir de lui-même une opinion bien pire que ce que les parents lui disent. Cette attitude tellement délétère pour l’enfant est répétée, ayons-en conscience, pendant de nombreuses années. Durant toute son enfance et son adolescence, le jeune s’est senti nul, ou plutôt, il a “su” qu’il était nul et le resterait.

Nous imaginons donc sans difficulté le travail intense et profond de psychothérapie qui sera nécessaire pour devenir objectif quant à ses vraies compétences (souvent laissées en sommeil et qu’il conviendra de développer enfin), pour vivre dans sa vraie personnalité et non dans ce rôle de “nul” suggéré par les parents à leur insu.

Retracer le chemin de l’enfance avec ses cahots, ses frustrations, ses injustices, ses inhibitions répétées, voire ce qui a été injuste et comprendre qui nous sommes vraiment.

Ce travail psychologique est impossible à faire seul car nous butons contre ce mur de complexe d’infériorité dressé devant nos yeux par nos éducateurs maladroits.

Le thérapeute nous proposera un autre éclairage que le nôtre, un autre questionnement, et nous fera reconsidérer ces certitudes négatives nous concernant : sommes-nous objectifs, sur quels critères nous basons-nous, comment vérifions-nous ce que nous pensons être nos "défauts" ou répétons-nous, sans même nous en apercevoir, des "certitudes" fausses que les parents nous ont assénées ?

Ce chemin est quelquefois douloureux, nous sommes en interaction avec la facette enfant qui a souffert en nous, nous souffrons de notre souffrance passée, nous aimerions secourir l'enfant que nous avons été et qui a tant souffert... Nous voudrions effacer le passé, le corriger, nous dire que nous n'étions pas un enfant "terrible" comme le répétaient nos parents.

Nous réalisons que tout enfant "infernal" est un enfant qui vit un "enfer" : à quelles erreurs éducatives répétées est-il confronté ?

Quelle est sa souffrance, son angoisse, sa recherche de limites rassurantes qui le font s'agiter comme un insecte pris au piège dans un bocal ?

Ce regard nouveau que nous pouvons enfin porter sur nous-mêmes permet notre reconstruction et le développement de nos potentialités. Ce travail psychologique est un véritable rendez-vous avec nous-mêmes, passionnant car nous nous découvrons meilleurs que ce que nous imaginions, tellement plus forts après la levée de nos inhibitions éducatives. Nous pouvons enfin tenir les rênes de notre vie et aller où nous le désirons et où nous nous découvrons capables d'aller.

Un point primordial que nous pouvons aborder maintenant, est le PHANTASME DU REGARD DE L'AUTRE.

Très fréquemment, une personne manquant de confiance en elle va penser que "les autres" la trouvent nulle, inintéressante, voire se moquent d'elle derrière son dos.

Une telle vision du monde est d'autant plus douloureuse que l'on se rend compte qu'il s'agit d'une construction négative de notre esprit qui ne correspond pas à la réalité :

Chacun, d'entre nous s'occupe de lui-même, du lever au coucher et même dans ses rêves.

Nous sommes le centre de notre monde, et il en est de

même pour tous.

Penser que “les autres” sont très intéressés par notre “petite personne” frôle le non-sens.

Nous l’avons maintes et maintes fois remarqué :

“L’Autre” a oublié une chose “fondamentale” pour nous, que nous lui avions confiée ; notre peine lasse très vite ; nous ne trouvons pas de personne suffisamment à notre écoute…

Mille attitudes perçues avec plus ou moins de justesse qui nous montrent que « l’Autre est plus important à ses propres yeux que nous-mêmes » : quelle insolence, quel manque de sens des priorités !

Rappelons-nous la chanson (Oh ! combien réaliste) : *Parlez-moi de moi, il n’y a que cela qui m’intéresse*.

De façon paradoxale, si le regard de l’Autre nous insupporte par ce que nous lui attribuons d’agressivité, de dépréciation de nous-mêmes, imaginer qu’il ne nous regarde pas peut nous plonger dans une douleur morale ressemblant à une impression de ne pas exister.

Être regardé ou ne pas être regardé entraîne une vraie souffrance à celui qui a besoin du regard approbateur de l’Autre pour se sentir vivre et pour pouvoir s’apprécier lui-même.

Quelle merveilleuse sensation de liberté de réaliser que ce que nous faisons intéresse en général une et unique personne : nous-mêmes.

Apprenons cela aux enfants, qu’ils puissent faire leur chemin de vie paisiblement avec les autres, sans les fantasmer, sans craindre leur jugement (qui serait forcément juste ?), en écoutant leurs conseils, mais surtout sans en être l’esclave imaginaire.

Cette découverte de l’intérêt relatif que les inconnus nous portent est un baume de tranquillité sur nos angoisses.

La thérapie nous permet d’avoir un regard plus juste sur nous et sur les autres.

Elle nous permet de savoir que notre quête affective est bien peu différente de celle des autres. Notre besoin d’être appréciés, d'avoir des amis, d'être respectés, reconnus est un besoin inhérent à notre "espèce".

« Je ne fais pas à moi seul une catégorie à part, ni dans ce que j'ai de positif, ni dans ce que je peux avoir de négatif. »

C'est rassurant, sauf pour ceux qui voudraient soigner leur manque de confiance en eux, inconsciente, par un phantasme d'exception.

Nous ne sommes pas exceptionnels et n'avons pas la lourde tâche de le rester.

Nul n'est parfait et nul ne devrait être déçu de ne pas l'être.

Notre cerveau ne nous permet pas cette évolution à ce point mais nous autorise une marge de progression qui devrait nous tenir en haleine toute notre vie.

Progressons, nous avons fort à faire, et cela peut nous apporter tellement de bien-être.

Se redonner du tonus

Plus ou moins souvent nous nous sentons découragés. Faire le point est indispensable. Quelquefois, la cause n'est pas évidente : une somme de petites frustrations nous plonge dans une espèce de blues.

D'autres fois, une situation nous semble inextricable.

Dans ces moments difficiles, il est indispensable de ne pas baisser les bras.

En effet, ruminer nous ferait perdre une quantité d'énergie indispensable, à peindre un tableau de plus en plus sombre, à ne pas gagner le bout du tunnel.

Nous avons souvent dressé un bilan, ce qui n'est donc plus à faire, excepté pour tout ce qui concerne la solution de notre problème. Notre façon de penser, qui nous a bloqués, nécessite une légère modification.

Quelques réflexions auxquelles nous aurons recours à chaque fois que notre pensée refera boucle :

– Peut-on manger une baleine ? Oui, bouchée par bouchée.

– Parler de tunnel implique l'existence d'un bout à ce tunnel : visualisons-le comme une évidence.

Nous sommes dans une situation difficile qui a forcément une issue. Continuons à la chercher.

Écoutons ce que nous nous disons ou ce que nous disons à autrui :

– Je suis épuisé, j'en ai assez,

– Je ne sais plus quoi faire,

– Je suis découragé, etc.

Or, notre réflexion fait une erreur de ponctuation : nous mettons un point après avoir exprimé notre abattement, il est fondamental d'y mettre UNE VIRGULE et d'ajouter :

– ET, DONC… Je suis épuisé, j'en ai assez, ET DONC je vais demander de l'aide, ou je vais reprendre mon raisonnement en sachant qu'il y a une solution : je vais donc changer un paramètre. Quel délai sera nécessaire à la résolution de mon problème ?

– Je ne sais plus quoi faire, ET DONC je vais solliciter des conseils, une aide auprès d'autres personnes, d'autres organismes.

– Je suis découragé, ET DONC je vais accepter pendant un temps un changement de statut, d'emploi, car je sais que tout problème a une solution (ou plusieurs). Ou je vais me donner du temps pour prendre du recul.

Je vais me poser la question de l'importance objective de ce problème pour moi : est-ce une blessure d'orgueil, ma fierté est-elle mise à mal ?

En général, ce sont les blessures qui guérissent le plus vite : nous en avons tous vécues.

Un échec fait partie de l'expérience de la vie, et nous en sortons plus expérimentés pour l'avenir.

Si nous sommes déprimés, notre pensée n'avance plus, personne ne peut nous seconder, croyons-nous.

La colère

Ce sentiment qui est la résultante d'une autre émotion qu'il est nécessaire de retrouver pour analyser la situation.

Il peut s'agir :

– D'une frustration,

– D'un sentiment d'abandon,

– De l'exaspération de ne pas être entendu,

– D'une quête affective non assouvie,

– De l'impression de ne pas être respecté,

– D'une peur,

– D'un sentiment de danger,

– De la mauvaise foi de l'autre,

– D'un sentiment d'impuissance (qui peut notamment rappeler celle de l'enfant face au monde adulte), etc.

Dans la forme, la colère prend la place d'un sentiment antérieur qui souvent n'a pas été analysé consciemment.

Nous n'avons pas besoin d'y réfléchir :

Une phrase dite, une nouvelle apprise, un silence remplaçant une réponse attendue… et le mécanisme est en marche !

Nous ressentons cette émotion envahissante :

Notre estomac se noue, notre visage se crispe, nos muscles se tendent.

Une chaleur, que nous connaissons bien, colore nos joues.

Si nous ne voulons rien dire, nos mâchoires se serrent, nos poings se ferment dans une tentative de contrôle qui a failli être discret.

Ce phénomène se présente souvent comme un réflexe conditionné que nous commentons ainsi :

« Dès que l'on me dit cela, je monte au créneau. »

« Il sait pourtant que dès que l'on aborde ce sujet, j'explose. »

« Devant telle attitude, je n'ai plus aucun contrôle. »

La colère sert aussi à agir dans une situation où notre passivité serait insupportable, par peur, par frustration...

Prenons l'exemple d'un accident : nous pouvons exploser si les secours n'arrivent pas assez vite, que nous avons fait ce qu'il y avait à faire, et que le reste (vital) ne dépend que des personnes qui vont arriver.

Dans une telle situation nous vivons :

– Le choc de l'accident,
– La peur de l'imprévu, de la surprise,
– La notion d'urgence,
– La peur de la mort (pour les victimes),
– L'imagination d'une fin fatale,
– L'imagination des conséquences pour les familles des victimes,
– La projection : cela aurait pu être nous, nos enfants, ceux que nous aimons,
– Le sentiment d'horreur qui s'ensuit,
– L'insécurité que nous réalisons par rapport aux secours (qui ont pu être retardés),
– La déception,
– L'indignation,
– L'impuissance, frustration voire la culpabilité de ne pouvoir faire plus.

Cette situation extrême illustre à quel point une cascade de sentiments dont certains seulement seront conscients, peut nous envahir et provoquer la colère.

La gravité du problème modulera l'intensité de cette colère avec deux paroxysmes : l'agitation avec vociférations et l'abattement complet évoquant l'anéantissement.

La colère, nous le voyons dans cet exemple, nous permet de bouger, d'être actifs (même inutilement).

Elle nous donne l'impression d'agir et d'ignorer, un peu, nos limites.

Elle nous donne la fausse impression de maîtriser la situation.

Nous “ne sommes plus” le spectateur impuissant.

La colère est-elle saine ?

Pour la santé physique ce n’est pas évident.

Si le seul choix que nous nous offrons est l’implosion ou l’explosion, il est certainement préférable de se laisser aller à la colère extériorisée moins dangereuse pour notre santé.

Nous ne considérerons pas dans les détails les passages à l’acte violents qui, eux, relèvent de la psychiatrie.

N’oublions pas que la colère peut nous faire tenir des propos regrettables que toutes les excuses présentées ensuite n’arriveront pas à faire pardonner, ni oublier. De la même façon, les colères extrêmes peuvent déboucher sur des actes tragiques. À son paroxysme, elle peut faire tomber des garde-fous. Une personne perdant ainsi des limites peut commettre des actes passibles prison !

Mais de façon moins dramatique, sous le coup de la colère s’il nous vient la mauvaise idée de passer nos nerfs sur la vaisselle cela ne redorera pas notre blason aux yeux de notre conjoint. Cette violence ne pourra qu’envenimer notre relation de couple, et nous éloigner d’un solution positive.

Mais si des enfants ont assisté à une scène de violence, ils auront peur. Peur du moindre haussement de ton, peur d’un agacement qui pour eux peut être annonciateur de cataclysme, peur en général.

Qu’est-ce qui peut justifier un tel comportement ?

L’exemple suivant offre l’opportunité d’aborder le drame des bébés secoués.

Les pleurs d’un bébé peuvent parfois venir à bout de la patience de ses parents ou des personnes qui s’en occupent. La vie est souvent difficile et ces cris stridents exaspérent. Tout le monde a pu connaître cette situation. Il est important de prendre conscience de notre état d'épuisement et d'exaspération.

Nous pouvons alors agir : demander de l'aide si c'est possible, donner son enfant à garder le temps de se reposer un peu.

Si les pleurs durent, peut-être l'enfant est-il malade ?

Mais toute violence verbale ou physique est à bannir TOTALEMENT : même pas une fois.

C'est un INTERDIT ABSOLU que nous devons nous imposer et qui est bien évident.

La violence physique aboutirait presque inévitablement à des conséquences irréversibles.

Tous les pédiatres doivent en informer les parents : un bébé secoué peut en mourir du fait des lésions que ces mouvements brusques entraînent à l'intérieur de la boîte crânienne.

Il peut aussi en garder des séquelles : type de débilité, cécité et autres handicaps.

Donc, "JAMAIS" est la règle.

La colère est la résultante d'une ou de plusieurs facettes ignorées de notre personnalité, il est fort probable qu'en les découvrant, nous n'aurons plus ce réflexe.

Comment faire ?

En connaissant ce principe de "sentiment initial ignoré", voici quelques étapes logiques à suivre pour désamorcer notre bombe interne :

– Prendre conscience dès le premier symptôme que nous commençons à être en colère (souvent la chaleur des joues).

– Respirer à fond une ou plusieurs fois afin de nous permettre de nous détendre (au niveau musculaire).

– Immédiatement, nous dire « Je suis en colère, je vais chercher quel sentiment vient de m'envahir. »

– Repérer le sentiment premier (nous arriverons très rapidement à l'identifier, avec de la pratique, si nous sommes de bonne foi vis-à-vis de nous-mêmes).

– Décider d'exprimer aussitôt ce sentiment.

– Décider de nous exprimer en résumant la situation.
– Demander à l'autre ce qu'il en pense.
– Entamer la négociation qui devra satisfaire ou ne pas trop déplaire aux deux parties.

Le sentiment premier peut être un de ceux de la liste donnée en début de chapitre.

Nous avons intérêt à noter ceux qui nous font le plus souvent réagir.

Prenons un exemple familial.

Une fois de plus, de retour à la maison, la table du petit déjeuner n'est pas débarrassée et nous devons le faire.

Nous pouvons procéder de la sorte :

– Je vois la vaisselle,
– Je sens la chaleur m'envahir,
– Je respire profondément deux ou trois fois,
– Je raisonne : je suis en colère parce que j'ai l'impression que l'on ne me respecte pas et qu'ils me prennent tous pour leur esclave,
– Je continue à respirer profondément,
– À leur retour, je vais leur expliquer la situation,
– Je leur dirai qu'étant visuelle, je ne supporte pas de voir la table en désordre,
– Qu'ils doivent savoir que cela déclenche aussitôt en moi de la colère qui peut alors se traduire par de la mauvaise humeur et, en fait, de la tristesse,
– Que j'ai l'impression qu'ils se moquent de ma fatigue, moi qui suis si attentive à leur bien-être,
– J'ai l'impression que leur affection ne s'exprime que lorsque cela ne leur demande aucun effort (petite généralisation bien féminine !),
– Je leur demande s'ils avaient l'intention de me blesser et de me mettre en colère,
– Ils répondent que « Non », ce que nous savions déjà,

– Nous leur demandons ce qu'ils proposent pour changer la situation,

– Ils vont certainement dire qu'ils vont débarrasser la table avant de partir,

– Mais nous savons déjà que cette résolution risque de ne tenir que quelques jours,

– Nous pouvons le leur signaler sans être dans l'accusation mais plus dans l'observation,

– Nous pouvons leur proposer d'établir un tableau par semaine du tour de rôle pour accomplir cette tâche en étant plus responsabilisés,

– Nous les remercions avec le sourire (si c'est possible, mais c'est déjà stratégiquement les mettre dans la situation de la tâche effectuée !),

– Et nous continuons à respirer en réalisant que s'énerver est la pire solution pour trouver une solution.

Cette liste un peu longue est en fait très rapide à mettre en pratique.

L'analyser dans les détails pour un exemple simple et si fréquent est une base de raisonnement pour des situations plus difficiles.

Au quotidien, nous voyons à quel point notre vie et celle de notre entourage peuvent être améliorées.

Il est fondamental de ne pas considérer comme "normales" toutes ces disputes de couples, ou entre frères et sœurs ou encore au travail.

Nous sommes des êtres doués de raison que nous pouvons utiliser !

Notre qualité de vie en dépend.

Imaginons notre vie familiale plus harmonieuse, sans dispute (ou presque) : chacun aurait le droit de s'exprimer et d'être compris.

Un fantasme ?

Pas du tout, si nous décidons que ce doit être notre réalité.

La discussion ouverte est nécessaire pour expliquer les sentiments qui nous habitent.

N'oublions pas que notre famille et nos amis nous aiment et n'ont pas *a priori* envie de nous faire souffrir.

Exprimons-nous et beaucoup de choses se transformeront comme nous l'espérions.

Pensons que les explosions et ouragans sont anormaux dans notre vie, remplaçons-les par de la connaissance de nous-mêmes et des autres, et par la négociation.

Lorsque nous discutons, évitons de mettre l'autre en accusation :

« Tu es négligent, tu es agressif. »

Préférons de loin l'analyse de notre ressenti, exposé à l'autre.

« Quand tu fais cela, je me sens bafouée. »

« Peux-tu éviter de me dire telle ou telle chose qui me rappelle mon enfance douloureuse (par exemple) et qui me rend triste. »

Il serait bien étonnant que la personne qui nous aime ne réponde pas qu'elle est désolée, qu'elle n'avait pas l'intention de nous blesser.

Nous pouvons agir de même lorsque nous voyons l'autre se renfrogner :

« Je crois que j'ai dit quelque chose qui ne te va pas ? Qu'est-ce-que c'est ? »

Il faut peut-être insister en expliquant que ce n'était pas notre intention. Une explication de sa part peut alors commencer. Il ne restera pas de quiproquo aussi douloureux qu'inutile. Il y aura moins de colères car nous aurons l'habitude de discuter et non plus de nous disputer. Nous avons tous une vision différente du monde. Exposons-la à l'autre, comme nous l'écouterons exposer la sienne. Forts de cette connaissance mutuelle, nous pourrons communiquer de façon constructive et non destructrice et notre amour n'en pâtira pas.

La colère est un sentiment que nous devons et pouvons éviter.

Discutons-en en famille.

Nous nous en porterons mieux et notre entourage aussi !

Application n° 1

– Vous pouvez analyser ce qui déclenche votre colère.
– Essayez de compter approximativement le nombre de vos colères par semaine ? Par mois ?
– Contre qui vous mettez-vous le plus en colère ?

Application n° 2

– Vous essayez de vous remémorer votre dernière colère ou celle qui est restée très présente à votre esprit.
– Vous essayez de retrouver le sentiment non exprimé qui a précédé cette colère : la non-écoute, la peur, l'abandon, l'incompréhension de vous par l'autre, la frustration, le découragement, la jalousie...
– Vous essayez d'imaginer ce que vous auriez pu dire à l'Autre si vous aviez identifié le fait que vous alliez, sinon, vous mettre en colère. Vous repartez de ce moment-là, et imaginez quelle aurait été la réaction de l'Autre.
Exemple : « Je crois que tu n'as pas entendu que je te demande de l'aide, j'en ai besoin, vraiment. »
Ou :
« Je me sens abandonné, cela fait plusieurs fois que tu sors sans moi et j'aimerais venir avec toi. Qu'en penses-tu ? »
Ou :
« Tu es arrivé en retard, une fois de plus aujourd'hui. J'ai l'impression que je ne suis pas importante pour toi. Est-ce que c'est ce que tu veux me suggérer ? »
Ou :
« Je t'ai demandé de faire les courses parce qu'il n'y a plus de couches pour le petit, tu n'y es pas allé alors que je te l'ai rappelé deux fois. Tu penses que c'était à mon tour ? Que décide-t-on pour ce soir ? »

Vous décidez que la prochaine fois que vous serez prêt à vous mettre en colère, vous verbaliserez aussitôt ce que vous avez sur le cœur. À essayer de le faire de façon systématique, vous verrez comme les choses s'arrangent. En effet, sauf conflits sous-jacents (dont nous avons intérêt à nous occuper, d'ailleurs!), notre partenaire vit avec nous pour être heureux et nous rendre heureux. En cas de problème, il est également intéressé par la solution qui apaisera les esprits et permettra à la complicité de reprendre sa place.

Application n° 3

Que faire lorsque vous sentez la colère vous envahir?

C'est une urgence!

Vous sentez que la chaleur vous monte au visage, vite respirez à fond, plusieurs fois pour faire tomber la tension.

Prenez le temps nécessaire pour pouvoir parler posément: si besoin, remettez à plus tard la discussion en en avertissant votre partenaire.

Puis vous recherchez le sentiment que vous avez omis d'exprimer à l'instant, qui s'est mué en colère.

Et vous l'exprimez.

Vous écoutez la réponse de l'autre.

Si cette réponse ne vous convient pas, vous le lui dites aussitôt.

La discussion continuera jusqu'à ce qu'un terrain d'entente soit trouvé.

Vous savez parfaitement que la colère met l'autre dans l'état d'esprit opposé à celui que vous souhaitez! Donc, pour vous comme pour lui (elle), exprimez-vous!

La Jalousie

En général quand sommes-nous éventuellement jaloux ? Quand l'Autre est "plus" que nous dans les qualités et "moins" que nous dans les défauts !

Quand il a "plus" que nous dans le matériel et "moins" que nous dans la maladie ou la peine !

C'est succinct mais assez juste, non ?

Certes, il y a aussi toute la cohorte des jaloux sans facteur déclenchant.

Depuis notre plus tendre enfance, nous sommes comparés.

Dès le jour de notre naissance, notre poids et notre taille semblent autant de trophées à exposer au monde ! Le prénom, la phrase émue des parents, la date ne suffisent pas. On ne peut pas encore parler de notre caractère, de la couleur de nos yeux (pas encore définie), alors, ces critères sans intérêt seront sujets à comparaison. Notre frère, notre sœur, plus grand, plus quelque chose : devons-nous en conclure que nous étions en bonne santé, que nos parents étaient très heureux de notre venue... Cela ne le dit pas.

Ensuite la course à celui qui a percé sa première dent, qui a effectué ses premiers pas le premier. Il est vrai que c'est un critère déterminant dans notre vie quotidienne d'adulte. La voisine qui a un enfant du même âge nous regardera avec une lippe pleine de compassion : son fils a su s'asseoir un mois avant le nôtre. La course à l'échalote continue. Si un enfant redouble une classe, un autre en saute une (ce qui, nous le savons est fondamental à retenir pour son bonheur futur), ce sera l'occasion de discussions aussi inutiles que blessantes, le plus souvent.

Certes il n'y a pas d'appareil à mesurer le bonheur, alors, nous allons mesurer ce que nous pouvons : cela va nous rassurer ? Si nous sommes partie prenante d'un système basé sur la compétition, c'est l'extase. Les quarts de point nous font jubiler, les millièmes de seconde aussi. Et pendant ce temps-là, la vie s'écoule !

L'idée basique, que beaucoup d'entre nous, dans un pays privilégié comme le nôtre, pourraient en principe être heureux, ne semble pas la préoccupation première : un peu de hiérarchie dans les idées aussi.

Notre système de comparaisons à outrance, de compétitions dans tous les domaines nous donne une vision de la vie agressive. En effet, si je suis deuxième, arriverais-je à être sympathique avec le premier, surtout si pour mes parents être le premier est la seule place acceptable ? Si j'ai de moins bons résultats que d'autres, ne vais-je pas développer un complexe d'infériorité ?

L'habitude qu'avaient les parents de regarder d'abord la profession des parents des amis de leurs enfants semble un peu passée de mode. L'amitié, l'ouverture sur le monde s'en trouvent enrichis. La vision rétrécie de la caste correcte n'avait pour effet que de développer le mépris de l'autre. Les princes commencent à épouser les filles de chauffeurs de taxi : les critères deviennent plus humains.

Les mariages arrangés n'ont plus cours dans notre culture et l'amour semble devoir primer.

Si les parents veulent voir leurs enfants heureux, ils favoriseront les sentiments. Ils ne demanderont pas au fort en thème d'être génial en chimie s'il a horreur de cela. Ils respecteront les faibles capacités intellectuelles d'un de leurs enfants en développant les autres... Sans jamais le comparer au reste de la fratrie. L'enfant n'y est évidemment pour rien. Si les parents se font le plaisir immense de mettre au monde des enfants, est-ce pour les rendre heureux ou est-ce pour les porter à leur boutonnière et être admirés par l'entourage (qui franchement s'en moque) ? Si nos enfants pouvaient être exempts de nos complexes et de notre agressivité, leur vie serait certainement plus facile. Si nous savions les apprécier pour qui ils sont, reconnaître leurs qualités de cœur, nous serions heureux et eux aussi.

En fait, comment devenons-nous jaloux ?

En ayant souffert de comparaison depuis notre plus tendre enfance.

Si nous avons eu la chance :

– D'avoir des parents narcissiquement tranquilles, c'est-à-dire suffisamment sûrs d'eux pour ne pas être en quête de reconnaissance,

– D'avoir des potentialités moyennes qui n'ont pas attiré l'attention,

– De ne pas avoir été mis dans la situation d'humiliation qu'entraîne la comparaison (si l'enfant est félicité devant un camarade qui a moins réussi, il risque de se sentir très gêné d'être porté au pinacle. En général, il trouvera cette attitude injuste). Que dire des parents qui encensent d'autres enfants devant les leurs pour leur faire honte ? Certes, ils ont honte (et le copain déteste les parents qui agissent ainsi), mais ce n'est malheureusement pas tout. L'enfant se sent trahi par ses parents et peut croire qu'ils regrettent de l'avoir eu. Le manque de confiance en lui et l'agressivité contenue auront fait un grand pas en avant : les séquelles pourront être définitives. Que penserions-nous si notre conjoint encensait un (ou une) ami(e) à notre détriment devant nous ? Nous serions furieux et aurions toutes les raisons de l'être ! Pourquoi s'autoriser à le faire avec nos enfants ?

– Avoir pu choisir notre voie dans le respect que nos parents nous ont démontré.

En principe, nous ne sommes pas jaloux !

Sinon, cherchons bien, nous n'avons peut-être pas été conscients d'erreurs pédagogiques dont nous avons pourtant souffert.

La jalousie prend naissance, le plus souvent, dans l'enfance.

Plus tard, des événements traumatisants peuvent nous le faire devenir (tromperie dans le couple, perte brutale d'un statut auquel nous tenions, échec cuisant là où tout le monde a réussi).

Un travail sur nous-mêmes est nécessaire :

– Pour découvrir les facteurs déclenchants de notre jalousie,

– Pour mieux comprendre notre manque de confiance en nous,

– Pour nous permettre d'être plus objectifs sur nos compétences,

– Pour croire davantage en nous,

– Pour intégrer que l'herbe peut sembler plus verte ailleurs mais que nous ne voyons que le petit bout de l'iceberg, donc seulement une infime partie de la réalité de l'autre,

– Pour réaliser que perdre son temps à regarder dans la marmite de l'autre va nous amener à négliger le contenu de la nôtre. Notre repas peut brûler, ou ne pas être assaisonné correctement,

– Que nous avons toujours une marge d'évolution possible et qu'elle dépend de nous,

– Que nous possédons des qualités que nous semblons oublier,

– Que passer notre temps libre à nous faire plaisir peut être notre choix,

– Que le perdre à regarder l'autre a pu être notre choix !

La psychothérapie nous aidera à nous débarrasser de ce fardeau si pesant et si douloureux.

Apprenons à nous aimer comme nous sommes et autorisons-nous à évoluer comme nous le pouvons.

Sortons de cette prison construite autour de nous depuis notre enfance.

Il nous reste à en ouvrir la porte qui n'est pas fermée à clef.

Application n° 1

À chaque fois que nous ressentirons de la jalousie, il serait bon, pour faciliter notre réflexion et notre action, de faire baisser notre propre tension interne : respirons à fond, en amplifiant le mouvement. Ce petit dérivatif pour notre pensée sera un signal pour s'engager sur une voie quelque peu différente.

Nous respirons à fond plusieurs fois et nous nous disons :

« Bon, maintenant je vais pouvoir réfléchir plus calmement et donc plus efficacement. »

Application n° 2

S'il s'agit d'une jalousie ayant pour objet le succès d'une autre personne (quel qu'en soit le domaine) :

– Je fais le bilan de ses compétences,

– J'essaie d'imaginer ce qu'elle a dû faire pour être si performante (travail acharné, facilités familiales, dons personnels de naissance, piston...),

– J'envisage à nouveau, honnêtement, la "rubrique" : travail acharné,

– Je fais le bilan de mes atouts de la même façon (travail acharné, facilités...),

– Si le travail de cette personne et le vôtre ont été aussi intenses, les autres points seront passés au crible. Sinon, je peux me poser la question du pourquoi de mon insuffisance de travail. Ai-je préféré être cigale plutôt que fourmi ? Dans ce cas, j'en aurais davantage profité que la personne en question. Aurais-je la naïveté de vouloir « le beurre, l'argent du beurre... Et toute la crémerie ? »,

– Les facilités familiales sont à votre détriment ? Il n'y a rien à y faire. N'oubliez pas de voir objectivement ce que votre famille vous a apporté. Si c'est réellement peu de chose, vous savez bien que la distribution des cartes à la naissance est inégale. L'important est de jouer le mieux possible avec les cartes que nous avons reçues et d'essayer d'améliorer notre jeu tout au long de notre vie. Pour aller du côté de l'objectivité qui « fait du bien », je me compare à tous ceux qui sont tellement moins bien lotis que moi... Il n'y en a que quatre milliards ?

– Les dons personnels sont inégaux entre vous deux? En êtes-vous sûr? Oui? Alors, il n'y a rien à faire d'autre que d'exploiter les vôtres de votre mieux. (Est-on sûr qu'il n'y ait rien à faire? Un tout petit peu de patience encore! Merci).
– La personne a-t-elle profité de piston et pas vous? Il peut s'agir d'une chance ou non. Non si l'éthique personnelle est mise à mal. Non, si ce piston doit rester caché... Pourra-t-il le rester? Non, si la personne s'en ressent dévalorisée et dépendante. Oui, s'il n'y a aucune implication morale et que ce piston n'est qu'un service rendu. Dans ce cas, vous avez peut-être eu moins de chance. Vous n'y pouvez rien? Alors, une fois ce fait analysé, vous avez le choix: vous arrêter sur ce qui ne peut être changé (!), ou poursuivre votre chemin en cessant cette rumination stérile, malsaine et infériorisante.
– Maintenant, pourquoi regardez-vous cette personne avec tant d'intérêt et d'insistance? S'agit-il d'un membre de votre famille avec lequel vous avez été en compétition dès votre plus tendre enfance? Vos parents ont-ils montré des préférences? Dans ce cas, un manque de confiance en vous bien logique s'est ancré dans votre personnalité en y engendrant les souffrances et la jalousie qui vous font mal. Il est important de faire un travail sur vous pour ne pas continuer à souffrir d'une erreur éducative de votre enfance.
– S'il s'agit d'une personne rencontrée à l'âge adulte et que vous êtes comme obsédé par sa réussite et vos moindres succès, vous agissez et vivez votre propre manque de confiance en vous. Vous n'avez certainement pas conscience de votre vraie valeur, qui n'a pas à être comparée mais appréciée. Il serait nécessaire d'aller rechercher ce qui vous a mis dans cette situation psychologique qui n'a rien de rationnel.
Admettons que les "plus" de l'autre soient objectifs. Quelles raisons pourriez-vous évoquer pour aliéner votre vie en restant fixé sur la vie d'une autre personne que vous? C'est une perte de temps notoire, durant lequel tout un chacun continue à s'occuper de soi (même la personne en question). Toute cette énergie perdue à penser stérilement à quelqu'un d'autre que vous et vos proches relève, et vous le savez certainement, d'un complexe d'infériorité que vous ruminez.
Combien de temps ferez-vous durer encore ce malaise? Savez-vous

que, si par exemple, cette personne déménageait, vous jetteriez votre "dévolu" sur quelqu'un d'autre? Ce n'est pas réjouissant, mais vous savez que vous pouvez vous libérer de ce dysfonctionnement acquis par douleur morale. De plus, imaginez-vous à 95 ans: qu'analyserez-vous de votre vie? Votre bonheur, qui vous avez été, l'amour que vous avez donné et que vous avez reçu, ce que vous avez fait de positif, vos erreurs et actions négatives dont vous n'êtes pas fier... Ce serait bien dommage et inutile de vous comparer encore! Sur quel thème, cette fois: celui qui marche le mieux, qui est le plus vert, le moins ridé, qui a amassé le plus d'argent... Ou profiterez-vous des derniers rayons de soleil sur votre peau, des baisers de vos arrière-petits-enfants?
Que voulez-vous faire de votre vie? C'est à vous de décider, maintenant. Vous pouvez vous débarrasser de ce fardeau que vous n'avez que trop longtemps gardé sur vos épaules. Offrez-vous l'essentiel de votre vie et non cet ersatz mesquin qui ne fait que vous rabaisser à vos propres yeux et vous fait perdre votre temps. Paroles dures? Oui, car il est temps que vous enleviez vos freins inutiles et douloureux. La jalousie résultant d'un manque de confiance en soi "réagit" très bien à la psychothérapie! Vous irez vite mieux et pourrez regarder devant vous sans vous perdre sur les bas-côtés de votre ancienne névrose.

Application n° 3

Votre jalousie se porte sur l'infidélité réelle ou supposée de votre conjoint.
Une idée doit être constamment présente à l'esprit de la personne qui souffre de jalousie, d'infériorisation, de manque de confiance en elle: le couple n'est pas l'alliance de deux personnes aux qualités extraordinaires, mais l'association de personnes ayant de nombreuses affinités et des goûts communs. Certes, cette vision est peut-être un peu moins romantique que l'idéalisation des contes de fées, mais tellement plus réelle et rassurante que cela vaut la peine de s'y attarder un instant.
Si ce n'était pas le cas, tout malfrat n'aurait pas sa "malfrate".
D'ailleurs, quand nous rencontrons une personne pour laquelle nous sentons un élan amoureux commencer de nous submerger, nous disons

souvent le regard brillant, fixé à l'horizon : « J'ai rencontré une femme (un homme) extraordinaire ! »
Dire « J'ai rencontré une personne avec laquelle je ressens de nombreuses affinités » ferait un flop dans une soirée et ne ferait pas rougir d'envie les copines ou les copains (qui ne sont pas jaloux, bien sûr, mais qui vont modéliser sur nous !).
Il est moins angoissant pour les anxieux de parler d'affinités plutôt que de parler de qualités (ce qui sous-entendrait, en écho : défauts à analyser).

Dans le cas de la jalousie au sein du couple, il y a urgence à effectuer un point car ce genre de situations est le plus souvent extrêmement douloureux.
– Vous allez établir le bilan du « pourquoi vous êtes ensemble »,
– Vous vous rappelez ce qui vous a attiré chez l'autre,
– Vous notez les affinités qui ont soudé votre couple,
– Vous vous remémorez les engagements moraux de votre couple (la fidélité était-elle incluse ?),
– Vous analysez l'évolution de votre couple,
– Vous recherchez le début du dysfonctionnement,
– Vous analysez l'éventuel désinvestissement au profit d'autres personnes (les enfants) ou d'autres activités (le travail, des déplacements fréquents, plus de tête à tête, plus de temps investi pour vous deux, la raréfaction de l'intimité, le laisser-aller avec l'oubli de séduire le conjoint, les critiques fréquentes, l'absence de compliments, l'absence de surprises, la routine...),
– Après avoir dressé cet état des lieux (en essayant de comprendre ce qui vous a éloigné l'un de l'autre plutôt que de condamner ce qui fera encore plus fuir l'autre : la discussion étant de loin supérieure à la dispute, une fois de plus), vous pouvez décider d'un « plan de bataille de reconquête » !
– Cela peut consister plus prosaïquement à essayer d'améliorer votre vie et celle de votre conjoint : repartir sur de nouvelles bases, un nouvel emploi du temps ou des priorités différentes.

Si par contre vous êtes dans la suspicion systématique, vous pourriez aller effectuer un travail sur vous-même. Cela vous permettra d'avoir davantage confiance en vous et de penser que si l'autre n'est pas bien avec vous, quelqu'un sera ravi de prendre "son relais" !
Souvent, une attitude de détachement de votre part, aussi inattendue qu'inhabituelle, étonnera votre partenaire. Immanquablement il (elle) se posera la question d'un hypothétique loup dans votre bergerie ! Cela lui permettra peut-être de faire le point de son attachementv et de son désir ou non de rester avec vous.

La jalousie est un état d'esprit (acquis par des événements difficiles de la vie) souvent douloureux et envahissant qu'il est très opportun d'aller faire le point pour mieux vivre.
Une fois de plus, l'impact positif d'une psychothérapie rejaillira sur notre entourage.

Optimisme/Pessimisme/Objectivité

Optimisme

Nous pouvons distinguer trois façons de ressentir une même situation :

Avec optimisme,

Avec pessimisme,

Avec objectivité.

Nous pourrions penser que l'optimiste est celui qui aborde la vie "avec un grand sourire confiant".

En effet, un élan vital très positif semble être son moteur.

Cela peut, en effet, être le cas.

Mais cette analyse risque d'être un peu réductrice : nous pourrions nous poser la question de l'intérêt d'adopter cette vision systématique des choses.

Imaginons ce qui pourrait se passer si on empêchait l'optimiste de l'être, et si on lui imposait une pensée objective ! Cela lui donnerait une vision du monde plus terne, moins joyeuse et moins porteuse de bonnes choses. Peut-on aller jusqu'à penser qu'on l'angoisserait ?

Est-il logique d'imaginer que, pour une partie, la stratégie de l'optimisme serait une lutte contre l'angoisse : le monde tel qu'il est, ne le satisfaisant pas suffisamment ?

Serait-ce trop d'affirmer, alors, que l'optimiste pourrait être une personne ayant besoin de croire à un monde meilleur, qu'il "optimiserait" pour se rassurer ? Il pourrait avoir besoin, pour se sentir bien, de cette vision personnelle et imaginaire. Cela pourrait lui procurer la sensation qu'il maîtrise la situation, ce qui le tranquilliserait. Ce serait une façon « non objective » de considérer la vie pour... ne pas se déprimer ? En effet, cela enjolive sa vie et le porte à agir avec énergie et plaisir.

En cas de déception, voire si cette tactique n'entraîne pas un découragement délétère, ce qui serait alors une façon d'être négative pour la personne.

Sinon, n'est-ce pas une méthode pour dépasser agréablement ses angoisses inconscientes ?

Pessimisme

Cette façon de voir la vie peut résulter d'une accumulation de problèmes qui finit par assombrir la perception des choses.

Il peut également s'agir d'un mode éducatif très sombre :

« La vie ne vaut pas la peine d'être vécue. »

« Tu verras comme la vie est difficile. »

« Tu n'es pas sur terre pour ne prendre que du bon temps. »

« Et moi, je ne travaille pas dur ? »

« Ce sont les adultes qui décident » : phrase qui plonge les enfants dans un abîme de perplexité et d'inquiétude, et d'attente de l'âge adulte avec envie mais crainte aussi.

Nous pouvons facilement imaginer qu'un contexte éducatif pessimiste, agressif voire violent, ternisse de façon constante la vision que l'enfant a du monde. L'enfant devient pessimiste car rien ne le porte vraiment à s'enthousiasmer, à croire au plaisir du quotidien.

Il deviendra un adulte souvent maussade, triste, agressif parfois, et incapable de croire à un bonheur accessible. Cet acquis peut conduire à la dépression, avec son appréhension fausse de la réalité. Le diagnostic peut en être difficile. Cette vision de la vie semble faire partie de la personnalité et avoir été inculquée par un environnement éducatif erroné.

Le travail de psychothérapie sera alors très efficace pour permettre de voir la vie telle qu'elle est. Les potentialités de la personne pourront enfin se révéler et le plaisir de vie se développer.

Le pessimisme peut être une méthode de raisonnement ayant pour but de protéger l'individu.

À imaginer le pire, ou presque, le pessimiste élimine toutes les éventuelles mauvaises surprises puisqu'il les a déjà envisagées.

Faut-il voir dans le pessimisme un mécanisme de protection contre une angoisse future éventuelle ?

Il s'agirait, encore une fois semble-t-il, d'un essai de maîtrise de la réalité pour diminuer les angoisses et vivre plus confortablement... Comme le ferait l'optimiste.

Cette protection que l'optimiste et le pessimiste essaieraient de s'offrir, propose un tableau de vie bien différent !

Pour atteindre le même but, quelle méthode adopter ?

En fait, passer de l'une à l'autre n'est pas facilement réalisable, tant les processus inconscients sont impliqués.

Nous avons vu l'importance de l'éducation, de l'environnement de l'enfance.

Le changement implique un travail psychologique sur soi.

Objectivité

Être objectif serait l'apanage de ceux qui sont les moins anxieux face à la vie et n'auraient donc pas besoin de toute une stratégie pour se créer une distorsion de la vision du monde ? Il semble que ce soit en partie vrai.

Là encore, des parents objectifs, expliquant les choses à leurs enfants, ne créeront pas chez eux le besoin de "s'inventer" le monde !

Si nous demandions à un optimiste s'il veut être plus "objectif", il y a fort à parier qu'il refuserait, se trouvant très à l'aise avec sa vision du monde "vitaminée".

Le pessimiste, quant à lui, refuserait certainement tout changement qui pourrait lui apprendre à prendre "des vessies pour des lanternes" et l'insécuriserait "chroniquement".

L'objectif ne verrait pas l'utilité de se travestir la réalité, ce qui alors, lui créerait des angoisses. Chacun voudrait continuer à fonctionner suivant son mode d'appréhension de la vie, excepté le pessimiste s'il se posait la question de son éventuelle dépression.

La Passivité

Qui n'a jamais été exaspéré par la passivité de son interlocuteur ?

Resituons...

Nous sommes en train de parler à notre adolescent de fils.

Certes, il n'a pas terminé son travail scolaire, ni rangé sa chambre, ni tondu la pelouse, ni dit où il aimerait partir en vacances cet été (pour une fois que nous le lui demandions !)... Mais ce n'est tout de même pas pour cela que nous allons rompre la communication, c'est même pour cela que nous avons l'intention de l'intensifier !

Nous, oui... lui, clairement, non !

Nous essayons toutes les stratégies (tentées maintes fois déjà, avec si peu de succès).

Surtout garder son calme, c'est la base de la communication, nous l'avons lu ! Puis n'y tenant plus, étouffés par notre impuissance et notre anxiété à son sujet, nous explosons. La salve de reproches aussi inutiles qu'injustes est débitée avec le mordant et l'agressivité que nous redoutions tant d'employer.

"Il" est toujours devant nous, sans nous regarder, et quand exaspérés à en être au bord de l'apoplexie nous lui demandons s'il est content de nous voir dans cet état (misérable), il nous "sort" royal :

« Ben pourquoi ? Je n'ai rien dit ! »

Nous le connaissions synthétique mais pas aussi analytique que cela, car en fait, s'il fallait se résumer... Nous avons explosé précisément parce qu'il n'a rien dit !

Son apparente passivité a eu raison de notre bon sens, de notre crédibilité pédagogique, voire de notre santé mentale. À écumer de la sorte, nous devons avoir l'air fin !

Une autre situation insupportable (sauf si elle a été analysée, et nous nous y emploierons) :

Le sourire narquois de la personne qui nous voit nous agiter et ne prononce pas un mot.

Nous l'invectivons sans grande finesse mais avec une énergie qui va avoir raison de son silence...

Pas du tout, il nous regarde comme si nous étions une grenouille dans un bocal !

Nous rageons et ne maîtrisons plus notre colère d'autant que nous nous en voulons de ne pas être capables de nous contrôler !

Nous sentons-nous ridicules ? Bon, inutile d'insister, passons...

La dispute... unilatérale, nous met dans la situation du perdant qui en redemande !

Comment quitter la scène sans être grotesques ? Le plus vite sera le mieux.

Et pour ce qui est du grotesque, la prochaine fois nous aurons analysé la situation à l'avance pour ne pas nous exposer au ridicule ET à l'absence de résultat !

Tant d'autres situations de ce genre nous montrent à quel point nous pouvons nous sentir démunis lorsque notre interlocuteur ne se comporte pas comme nous l'avions prévu. Si nous restons dans notre domaine de maîtrise de la situation, tout va bien. Mais l'Autre nous oppose-t-il une indifférence (le plus souvent feinte, d'ailleurs !) là où nous sommes si impliqués, nous nous sentons bafoués, humiliés, niés et réagissons en faisant le bruit "nécessaire" pour prouver que nous existons.

Belle victoire ! Nous avons perdu la main, il nous faudra une autre partie, après réflexion, pour savoir comment réagir devant ce qui est souvent appelé "passivité".

La passivité est le fait de subir, de ne pas agir !

Le silence, l'absence de mouvement et de parole seraient la passivité...

En fait, la passivité est une attitude comportementale d'une grande force : elle ne donne aucune indication à l'Autre lui permettant de se repérer. N'ayant aucune information sur ce que fait, pense, projette "l'adversaire", il se sent et se sait démuni mais, ne pouvant se l'avouer ou le donner à voir, il s'agite encore un peu plus, amplifiant le mal.

La passivité est un moyen de “communication” d’une grande force que certains se plairaient à qualifier de perverse.

Pourquoi ?

Parce que cela marche si bien (et presque à chaque fois), que la lutte semble inéquitable et basée sur de la manipulation. Soyons honnêtes, lorsque nous vociférons, écumons, pestons, ne serait-ce pas également un essai de manipulation de l’adversaire, certes plus habituelle et moins subtile ? Peut-être devons-nous tous réfléchir sur notre ressenti dans une telle situation ? Si nous mesurons notre sentiment de faiblesse, nous pourrons mettre au point une stratégie. Il est important d’avoir vu à quel point nous avons été facilement déstabilisés lorsque l’Autre nous a considéré comme quantité négligeable…

Or, est-ce bien de cela dont il s’agit ?

Est-ce que cet effort pour ne pas nous répondre, pour ne pas clouer le bec à notre agressivité, toute cette énergie que demande le contrôle de soi, ne sont-ils la preuve manifeste que nous existons bien pour l’Autre.

Cet Autre qui ne veut pas entrer dans une discussion, qu’il n’est peut-être pas sûr de gagner ?

Sachons ce qui nous a déstabilisé.

Notre manque de confiance en nous a fait le lit de notre faiblesse… Sinon, n’aurions-nous pas repéré la manipulation de l’Autre ?

Quand il s’agit de notre enfant, nous pouvons être particulièrement fragilisés par notre souci de son avenir. Nous sommes sensibles à cette difficulté de communication qui nous fait craindre une évolution négative.

N’oublions jamais que le silence peut cacher une profonde souffrance. Évitons d’invectiver celui qui est peut-être déjà dans une véritable position de faiblesse. Gardons à l’esprit qu’il y a peu de pervers manipulateurs qui prendraient un malin plaisir à nous voir pester !

Il y en a certes, mais ne généralisons pas.

Essayons plutôt de dialoguer différemment.

Ne nous entêtons pas jusqu'au clash qui est déjà inscrit dans notre début de discussion : au premier regard porté sur notre "non-interlocuteur", nous savons ce qui va se passer, sauf si nous changeons aussitôt de stratégie...

Nous pouvons attendre un moment plus propice : reprendre la discussion plus tard (si c'est possible), serait déjà une marque de respect et un zeste de stratégie indispensable pour sortir d'une situation critique.

Devant le mutisme de l'Autre, nous pouvons prendre la décision que nous jugeons opportune et lui donner un délai de réponse. Il saura ainsi que le "dialogue" n'est pas rompu mais qu'il est invité à partager sa position quand il pourra ou voudra le faire.

Notre colère face à la "passivité" signe notre sentiment d'impuissance.

Comment faire ?

D'abord, respirer profondément !

Vous riez ?

Essayez, vous verrez comme cela détend et permet de reprendre ses esprits.

Nous aurons planifié À L'AVANCE un changement de tactique.

Devant un mutique, je décide de :

– Résumer la situation : « Je voudrais communiquer. Pas toi (pas vous) ? »,

– « Il est nécessaire de prendre une décision »,

– « Je la prends et te (vous) laisse le temps d'y répondre ».

Si la personne mutique est un inconnu que nous ne reverrons pas, peut-être pouvons-nous exprimer ce que nous avons à dire (avec une voix posée, sans trémolo de colère !), et ajouter quelque chose comme :

« Ne pas répondre ne signifiant pas que vous soyez sourd, mon but est atteint. Bonsoir ! »

Et là, drapés dans notre dignité, nous reprenons notre chemin, contents !

Pour se résumer...

Et si la "passivité" était une façon redoutable d'agir ? !

La mauvaise humeur

C'est un constat, ce matin il est de mauvaise humeur. Il répond à peine à mon bonjour, ne m'embrasse pas, se sert son café. La tête penchée, il ne parle pas, mais s'énerve contre le couvercle du pot de confiture ! Nous savons que si nous bougeons le petit doigt, il explosera ! Les enfants sont venus l'embrasser, aucun sourire quand il leur a fait la bise : une bise ou un baiser empoisonné ?

Empoisonné par cette atmosphère lourde, triste, grondante comme le volcan d'agressivité "contenue"... Combien de temps ?

Il prend sa douche au moment où les enfants devaient aller se laver les dents.

Ils me regardent et d'un petit signe de la main, je leur signifie que ce n'est pas grave.

Eh bien, si, c'est grave !

Autre version dans la maison d'à côté :

« Bonjour les petits choux ! Vous avez fait de beaux rêves ? Vous êtes en pleine forme ? Allez, vous voulez qu'on fasse une surprise à Maman... Vite, vite, je vous aide à vous habiller ! »

Les enfants jubilent et mettent leur main devant leur bouche pour empêcher leurs rires sonores de les trahir.

Claire, qui n'est pas au courant... les appelle et fait semblant de marmonner.

« Si cela se trouve, ils se sont tous rendormis, Henri aussi ! »

Redoublement de rires que Claire n'entend pas, bien sûr.

Au bout d'un moment que Claire a mis à profit pour préparer ses affaires, ils arrivent tous trois triomphants.

Les « On t'a bien eue ! », « T'es rudement étonnée, hein ? », répondent à l'air sidéré de Claire qui éclate de rire.

Le petit-déjeuner se passe très bien, comme tous les matins... parce que c'est normal !

Commencer la journée avec le sourire est le moins que nous puissions offrir à notre famille.

Les parents se sont levés suffisamment tôt pour ne pas être pressés et pouvoir profiter de leurs enfants.

D'ailleurs, notre famille est bien composée des êtres qui nous sont les plus chers ? Non ?

Donc, en toute logique, nous voulons les rendre heureux ? Non ?

Nous semblerait-il logique d'être plus avenants avec des inconnus, des collègues, des supérieurs hiérarchiques qu'avec eux ?

L'amour que nous portent notre conjoint et nos enfants nous dédouanerait-il de la politesse la plus élémentaire ?

Oserions-nous accueillir des amis pour le week-end et leur imposer notre visage renfrogné, notre mauvaise humeur matinale ?

Évidemment non !

Nous savons trop qu'ils ne reviendraient plus et que ce serait juste.

Nous pouvons décider que le meilleur de nous-mêmes est à réserver à nos plus proches. Nous pourrions réaliser que le fait qu'ils soient "obligés" de vivre avec nous (surtout nos enfants !), ne nous autorise pas à les traiter en objets acquis.

Ils se rappelleront de leur enfance, et s'ils ont souffert des attitudes choisies par nous, ils sauront nous le reprocher mais il sera trop tard pour réparer.

Si effectivement un matin, sans comprendre pourquoi, nous nous sentons de mauvaise humeur, il est nécessaire de se poser immédiatement la question du « Pourquoi ? » Si nous ne trouvons pas la raison de ce qui peut être une angoisse, peut-être pouvons-nous nous isoler mine de rien après avoir dit bonjour gentiment, et aller prendre notre douche, histoire de nous laisser le temps de nous ressaisir. Serait-ce un si gros effort que nous décidons "qu'ils" ne le méritent pas ? Imaginons-nous en présence d'amis, nous saurons aussitôt quelle attitude adoptée.

Si nous nous sentons coupables à la lecture de ces quelques lignes, réjouissons-nous, nous allons pouvoir changer et rendre notre famille plus heureuse... et nous aussi !

De la même façon, un enfant qui voit ses parents bougonner deviendra peut-être un adulte bougon avec les difficultés de communication que cela impliquera avec son entourage.

Notre mauvaise humeur peut être due à des problèmes qui perturbent notre sommeil : elle n'arrangera rien à notre situation et envenimera ce qui restait sympathique dans notre vie à ce moment-là si nous persistons.

Si nous avons des angoisses, y réfléchir est le premier pas vers leurs résolutions.

Si c'est un état qui dure, pensons à nous faire aider par des professionnels qui sont là pour ça, pour nous.

Les insomnies se traitent en comprenant à quoi elles sont dues et si besoin est par un traitement très court.

À la question qui a déjà été posée :

« Mais si ce n'est pas en famille que l'on peut exprimer notre mauvaise humeur, où est-ce possible ? »

La conception de "famille-poubelle", poubelle de nos angoisses, de notre agressivité, de notre mauvaise foi, de notre négligence est "étonnante".

Si l'amour doit être accompagné de tous ces mauvais côtés, nous pourrions en revoir la définition.

L'amour serait-il aussi un non-respect, un exutoire, un acquis négligeable et aliénable ? Ce n'est pas étonnant qu'avec un tel régime, il s'évanouit si fréquemment !

Donc que faire lorsque nous sommes de mauvaise humeur et que nous ne trouvons pas de réponse apaisante à notre mal-être ? Il est certainement préférable d'en différer les "symptômes" pour nos moments de solitude, car cela risque de faire boomerang : nous sommes de mauvaise humeur et obligeons la personne à nos côtés à supporter notre tête et notre agressivité (car cela l'agresse, n'en doutons pas).

Et il ne se passerait rien ? Peut-être pas un clash immédiat, si la personne est très conciliante. Mais une détérioration de notre relation qui peut aller jusqu'à la rupture si cela devait être un comportement répétitif.

Comment faire pour différer notre mauvaise humeur ?

Le décider !

Nous pouvons le faire, et d'ailleurs nous le ferions aussitôt si un enjeu important en dépendait.

Ce sentiment d'être mal est gérable, surtout si nous nous promettons, à nous-mêmes, d'étudier le problème dès que nous serons seuls.

Comme nous le voyons, ce qui paraissait à certains, un "dysfonctionnement" mineur, peut se révéler le poison qui aura raison de l'amour de notre entourage.

Il peut souvent être un repoussoir d'amitiés sincères : pourquoi devoir supporter quelque chose d'éminemment désagréable quand ce n'est pas indispensable ? Soyons logiques !

Nous servons de modèles à nos enfants dans leur petite enfance. Si nous les respectons, ils nous respectent, et deviendront des adolescents pouvant verbaliser leurs désirs sans grande agressivité. Il semble évident pour nombre de parents que l'adolescence de leurs enfants est, et doit être, une période difficile pour tous, faite de cris, de claquements de porte, voire de réflexions agressives et possiblement injurieuses.

Si les parents et éducateurs attendent cela, ils l'auront.

Si par contre, le respect est la base des échanges et des liens, l'adolescence sera une période moins suave que l'enfance mais intéressante et constructive.

Si nous nous permettons la mauvaise humeur avec notre entourage, celui-ci emploiera à sa guise ce mode de fonctionnement.

L'atmosphère désagréable que nous aurons créée du temps de l'enfance de notre progéniture deviendra irrespirable lors de leur adolescence et peut-être même lorsqu'ils seront adultes.

En effet, pourquoi changeraient-ils plus tard ?

Apprenons-leur que nous les respectons fort peu (notre mauvaise humeur en atteste), et ils feront de même :

Les mêmes causes produisant les mêmes effets!

Ayons cet adage bien présent à l'esprit, car il se vérifie constamment dans l'éducation de nos enfants.

Le Machisme

Dans notre société moderne, l'évolution des rapports tend vers plus de communication entre les personnes, et à plus forte raison au sein du couple. Cependant, un des maux de la vie qui entrave ce mouvement est le machisme.

Depuis la nuit des temps, l'homme et la femme sont programmés pour se rencontrer. Quels que soient la culture, le lieu, l'époque, l'enfant a inscrit dans ses projets de s'unir à l'autre sexe pour aimer et se reproduire.

Suivant les périodes, ce mouvement constant a été entouré de plus ou moins de lyrisme et de poésie. Dans les grottes préhistoriques, ce n'était peut-être pas le ruban offert par la Belle. Mais ruban ou pas, le résultat a fait que nous sommes là aujourd'hui. Même si nous préférons sans ambivalence être le fruit d'une histoire délicate et spirituellement élevée.

N'allons pas vérifier...

L'homme et la femme sont tous deux, en principe, des êtres humains : admettons cette assertion peu sujette à caution.

De nombreux traits communs facilement descriptibles : ils respirent, savent rire et pleurer, défendre leur progéniture...

Sur le plan psychologique existent de nombreuses ressemblances... Si, si, nombreuses : ils sont satisfaits de réussir, n'aiment pas la moquerie, pardon, que l'on se moque d'eux, ils ont peur des plus grands et plus forts s'ils sont méchants, et ils n'aiment pas payer leurs impôts, pour la plupart !

Au temps de la préhistoire, deux fonctions se ditinguent : l'homme chasse, la femme garde le foyer, surveille les enfants (et se fait battre, à l'occasion).

Les rôles sont "parfaitement"(ou naturellement) distribués.

La complémentarité d'alors semble bien différente de celle que recherchent les couples modernes (pour ne pas dire évolués). Durant la préhistoire elle était autre et relevait principalement de la survie de l'espèce.

Avec le temps et l'analyse des situations, au bout d'un grand nombre de millénaires (ce qui signifie la lenteur de l'évolution de l'être humain), l'homme et la femme ont souhaité élargir leur collaboration.

Pourquoi un tel désir ?

Parce que :

– L'on est plus fort à deux,

– Il y a plus d'idées dans deux cerveaux que dans un seul,

– L'on voit toujours midi à sa porte (ce qui enrichit l'étendue des points de vue : deux au lieu d'un, comme dirait M. de Lapalisse),

– Chaque humain est différent et la somme des dons et qualités s'additionnent dans le groupe "couple",

– En cas de faiblesse de l'un, l'Autre est là pour le soutenir (en principe),

– En général, si l'on connaît l'Autre, on peut davantage répondre à ses besoins (si on l'aime et qu'il ou elle a expliqué son fonctionnement, ses attentes, ses envies et ses besoins),

– L'on a constamment à l'esprit que favoriser la satifaction de l'Autre est la meilleure stratégie pour qu'il ait alors envie de nous satisfaire (logiquement, sinon, la situation est à analyser en profondeur),

– Certaines caractéristiques sont plus typiquement féminines, d'autres masculines : l'on a donc tout intérêt à laisser s'exprimer les domaines de compétence de chacun, à s'en inspirer, à les enseigner à l'Autre et réciproquement,

– Si la femme est plus maternante, vous les hommes, profitez-en !

– Si l'homme est souvent protecteur, vous, les femmes, profitez-en !

– La différence n'entraîne pas la soumission, dans quelque domaine que ce soit.

– La complémentarité est la clef de l'évolution : on le voit dans tous les domaines de la vie. Les groupes réussissent là où l'individu seul ne le pourrait pas,

– Les hommes ont découvert que leurs privilèges ancestraux les privaient du savoir-faire et du savoir-penser de leurs épouses : qu'ils s'amputaient d'un enrichissement qu'ils n'avaient même pas conscience de gâcher !

– Le domaine "réservé" des femmes qui s'occupaient seules des enfants était source de plaisirs fabuleux dont ils étaient privés par les femmes (la vengeance même inconsciente, revêt tant de formes !) et par eux-mêmes,

– Si les femmes travaillent, la vie matérielle devient aussitôt plus confortable,

– Une femme qui travaille harcèle moins son mari quand il rentre (elle ne l'attend pas comme le messie, pour lui demander de jouer les pères fouettards !),

– Un enfant s'épanouit incomparablement mieux quand son éducation, la tendresse reçue, les jeux, les modèles proposés, ne sont pas exclusivement féminins, mais dispensés par le père et la mère.

Une des caractéristiques du fonctionnement du trio père-mère-enfant, se résume par l'expression psy : "c'est la mère qui fait le père". Elle favorise la relation (ou non) entre le père et l'enfant durant ses jeunes années. Forts de cette connaissance, les hommes doivent être très attentifs à ce que leurs épouses ne fassent pas tampon entre eux-mêmes et leurs enfants. Par conséquent à vous de "jouer" Messieurs, si vous voulez avoir votre place auprès de vos enfants. Montrez à votre épouse tous les avantages que cela présente. Elle gagnera des enfants plus équilibrés. L'éducation des enfants est un but commun.

– Il n'y a aucune femme (ou elle le fait exprès !) ou presque qui ne soit pas boulversée en voyant son mari prendre soin de leur enfant,

– Une femme comprise est un trésor de bonheur et de plaisirs pour son époux,

– Un homme qui se laisse aller à ses émotions de tendresse et d'amour est un trésor de bonheur et de plaisirs pour son épouse, qui saura le lui exprimer,

Sur le plan sexuel le machisme se révéle réducteur. On peut affirmer qu'un mari macho prive sa femme de plaisir, et lui d'ailleurs aussi dans une certaine mesure et il n'en a même pas conscience. Il est vrai les notions de partages, de couple n'ont certainement pas effleurés ces messieurs machos.

– Un mari attentif interroge son épouse sur la réalité de la jouissance éprouvée dans ses bras. Cet échange pourra l'amener à modifier quelque peu son comportement. S'ouvrira alors pour le couple la porte du plaisir démultiplié...

– L'époque est en principe révolue où la femme devait ignorer son propre plaisir pour être le jouet passif de son époux. Le couple a découvert que partager est plus épanouissant et gratifiant.

– La différence au quotidien est colossale entre une personne à la sexualité épanouie et une autre frustrée.

– Les deux sexes ont enfin compris combien ils peuvent s'enrichir mutuellement dans tous les domaines !

La complémentarité est l'ouverture sur un monde qui restera fermé à l'individu solitaire qui, comme Harpagon avec son or, au lieu de comprendre que les richesses s'additionnent pour prospérer, craindra de perdre quelques privilèges quand de bien plus grands et bien plus satisfaisants lui sont proposés !

Un couple est la somme de deux vies qui, ensemble, suivent une même directionun, main dans la main, en essayant que les deux ressentent le maximum de satisfaction... pour le plus grand bonheur de chacun ! Un couple accompli connaîtra, sans conteste, des répercusions postives sur son entourage.

L'Égoïsme

S'occuper de soi est fondamental. S'occuper des autres ne va pas de soi à l'âge adulte.

En effet, si la vie nous a appris que :

– L'autre est dangereux,
– Il n'y a pas de place pour tous,
– Le monde est cruel,
– Il n'est pas sûr,
– On ne doit pas se mêler de la vie des autres (paroles parentales),
– Il faut se méfier des autres (paroles parentales),
– Nous sommes le phénix adulé de tous (paroles parentales),
– On doit s'occuper de nous (paroles parentales),
– Nous sommes nuls (paroles parentales) et donc les autres ne peuvent que nous confronter à notre nullité,
– Nous ne regardons que notre nombril,
– Nous ignorons l'enrichissement apporté par les autres (répétition de la peur de nos parents),
– Nous ne devons fréquenter que des gens de notre monde (paroles parentales : dans notre monde, nous ne demandons rien, la réciproque doit être vraie !),
– Nous avons peur des autres sur lesquels nous projetons nos fantasmes,
– Nous avons l'appât du gain,
– Notre quête dans la vie est l'"avoir", donc il ne faut pas partager,
– Notre réussite se mesure en biens accumulés,
– Notre manque de confiance en nous nous fait nous replier sur nous,
– Nous sommes devenus jaloux,
– Nous ne nous respectons pas,
– Nous ne respectons pas les autres,

– Nous n'avons jamais été aidés (ou si peu),
– Nous croyons que nous perdrons trop de temps,
– Nous pensons que les autres sont inintéressants,
– Nous pensons que la gratitude n'existe pas,
– Nous ne sommes pas concernés par les autres,
– Leur malheur ne nous concerne pas,
– Il est ridicule de donner notre argent : les autres n'ont qu'à travailler,
– Il est ridicule de faire partie d'œuvres humanitaires, il faut préserver notre patrimoine,
– Nous ne donnons que s'il y a un retour d'ascenseur garanti.

Cette liste non exhaustive a pour but de mieux nous faire saisir les causes de l'égoïsme issues de l'éducation : les enseignements faux, outranciers, basés sur la peur de nos parents, sur leur propre renfermement d'enfant.

L'ouverture d'esprit que nous pouvons nous souhaiter nécessite l'analyse de nos acquis.

Mais si nous sommes heureux, que les autres ne sont pas choqués par notre attitude ou que cela ne nous importe pas, pourquoi changer ?

L'égoïsme, ne penser qu'à soi de façon plus ou moins exclusive, nous empêche nombre de bons moments que nous n'imaginons sans doute pas.

Si l'égoïsme de notre entourage nous insupporte, essayons de voir ce qui a pu le provoquer.

Notre conjoint ne pense-t-il pas assez à nous ? Nous pouvons en parler avec lui, exprimer nos attentes et nos souhaits.

Trouvons-nous nos enfants égoïstes ? Quelle erreur éducative avons-nous peut-être commise ? Leur avons-nous fait croire que nous étions à leur service ? Leur avons-nous appris le respect de chacun ? Leur avons-nous donné de petites tâches à accomplir pour la famille en les en félicitant ?

Il n'est jamais trop tard pour leur apprendre l'ouverture vers les autres : cela peut commencer par le respect de la fatigue des parents.

La famille est une équipe : l'aide vient de tous côtés pour le plus grand bien de chacun de ses membres.

Si l'enfant ne veut pas aider, essayons de comprendre le pourquoi de son comportement pour l'aider à sortir de cet enfermement.

Quel modèle suit-il ?

Quel égoïsme environnant a-t-il repéré et imite-t-il ?

Quelle aide a-t-il pu demander sans réponse de notre part ?

Quelquefois nous sommes amenés à rencontrer des personnes presque caricaturales dans leur attitude :

Que l'on parle de quelqu'un, d'un événement, d'une chose ordinaire ou extraordinaire, nous l'entendons dire : « Eh bien moi... »

Elle ramène strictement tout à elle.

Égoïsme ? Peut-être.

Il est vraisemblable que cette personne cherche systématiquement à se rassurer : elle doit avoir tout vécu pour intéresser l'autre.

Elle louche sur son nombril, par angoisse souvent, par ennui et fermeture sur soi la plupart du temps.

Essayons-nous de relancer le débat, elle réinterviendra en parlant d'elle.

Cette difficulté à écouter et à s'intéresser à l'Autre sous-entend une vraie difficulté à communiquer dont elle est la première victime.

Nous ne voyons pas trop comment sa présence serait recherchée.

Une angoisse lui obscurcit le chemin vers les autres : pourquoi ? Son histoire le dirait.

Une fois de plus, se sortir de cette habitude sera possible grâce à une prise de conscience de ce qui a mené à ce comportement inopportun.

Le faire seul ? Très difficilement. L'aide d'un professionnel simplifierait tellement la "tâche" que nous pourrions nous demander pourquoi s'en priver !

Terminons par un clin d'œil...

« L'égoïste est celui qui ne pense pas à moi ! »

Réflexions pratiques sur l'égoïsme

S'il nous est déjà arrivé d'être traités d'égoïstes, nous avons intérêt à y réfléchir. En effet, notre fonctionnement en groupe, en couple est peut-être soumis à des tensions, des barrages acquis dans notre enfance.

Réflexion n° 1

Je fais le bilan : quand me traite-t-on d'égoïste ?

Qui le fait ?

Dans quelles circonstances ?

Je pense que ce n'est pas justifié ? Je vais essayer de comprendre en quoi je ne suis peut-être pas objectif. Si plusieurs personnes ont cette opinion de moi... pas de commentaires !

Réflexion n° 2

Je prends un exemple concret : la dernière fois que l'on m'a « accusé ! », j'avais refusé de..., j'avais oublié de..., je n'avais pas partagé... etc.

Vous vous remémorez pourquoi vous aviez agi ainsi : le plaisir que vous en avez ressenti, éventuellement.

S'il ne s'agit pas d'action consciente, j'essaie de trouver quelle satisfaction inconsciente a pu me guider : je veux avoir la paix, je veux être seul, on me harcèle trop, c'est trop bon de ne penser qu'à soi, pourquoi je partagerais...

Réflexion n° 3

Est-ce que, par exemple, ce que je n'ai pas effectué devient une charge supplémentaire pour quelqu'un d'autre ?

Cette action porte-t-elle préjudice à l'autre ?

Cet oubli entraîne-t-il des conséquences négatives (certainement... si on vous a « accusé » !) ?

Ai-je déjà perdu des amis du fait de mon égoïsme ?

Dans mon enfance m'a-t-on dit ou montré que tout m'était dû?
Ma mère était-elle corvéable à merci?
Ai-je été élevé comme un coq en pâte?
Ou au contraire, ne m'a-t-on si peu donné que j'estime que le peu que j'ai... est pour moi et moi seul?
Est-ce que je me sens au moins inconsciemment seul capable de me satisfaire?
Suis-je un farouche adepte du « On n'est jamais mieux servi que par soi-même? » qui évoque le peu de confiance faite en les autres?
Dois-je me débrouiller seul et est-ce que je pense que les autres doivent aussi se débrouiller seuls?
Ai-je peur de partager? Angoisse inconsciente peut-être d'un manque de l'enfance qui pourrait m'envahir à nouveau?
Ai-je l'habitude de faire cavalier seul « les autres étant tellement décevants » : vision très négative de la vie, certainement en relation directe avec une enfance traumatisante. Vous vous donnerez peut-être la chance d'avoir une conception du monde plus ouverte et heureuse: vous composez votre entourage d'amis que vous choisissez... Vous tenez, à l'âge adulte, les rênes de votre vie: vous pouvez la construire comme vous le désirez, si vous avez fait le point sur vos peurs d'enfant persistantes.

Réflexion n° 4

Quel intérêt puis-je trouver dans l'ouverture vers les autres?
Savez-vous que le « don fait boomerang»?
Si vous êtes dans une dynamique d'échanges, savez-vous que vous aurez une vie plus sympathique, enrichie par l'amitié des autres?
Savez-vous que l'échange, chacun faisant selon ses capacités, est une façon sécurisante, rassurante de vivre sa vie?
Recevoir est un plaisir, donner aussi!
Donner est également valorisant et signe votre compétence, ce qui est narcissiquement bénéfique.

Réflexion n° 5

Imaginez-vous dans la situation de l'Autre face à vous :
– Vous lui demandez un service à l'autre qui refuse de vous le rendre car il n'en a pas envie,
– Vous vous levez le matin, la famille a fini le pain : il ne reste plus rien pour votre petit déjeuner... Alors que les céréales que vous détestez n'ont pas été touchées (vous savez qu'ils aiment pourtant tout cela et qu'ils auraient pu penser à vous !),
– Votre conjoint se sert d'eau et repose la carafe, bien que votre verre soit vide,
– Vous avez demandé à votre conjoint de vous acheter des recharges de stylo pendant qu'elle faisait les courses : elle a oublié pour la troisième fois,
– Les enfants ont oublié de vous souhaiter la fête des pères (des mères) et votre conjoint ne leur a rien soufflé,
– Les enfants insistent pour aller à la montagne tout en sachant que vous détestez cela,
– Vous êtes épuisé et on ne vous laisse pas vous reposer, pour une fois que vous demandiez un peu de tranquillité...
Vous pouvez multiplier à l'infini les exemples du manque d'intérêt des autres pour vous,
Que penseriez-vous, ou plutôt, que ressentiriez-vous ?
Un profond désarroi ? Un vide immense ? Une angoisse d'être si peu aimé ? Un questionnement sur votre "valeur" affective ? Une remise en question devant ce peu d'investissement des autres envers vous ?

Réflexion n° 6

Si la réflexion n° 5 vous a été désagréable, mettez-vous à la place de celui qui vous dit clairement que vous lui faites subir ce genre de choses.
Votre intention n'était certainement pas de lui montrer un manque d'intérêt, voire un manque d'amour... Mais toute votre attitude peut minimiser vos sentiments à ses yeux.
Allez-vous changer d'attitude, être plus à l'écoute de ce qui vous est de-

mandé? Allez-vous offrir un peu plus de votre temps aux autres? Expérimenter ce changement de comportement va produire des effets dont vous serez le premier surpris: vous allez exister différemment dans le regard et la vie des autres. L'attention nouvelle que vous allez porter vous offrira une reconnaissance dans les deux sens du terme: gratitude et existence améliorée.

Réflexion n° 7

Et si vous changiez d'égoïsme... ?

Au lieu de ne penser qu'à vous en vous coupant des autres qui ne feront rien ou très peu pour vous... Pensez aussi aux autres qui alors feront beaucoup pour vous par reconnaissance et plaisir du partage.

Tout le monde y trouvera « son compte ».

La théorie « gagnant gagnant » est une fois de plus vérifiée.

La dépression

Vaste sujet par sa fréquence, son influence sur notre quotidien, et, ce qui ravit les psychiatres, sa RAPIDITÉ de GUÉRISON dans la majorité des cas.

Qu'est-ce qu'une dépression ?
Quels sont les symptômes ?
Quels sont les facteurs déclenchants ?
Comment s'en sort-on ?
Que conseiller à l'entourage d'une personne déprimée ?
La dépression récidive-t-elle ?
Les enfants peuvent-ils se déprimer ?

Nous allons répondre à toutes ces questions tout en exposant les dernières découvertes scientifiques et leurs conséquences sur l'évolution de la maladie…

Définir la dépression

Une notion FONDAMENTALE et beaucoup trop souvent ignorée : la dépression est une vraie maladie PHYSIQUE.

De la même façon qu'il nous paraîtrait aberrant de ne pas nous soigner en cas de diabète, d'hypertension artérielle, de cancer ou si nous avions une jambe cassée, il faut traiter la dépression.

Mais commençons par sa description et celle de ses nombreuses facettes.

Les symptômes de la dépression, en général repérables sans difficulté, ne sont souvent pas rattachés à la maladie mais peuvent être pris pour un "mauvais caractère" en début de dépression, voire de l'exagération et du laisser-aller.

Les symptômes

Ce dysfonctionnement est, la plupart du temps, facilement reconnaissable.

Nous allons évoquer arbitrairement trois sortes de dépressions suivant l'intensité des symptômes.

Ces descriptions ont pour but de vous aider à repérer un syndrome dépressif (syndrome = ensemble de symptômes) car rares sont les dépressions ne présentant qu'un seul symptôme.

La dépression légère

Que certains appellent "déprime", terme qui n'a rien de médical mais a dû voir le jour pour désangoisser l'entourage de ceux qui en sont atteints.

Une dépression qui ne cloue pas la personne au lit ne l'empêche pas de vaquer à ses occupations les plus pressantes, comme s'occuper des enfants (même sans enthousiasme), tenir sa maison, aller au travail.

Elle est certainement la plus difficile à repérer tant ses symptômes peuvent être discrets et mis sur le compte d'une fatigue passagère, d'un souci mineur, d'une grippe...

Nous allons vous en proposer une liste qui n'a qu'une valeur indicative : plusieurs symptômes associés sont en général nécessaires pour pouvoir poser le diagnostic de façon certaine.

La persistance de ces symptômes plus de quelques jours est indispensable pour pouvoir commencer à se poser la question.

Comme nous l'avons déjà dit, la dépression étant le plus souvent FACILE À TRAITER RAPIDEMENT, tout délai impliquera une SOUFFRANCE INUTILE.

Si vous avez un doute, il est conseillé d'aller en parler à votre médecin généraliste ou à un psychiatre qui pourra vous prescrire éventuellement un traitement.

Il est important de rappeler que les psychologues, qui n'ont pas suivi les études de médecine mais de psychologie, ne peuvent pas prescrire de traitement médicamenteux.

Nous pouvons nous poser la question de cette légère dépression, qui nécessite déjà un traitement, face à un ou plusieurs des symptômes suivants :

– Un énervement qui se prolonge, en période difficile, tant professionnelle que personnelle,

– Des troubles du sommeil qui apparaissent ou s'amplifient,

– La diminution de l'appétit,

– Un changement dans les habitudes (ex. : avoir moins envie de sortir),

– Une certaine difficulté à se lever le matin,

– De la fatigabilité,

– La diminution de l'allant,

– De la tristesse,

– Une moindre efficacité dans le travail,
– De l'hyperémotivité,
– Les ongles rongés plus intensément,
– Le nombre de cigarettes augmenté,
– Les tics accrus,
– La patience diminuée,
– Un certain détachement affectif,
– La dévalorisation de soi,
– La baisse de la libido,
– De l'agacement,
– De l'agressivité,
– De l'irritabilité,
– Des sautes d'humeur,
– L'intolérance accrue face à la critique,
– La diminution de la concentration,
– Une mémoire moins efficace,
– Le recours à l'alcool,
– Des colères plus fréquentes,
– Des douleurs dans le dos,
– Des couleurs d'estomac,
– Une colite,
– L'augmentation de l'eczéma,
– L'augmentation du psoriasis,
– Des troubles du transit intestinal (diarrhée, constipation),
– Des troubles du comportement alimentaire accrus (anorexie, boulimie),
– La diminution des projets,
– Une dévalorisation,
– L'augmentation des phobies,
– L'augmentation des inhibitions,
– L'augmentation des obsessions,
– Des ruminations,
– L'entourage qui trouve la personne nerveuse, moins facile à vivre, voire "pas drôle du tout".

La dépression peut s'installer à bas bruit : quelques symptômes mineurs que nous attribuons à de la fatigue ou à un souci "momentané", sauf que le "moment" se prolonge et les symptômes s'intensifient et se multiplient.

Si nous avons déjà été déprimés, nous saurons beaucoup plus facilement reconnaître ces signes annonciateurs dès le début. Nous aurons l'immense avantage de nous traiter rapidement puisque nous aurons déjà eu l'expérience par le passé de l'efficacité d'un traitement médicamenteux.

Pourquoi attendre et souffrir inutilement sachant que le temps ne fera qu'envenimer la situation, et que nous devrons nous soigner d'autant plus intensément que nous aurons plus attendu ?

C'est simple, clair et évident, quand on le sait.

La liste des premiers symptômes possibles passe en revue la plupart des signes nouveaux (troubles du sommeil, difficulté de concentration...) et insiste sur l'accentuation de troubles éventuellement déjà présents au quotidien (eczéma, troubles du comportement alimentaire, tics...).

La dépression de moyenne intensité

Une personne peut ne pas en avoir repéré les premiers symptômes ou ne pas les avoir reliés à une dépression.

La dépression aura eu le temps de s'intensifier.

Les symptômes seront plus nombreux et de toute façon plus importants que lors de la première phase.

Chez d'autres sujets, la dépression débutera brutalement sans phase d'installation discrète.

Les symptômes de la dépression de moyenne intensité sont les mêmes que ceux de la dépression légère, mais plus sévères.

Comme précédemment, ils doivent durer plus que quelques jours pour évoquer une dépression :

Une personne recevant une très mauvaise nouvelle peut être abattue, mal dormir, avoir mal à l'estomac... quelques jours sans pour autant être déprimée.

Les patients présentent quelques symptômes de la liste suivante :

– Des difficultés à travailler,
– Des difficultés à se concentrer,
– Une grande fatigue,
– Des idées tristes, voire suicidaires,
– Une plus grande dévalorisation d'eux-mêmes,
– Peu d'espoir dans une amélioration future,
– Une "anesthésie affective" : un désintérêt pour l'entourage,
– De la culpabilisation,
– Des troubles sévères du sommeil (avec un réveil durant la nuit sans parvenir à se rendormir),
– Des troubles somatiques (soma = corps), augmentation des pathologies préexistantes (allergies, asthme, troubles du transit intestinal, colite, eczéma...),
– La diminution de l'appétit,
– De l'agressivité,
– Une perte de patience,
– Une irritabilité forte,
– De l'apathie (indifférence à tout),
– Un ralentissement moteur (« se bouger » demande un gros effort),
– La perte de la notion de plaisir,
– Une baisse forte de la libido,
– Des pleurs.

Cette dépression revêt un caractère de gravité à prendre en compte le plus rapidement possible : le risque suicidaire.

Les signes annonciateurs ne sont pas évidents, variant d'une personne à l'autre.

Lorsque les idées suicidaires sont clairement exprimées, c'est une chance pour le patient et son entourage : il est nécessaire d'en parler immédiatement au psychiatre ou au médecin généraliste qui donnera la marche à suivre.

Oublions cet adage si souvent faux : « Celui qui parle de suicide ne passe pas à l'acte » : l'appel au secours peut le précéder.

Mais souvent, le patient ne dit rien : il est important de lui poser directement la question à propos des idées noires, des envies de suicide qui, pour lui, mettrait fin à la situation qu'il croit être sans issue.

Au moindre doute, parlons-en au médecin.

La vie familiale est déjà perturbée, les enfants s'inquiètent, et ne reconnaissent pas le parent déprimé.

La dépression sévère

Son tableau rajoute en intensité, bien sûr et présente quelques symptômes signifiant la gravité de la maladie :

- L'impossibilité (ou presque) à sortir de son lit,
- Une grande difficulté à s'alimenter,
- Une grande difficulté à se laver,
- Un désir de mort exprimé ou non,
- Un désespoir généralisé,
- Aucune envie,
- Un risque à rester seul (suicide),
- L'augmentation des troubles somatiques (physiques).

Une hospitalisation est à conseiller car le risque de passage à l'acte suicidaire est imprévisible.

Cet état très inquiétant est du ressort des professionnels.

La famille n'est pas un lieu sûr pour le patient, qui doit être traité en milieu spécialisé sous surveillance.

Un traitement hospitalier dure en moyenne trois semaines.

Il est indispensable pour préserver la vie du patient.

De retour à la maison, le patient continuera son traitement antidépresseur lui permettant de reprendre son travail, souvent assez rapidement.

Nous sommes tous susceptibles de faire une dépression dans notre vie.

Une ou plusieurs, d'ailleurs.

Certains le seront plus facilement que d'autres, sans que l'on sache exactement pourquoi.

Les circonstances de déclenchement d'un syndrome dépressif sont extrêmement variables.

Les plus évidentes sont :

– Le deuil,

– Les ruptures amoureuses,

– Les séparations,

– Le chômage,

– Les maladies graves, les accidents,

– Les déménagements,

– Le harcèlement au travail,

– L'insécurité financière,

– L'inconfort de vie : bruits, travail ennuyeux, entourage agressif, mauvaises conditions de vie, fatigue, lourdes responsabilités, échecs, l'alcoolisme (qui peut également être entraîné par une dépression), une frustration constante...

– Les événements traumatisants : départ des enfants, fugues, drogues,

– Les conflits internationaux, terrorisme, guerres...

– Les catastrophes naturelles.

Traitement

Les médicaments traitant la dépression existent, sont très efficaces et rapides d'action. Le traitement est totalement arrêté lorsque nous sommes guéris ; il ne rend pas dépendant.

Notre cerveau fonctionne à l'aide de substances chimiques indispensables appelées neuromédiateurs.

Les cellules cérébrales et les neurones ne fonctionnent pas correctement lorsque la concentration de ces substances est inadéquate.

Les transmissions de l'information d'une cellule à l'autre sont alors défaillantes.

Il s'agit de troubles biologiques connus. Grâce à l'imagerie médicale (images du fonctionnement du cerveau, de sa structure...), il a été possible de visualiser et mettre en avant des zones cérébrales atteintes lors de la dépression grâce aux dosages sanguins qui objectivent les perturbations des substances entrant dans le fonctionnement normal du cerveau

Ces signes de maladie cérébrale sont répertoriés par le milieu médical comme tous les autres symptômes d'autres maladies connues sans ambivalence comme étant des troubles physiques.

Comme n'importe quelle autre maladie, celle-ci est déclenchée par une ou plusieurs causes (facteurs déclenchants).

Des symptômes sont autant de signaux d'alerte permettant un diagnostic conduisant à un traitement. En effet, nous sommes dans le cadre de maladies que l'on sait très bien soigner, dans la plupart des cas, et remboursées par la Sécurité sociale.

Les notions suivantes sont fondamentales à connaître. Elles intègrent les nouvelles connaissances scientifiques et médicales concernant la dépression.

Les chercheurs et médecins rendent publics les faits suivants, faits démontrés par les neurosciences :

– La dépression abîme les neurones de certaines zones cérébrales. Elle les rend moins efficaces dans la transmission des informations ce qui entraîne les symptômes. **La dépression diminue le nombre des neurones.**

– Les médicaments traitant la dépression, les antidépresseurs, ont un effet connu maintenant sur la « plasticité neuronale »: cela concerne les neurones, leur développement, leurs modifications, leurs “maladies”, leur destruction, leur mort. Les traitements permettent une modification de la constitution de la cellule cérébrale altérée par la maladie.

Les antidépresseurs permettent:
– De soigner la maladie dépressive,
– De faire disparaître les symptômes,
– D’éviter la rechute (s’ils sont pris suffisamment longtemps).
Et aussi:
– De “restructurer” le neurone rendu déficient par la dépression,
– De PROTÉGER le cerveau,
– De stimuler la formation d’autres neurones dans certaines régions du cerveau.

Le “mauvais fonctionnement” cérébral dû à une perturbation des neuromédiateurs nécessite une espèce de “rééducation” de notre cerveau.

Un peu comme si le traitement agissait telle une courroie de transmission qui aiderait, pendant le temps nécessaire, la courroie en place qui dysfonctionne.

Tout le monde doit savoir que la dépression guérit la plupart du temps de façon spectaculaire au bout de quelques semaines.

Le délai d’action d’un antidépresseur est dû à la quantité de réactions chimiques cérébrales nécessaires avant d’arriver au début de la régression des symptômes.

Il varie entre dix et vingt jours en général.

Il existe différents types d'antidépresseurs, prescrits suivant les symptômes prépondérants.

Un patient peut être plus sensible à un antidépresseur qu'à un autre : cela n'est pas déterminable à l'avance.

Si un médicament n'est pas suffisamment efficace au bout d'un mois, le médecin peut soit en augmenter la dose, soit changer de type d'antidépresseur.

Le traitement peut éventuellement être accompagné, en attendant qu'il fasse effet par :

– un anxiolytique[1], médicament contre l'angoisse (anxio = anxiété, stress, lytique = qui arrête)

– un somnifère en cas d'insomnie pour récupérer plus rapidement de la fatigue accumulée.

Un point FONDAMENTAL à connaître est la durée du traitement.

Tout traitement antidépresseur doit impérativement être poursuivi pendant au moins six voire douze mois.

Une idée fausse est véhiculée depuis longtemps : celle de la dépendance au médicament antidépresseur.

– La dépendance à un médicament signifie que l'on ne peut plus s'en passer et qu'en cas d'arrêt, les symptômes réapparaissent.

– Les médicaments antidépresseurs n'entrent pas dans cette catégorie : ils ne rendent jamais dépendants.

– Les premiers symptômes de dépression peuvent disparaître au bout de quelques jours.

– La dépression est guérie au niveau de la cellule, qui fonctionne alors comme avant, au bout de six à douze mois.

1 : L'anxiolytique est efficace en vingt minutes environ, et son effet dure en général quatre heures : ce qui implique plusieurs prises par jour si l'état de stress ou d'angoisse est constant.
Sa rapidité d'action permet aussi de ne le prendre qu'au moment où le malaise apparaît ou s'accroît.
Lorsque l'antidépresseur est efficace, il n'est en général plus nécessaire de prendre un anxiolytique car les angoisses et le stress liés à la dépression ont disparu.
Contrairement à l'anxiolytique, l'antidépresseur doit être pris de façon constante pendant le traitement sans en moduler les doses suivant "l'état du jour".

Comparons avec une maladie connue de tous : l'angine.

Votre médecin vous prescrit un antibiotique pour une durée moyenne de six jours.

Vous savez que si vos symptômes ont régressé avant, il est nécessaire de continuer le traitement pendant ces six jours.

Sinon ?

Vous avez toutes les "chances" de voir flamber à nouveau votre angine qui n'était pas guérie.

Ce n'est pas une nouvelle angine qui se déclare. Il s'agit toujours de la même que vous avez mal traitée, et vous vous êtes maltraités, car à faire ce genre de choses, vous pouvez fort bien finir par ne plus être sensibles aux antibiotiques. Ce qui peut vous poser quelques problèmes lors d'infections ultérieures : la résistance aux antibiotiques, c'est-à-dire l'inefficacité ultérieure du médicament.

Dans l'hypothèse, peu vraisemblable, où vous arrêteriez votre antibiotique au bout d'une journée : auriez-vous la mauvaise foi de dire que votre rechute est due à votre dépendance au médicament que vous ne pouvez plus arrêter ?

Cela n'aurait pas de sens, et vous le savez.

Pour un antidépresseur, il s'agit exactement de la même chose.

Si vous arrêtez avant les six mois ou l'année prescrits, il y aura réapparition des symptômes parce que la maladie n'est pas encore guérie. Une dépression nécessite un traitement plus long que celui d'une angine ou d'une ampoule au pied.

Vous vous pensiez guéri, les symptômes avaient disparu : ce n'était que le début du processus de guérison.

Cette rechute ne voudra pas dire que vous êtes dépendant du médicament puisque vous pourrez complètement l'arrêter quand vous serez guéri.

Cela voudra juste dire que vous l'avez suspendu trop tôt : d'ailleurs vous étiez prévenu, non ?

Cette réapparition des symptômes ne signifiera pas non plus que vous développiez une nouvelle dépression : ce serait toujours la même qui attend d'être "traitée" correctement pour disparaître !

Par ailleurs, vous connaissez les difficultés financières rencontrées à l'heure actuelle par la Sécurité sociale.

Cette institution qui cherche à limiter les dépenses non indispensables demande aux médecins de prescrire les antidépresseurs pour une durée minimum de six mois en préférant un an !

Pourquoi ?

Est-ce illogique vus ses objectifs d'économie de santé ?

Bien sûr que non !

De nombreuses études statistiques ont donné des résultats très clairs :

Une dépression traitée moins de six mois a de grands risques de récidiver dans un délai très court.

La Sécurité sociale est logique dans ses considérations financières :

Une dépression traitée coûte cher à la société, c'est un fait, car le traitement est long.

Une dépression traitée un peu moins longtemps suivie d'une rechute coûte bien sûr beaucoup plus cher, puisqu'il s'agit alors de traiter l'équivalent de deux dépressions !

Par ailleurs, les récentes découvertes montrent qu'il existe :

– Une destruction de neurones si la dépression n'est pas traitée,

– Un effet protecteur des neurones par le traitement.

Il est évident qu'un système de prévention des rechutes et d'une certaine perte cérébrale (même si elle n'est pas de grande étendue), permet de faire des économies de santé.

L'intérêt de se traiter dès les premiers symptômes est d'éviter des souffrances inutiles, une destruction cérébrale partielle et des arrêts de travail.

Nous avons tous entendu que la France est le plus gros consommateur d'antidépresseurs, d'anxiolytiques et de somnifères au monde.

Est-ce à dire :

– Qu'en France nous sommes plus malheureux qu'ailleurs ?

– Que nous sommes plus “accros” aux médicaments qu'ailleurs ?

– Que nous n'avons pas compris qu'il ne faut pas abuser des traitements ?

– Que nous sommes dépendants des médicaments ?

Bien évidemment, non !

Cela signifie que nous avons :

– La chance d'avoir un système de santé performant,

– Des médicaments remboursés,

– Une prise en charge d'un plus grand nombre de maladies qu'ailleurs,

– Des prescriptions suffisamment longues pour éviter les rechutes.

Il est certain que les autres pays ont de bonnes raisons de nous envier notre système de santé, notamment assez efficace dans le domaine qui nous intéresse ici : la dépression.

Dans combien de pays la dépression n'est-elle pas traitée, comme ne peuvent d'ailleurs l'être ni le sida ni le cancer, faute de moyens financiers ?

Dans d'autres, le système d'assurances maladie est insuffisant et l'accès aux soins n'est possible qu'aux nantis.

Attaquons-nous à une idée fausse : les médicaments contre la dépression rendent KO.

Ce n'est pas la réalité.

La dépression peut rendre inactif, apathique, replié sur soi.

Les antidépresseurs peuvent, pour certains, entraîner quelques symptômes désagréables (tête qui tourne, impression de fatigue...) qui durent quelque fois trois ou quatre jours, pas plus.

La dose initiale peut être basse pour éviter cet inconvénient qui n'apparaît, éventuellement, qu'avec un très petit nombre d'antidépresseurs et pour une minorité de patients.

La fatigue quelquefois ressentie en début de traitement peut être due au retard de sommeil accumulé et ne dépasse pas non plus deux à trois jours.

Si un traitement n'est pas supporté (ce qui est rare), le médecin en donnera un autre.

Les arrêts de travail ne sont justifiés que dans le cas de la dépression sévère. De façon systématique, le patient ne peut plus rien faire ; souvent l'hospitalisation s'avère nécessaire.

Pour la dépression de moyenne intensité, l'éventualité d'un arrêt de travail dépend des symptômes et de l'entourage.

En effet, nombre de patients refusent cet arrêt (même s'il était proposé pour quelques jours seulement) pour ne pas se retrouver seuls chez eux durant la journée.

Cette idée de solitude les angoisse beaucoup trop souvent.

Il est important de savoir que le repos est, avec le traitement médicamenteux et la psychothérapie, un facteur de rapidité de guérison.

Si le patient travaille, il devra se reposer, et effectuer aussi peu de tâches rébarbatives que possible en dehors de ses heures de travail.

Un minimum de contraintes est nécessaire pour ne pas accumuler des frustrations supplémentaires.

Le patient qui ne fait rien (qui en réalité, ne peut rien faire), n'est ni un paresseux ni une personne qui se regarde complaisamment le nombril et cherche à être pris en charge. C'est un malade qui souffre de plusieurs symptômes pénibles, voire vraiment très difficiles à supporter pour certains.

Sachons que le mot “dépression” est fréquemment utilisé pour stigmatiser n'importe quelle maladie psychiatrique. C'est une façon qu'ont les familles de ne rien dire de la pathologie d'un de leur membre, qui souffre d'une maladie psychiatrique grave.

Si cette attitude est bien compréhensible, elle a souvent fait croire que des tableaux psychiatriques lourds étaient des dépressions, ce qui n'était pas le cas.

Sachons que les dépressions ne s'accompagnent jamais d'hallucinations ni de délires.

(Nous ne parlons que de la dépression, pas de la maladie bipolaire, dont le traitement est différent).

Pour d'autres maladies plus sévères que la dépression, le traitement psychiatrique est souvent plus lourd, et peut entraîner des symptômes pénibles (prise de poids...).

Les traitements doivent être souvent poursuivis pendant de longues années, ce qui assure une vie relativement correcte au patient.

Mais ces maladies ne ressemblent pas plus à une dépression qu'une grippe à un diabète.

Comparons ce qui est comparable, et sachons de quoi nous parlons en réalité.

Comme nous l'avons déjà vu, le traitement doit être poursuivi de six mois à un an (préférablement d'ailleurs).

Au bout de ce laps de temps, les symptômes ayant disparu depuis fort longtemps, le médecin va diminuer doucement les doses, de façon à ce que le cerveau réapprenne à fonctionner tout seul.

Puis nous pourrons arrêter COMPLÈTEMENT le traitement.

Nous soulignons que la GUÉRISON de la dépression se fait :

SANS AUCUNE SÉQUELLE, dans aucun domaine, ni intellectuel, ni affectif, ni mnésique (la mémoire est intacte), ni sexuel.

En parallèle, il est vivement conseillé de suivre une psychothérapie qui nous permettra de faire le point sur cette dépression.

En effet, si la maladie peut avoir eu un facteur déclenchant évident, elle est, le plus souvent la résultante de plusieurs facteurs non identifiés vraiment.

Il est indispensable de soigner les causes qui nous ont amenés à la dépression, sinon, si nous les répétons une fois que nous sommes guéris, une autre dépression peut commencer à se développer.

Le principe comme quoi « Les mêmes causes produisent les mêmes effets » se vérifiera dans ce cas aussi.

Nous développerons plus loin l'intérêt de la psychothérapie.

Si nous ne traitons pas notre dépression nous abîmons une partie de notre cerveau, nous en détruisons des cellules !

Qui pourrait en avoir envie ?

Ces notions fondamentales, une fois connues, rendent "étonnant" un éventuel refus du traitement.

Nous savons à quel point tout ce qui touche au psychisme a longtemps effrayé et entraîne encore à l'heure actuelle de très nombreuses et vives réticences.

Cette peur a frappé toutes les couches sociales quel que soit le niveau culturel, économique ou religieux.

Le psychiatre était censé traiter les "fous", et donc toute personne consultant un psy s'imaginait devoir être considérée comme tel.

À l'heure actuelle, si la situation a évolué, du fait d'une vulgarisation de plus en plus efficace, elle n'est pas du tout satisfaisante, loin s'en faut.

Beaucoup de patients n'osent pas parler de leur mal-être, espèrent s'en sortir seuls.

La dépression est une maladie qui fait souffrir moralement (souvent beaucoup).

Soignons-la, puisque dans notre pays nous avons l'immense chance de pouvoir le faire. S'abstenir de tout traitement, en toute connaissance de cause, serait d'une part décider de souffrir pour rien (masochisme ? Illusion de pouvoir s'en sortir seul ? honte injustifiée d'être déprimé ?), d'autre part :

– Ce serait choisir d'être moins performant pour nous-mêmes et pour notre famille.

– Ce serait aussi choisir de peser sur notre entourage par notre malaise, notre impossibilité à être heureux pendant un temps indéfini. Dans quel but ?

Ne banalisons pas l'impact de la dépression sur l'entourage, notamment sur les enfants.

Le déprimé a été le patient pour lequel cette défiance par rapport au psy a été le plus préjudiciable : en effet, qui accepterait la douleur d'une jambe cassée alors que le traitement est sûr, indispensable et évident ?

Savoir que la dépression est une maladie facilement curable depuis quarante ans environ et que tant de personnes en ont terriblement souffert (certaines en sont même mortes, nous le savons tous) alors que le traitement était disponible, est consternant.

Que de peines, que de malheurs auraient pu (et dû) être évités ?

Combien de familles auraient pu vivre tellement plus heureuses sans ce souci constant, cette crainte du suicide, cette incertitude quant à l'avenir ?

Combien d'enfants élevés le mieux possible par deux parents dont l'un d'eux était dépressif "chronique" non traité se sont vus amputés d'une partie tellement fondamentale de leur enfance : l'insouciance ?

Pouvons-nous imaginer qu'un enfant ayant grandi dans cette atmosphère si pesante, où le rire est absent, où l'avenir est forcément envisagé comme sombre, où la peur consciente ou non d'un éventuel passage à l'acte suicidaire du parent malade puisse devenir un adulte heureux sans devoir faire un travail profond sur lui-même pour réinvestir la vie d'une façon moins dramatique ?

Il devra reconsidérer ce qui, dans sa façon de voir la vie, était dû à la maladie de son parent qui aura eu (comme toute personne déprimée !) une vision allant du sombre au tragique.

Arrivera-t-il à le faire ? Sans aide, il y a malheureusement bien peu de chances.

Le ou les facteurs déclenchants d'une dépression sont divers et variés ; nous l'avons déjà vu.

En dehors des situations dramatiques auxquelles on ne trouvera jamais un côté positif, il y a toutes celles qui vont le permettre.

Essayons de bien comprendre ce qui nous a déprimés : le plus souvent, le facteur déclenchant est évident.

Dans le cas contraire, essayons de le retrouver, quitte à devoir "enquêter" en traquant les frustrations répétées, les angoisses à peine ressenties, la fatigue, les insomnies légères, les déceptions qui semblent mineures, etc.

Il est fondamental de le faire à plus d'un titre :

– D'abord pour prévenir une éventuelle rechute une fois guéris… Nous savons que les mêmes causes provoquent les mêmes effets.

– Si nous savons ce qui nous a déprimés, nous allons faire notre possible (en principe !) pour que cela ne se reproduise pas.

– Également pour nous permettre de guérir plus rapidement en diminuant ou supprimant le facteur déclenchant.

Exemple : nous avons travaillé sans mesure, et épuisé, notre organisme a "jeté l'éponge".

Il est difficile de pouvoir concevoir une guérison sans un minimum de repos et en prenant la décision de travailler moins intensément à l'avenir.

– Pour mieux nous connaître. Si, par exemple, dans notre vie amoureuse, nos choix de partenaires se révèlent à plusieurs reprises "inadéquats", essayer de comprendre pourquoi nous permettra peut-être d'évoluer suffisamment pour ne plus commettre à nouveau ces erreurs si douloureuses.

– Pour nous permettre de découvrir les erreurs d'orientation de notre vie dans certains domaines : une dépression peut être le révélateur d'une erreur de parcours professionnel (qui pourra peut-être être corrigée).

Elle peut survenir lors de problème avec nos enfants : que faut-il changer dans notre relation avec eux, quelles peuvent avoir été nos erreurs (trop laxistes, trop sévères, trop ou pas assez investis ? etc.).

Nous avons peut-être négligé une partie importante de notre vie trop longtemps et pour nous permettre d'arrêter de nous fourvoyer, notre inconscient nous "offre" une dépression pour corriger ce qui nous écarte de notre chemin.

Il peut s'agir d'éthique trop absente dans notre vie.

Il peut s'agir (et c'est si souvent le cas...) d'avoir privilégié l'"avoir" au détriment de l'"être".

Ce genre de prise de conscience est une grande chance pour nous-mêmes et notre entourage.

La dépression se révélera avoir été un précieux cadeau que nous nous sommes offert à notre insu. Elle nous aura permis de réorganiser les pans négatifs de notre vie, de réajuster nos objectifs. Elle sera alors le fruit de nos expériences douloureuses ou inadéquates. Une meilleure compréhension de nous-mêmes, de nos besoins, de nos envies en est souvent le résultat, le bénéfice.

La dépression peut aussi être un "garde-fou", un avertissement pour nous permettre d'éviter une catastrophe.

Imaginons une personne totalement investie dans son travail sans le moindre respect de son bien-être physique :

Tels ces hommes d'affaires "suroccupés" (et souvent très fiers de l'être !), qui consomment trop d'alcool, trop de tabac, ne font aucun sport et qui ont négligé les petits signaux annonciateurs d'une "machine" qui commence à se "gripper" (douleurs gastriques, insomnies, céphalées, douleurs dorsales, troubles de l'humeur à type d'exaspération, de colères...).

La chance d'une "dépression d'épuisement" traitée sera l'opportunité d'entendre, et d'appliquer, quelques règles d'hygiène de vie et de bon sens, avant de souffrir d'un infarctus, par exemple.

Ne négligeons pas non plus la prise de conscience lors de ce ralentissement de l'activité, de ce qu'ils font subir à leur famille... pour leur bien-être matériel peut-être... Mais n'aurait-il pas été préférable qu'ils aient été davantage père et mari, plus investis dans leur vie affective, quitte à être un peu moins "performants" financièrement ?

La dépression aura permis un autre éclairage de la vie et une nouvelle analyse de l'échelle des valeurs, des priorités.

Dans tous ces cas (si fréquents) l'"après dépression" peut déboucher sur une vie plus riche et satisfaisante pour l'ex-déprimé et sa famille.

N'oublions pas non plus l'importance de l'exemple que nous donnons à nos enfants.

Si nous souffrons un jour de dépression, soignons-nous aussitôt. Cela permettra à nos enfants de nous faire confiance et de modéliser sur nous en tant qu'adulte responsable :

« Dans les difficultés, je me prends en mains rapidement et efficacement ; je me le dois et je le dois à mon entourage. »

L'enfant devenu adulte, fort de cette exigence de bonheur, se sentira responsable de sa vie et la gérera plus efficacement grâce à notre exemple.

Quelle attitude adopter avec une personne souffrant de dépression ?

Comme nous l'avons vu dès le début de l'exposé, la dépression est une maladie physique avec des symptômes à la fois psychiques et physiques.

Les facteurs déclenchants (allant du stress au deuil en passant par les grandes catastrophes) entraînent des troubles au niveau du cerveau.

Pourquoi alors le répéter ?

Parce que la conduite à tenir découle totalement de ce rappel.

Qu'avons-nous l'habitude de faire si notre conjoint souffre d'une grippe ?

Nous lui donnons le traitement nécessaire mais essayons de lui cuisiner ce qu'il désire ou peut manger, et nous essayons qu'il ne souffre pas du chahut des enfants.

Il ferait bien sûr de même pour nous !

Nous est-il seulement venu une fois à l'esprit de le brusquer avec des : « Ne te laisse pas aller, baisse ta fièvre, arrête d'être rouge, arrête de frissonner. » ?

Impossible d'avoir des idées aussi dénuées de sens, heureusement pour notre santé mentale !

Si notre enfant s'est cassé une jambe, multiplions-nous les invectives du genre : « Dépêche-toi de ressouder tes os, concentre-toi un peu ! »

Ce serait de la folie furieuse... N'est-ce pas ?

Répondez « oui », même si vous sentez le vent venir !

Vous n'en auriez pas eu l'idée parce que les symptômes sont évidents car ils sont physiques !

Dans la dépression, les symptômes physiques sont plus discrets que les symptômes psychiques.

Or, nous AVIONS (c'était jadis !) attribué la mention "psychique" a de nombreux symptômes physiques, comme :

– La fatigue (nous reconnaissons pourtant de façon évidente la fatigue de la grippe comme un phénomène physique et non psy !),

– La diminution de la concentration,

– La perte d'appétit,

– Les troubles du sommeil...

Forts de notre nouvelle connaissance, nous pouvons maintenant considérer que tous les symptômes de la dépression sont dus à un dysfonctionnement physique du cerveau :

– Le manque d'intérêt,

– La tristesse,

– Les pleurs,

– La dévalorisation,

– Le ralentissement “moteur” (c’est-à-dire physique que ce soit de l’incapacité à pratiquer un sport, à celle de se lever de son lit),

– La perte d’espoir…

Nous avons dorénavant un autre regard sur la dépression et le malade dépressif.

Nous savons qu’il faudra qu’il se repose beaucoup pour essayer de récupérer le plus vite possible.

Nous ne le secouerons pas, puisque sinon son sentiment de culpabilité augmentera et la dépression s’amplifiera encore.

Comme nous le ferions pour n’importe quelle maladie, nous prendrons soin du déprimé, autant que nous le pourrons, lui disant et lui répétant qu’il n’y est pour rien, que la seule chose que nous lui demandons est de prendre son traitement et de se reposer.

Nous lui éviterons d’avoir à répondre au téléphone, nous établirons un barrage aux visites qui l’épuiseraient (sauf s’il en a expressément envie et que nous sommes sûrs qu’il ne reçoit pas uniquement pour faire plaisir).

Nous expliquerons ce qu’est la dépression à notre entourage et aux éventuels collègues qui viendraient aux nouvelles, si le patient nous y a autorisés.

Il est d’ailleurs certain que d’ici un temps que nous espérons court, tout le monde saura ce qu’est une dépression et comment nous devons agir.

Le déprimé est très fragile et épuisé : nous le savons et agirons en fonction.

Il peut être intolérant aux bruits, nous y veillerons.

Nous expliquerons à nos enfants que cette indisponibilité et cette fatigue qu’ils verront disparaîtront bientôt.

Nous les rassurerons en leur expliquant la stricte vérité :

« Papa (ou Maman) va bientôt guérir complètement et sera exactement comme avant. »

Nous rappelons avec force qu'en cas de dépression sévère, l'hospitalisation est la seule façon de protéger efficacement le malade.

Un petit point utile à destination des personnes qui consomment fréquemment des anxiolytiques (médicament contre l'angoisse, le stress...) pendant de longues périodes :

Ces médicaments prescrits par un médecin ou un psychiatre sont efficaces. Mais il est nécessaire de se poser la question de ce qui génère les angoisses.

Si nous n'en prenons pas conscience et n'essayons pas d'arrêter ces facteurs déclenchants, nous risquons d'avaler des médicaments sur de longues périodes ce qui n'a pas de sens, puisqu'il est indispensable de comprendre ce qui se passe.

L'aide d'un médecin psychiatre est nécessaire au cours d'une psychothérapie qui n'est pas forcément une thérapie longue.

Les anxiolytiques doivent être utilisés le moins longtemps possible (d'autant qu'ils NE RÉSOLVENT RIEN).

En synthèse, si nous sommes déprimés, soignons-nous suffisamment longtemps pour éviter les rechutes :

– Avec un traitement médicamenteux (nous avons la chance d'en avoir)

– Et le plus souvent avec une psychothérapie (pour comprendre les facteurs déclenchants et tâcher d'y remédier).

Cette prise en charge est fondamentale : pour nous et pour notre entourage !

Les enfants peuvent-ils se déprime ?

La réponse est sans aucune ambilavence : oui, et ceci dès le plus jeune âge. Certains bébés souffrant d'abandonnisme, de troubles relationnels avec leurs parents ou l'entourage peuvent se refermer sur eux-mêmes et refuser de s'alimenter.

Un enfant qui change de comportement :

- Devient agressif,
- Rencontre une baisse de son rendement scolaire,
- Souffre de troubles du sommeil,
- Se replie sur lui-même,
- Semble triste,
- Ne s'intéresse plus à ce qu'il aimait auparavant,
- Pleure,
- Est irritable,
- Se met à bégayer,
- Refait pipi au lit, etc.

est probablement déprimé.

Parlons-en très vite au médecin traitant, qui posera le diagnostic, et recommandera éventuellement d'aller consulter un pédopsychiatre.

Quelques séances de psychothérapie seront prescrites si besoin; généralement l'état de l'enfant s'améliore très rapidement si nous n'attendons pas pour aller consulter.

La Psychothérapie

La psychothérapie est constituée d'une série d'entretiens avec un professionnel. Elle a pour but d'aider le patient à vivre mieux. Elle est le chemin de la découverte de soi.

Très fréquemment, nous retardons le moment d'aller nous faire aider dans la compréhension de nous-mêmes, en évoquant la "petitesse", la banalité de nos problèmes, en comparaison avec ceux de personnes qui souffrent pour des raisons majeures.

Cette "bonne raison" est en partie une "bonne excuse" pour ne pas aller voir un psy.

Nous pouvons comparer la nécessité de faire une psychothérapie, quand nous ne souffrons pas d'une maladie psychiatrique avérée, à celle de retirer notre chaussure quand un petit caillou pointu, entré dedans, nous fait souffrir.

Dans un cas comme dans l'autre, nous ne sommes pas en grand danger, mais si nous restons dans une telle situation nous sommes sûrs de vivre mal.

L'image de la promenade peut être reprise par celle du chemin de vie, qui pour être bien vécu doit être suffisamment confortable, c'est-à-dire débarrassé, autant que faire se peut, des troubles "mineurs" qui peuvent entraver de façon chronique notre vie.

L'amour et les bons soins que nous avons reçus nous ont structurés, ouverts sur le monde, donné envie de grandir, de vivre.

De la même façon, toutes les erreurs pédagogiques à notre encontre, toutes les situations dramatiques qui ont pu émailler notre parcours nous ont façonnés, ont rogné peu ou beaucoup nos ailes, ont limité notre épanouissement.

De notre enfance, nous gardons souvent d'innombrables souvenirs conscients. Inconsciemment bien d'autres ont été enregistrés qui peuvent ressortir au détour d'un rêve, d'une association d'idées.

La fonction des psychothérapies est de rendre la vie beaucoup plus agréable, en découvrant, ce qui n'est pas souvent évident, les causes (et leurs mécanismes) des difficultés à vivre bien.

Cette analyse ne peut être faite qu'en (petite) partie par nous-mêmes.

En effet, nos pensées se butent :

– À notre non-connaissance des nombreux mécanismes psychiques,

– À notre peur de découvrir en nous des "horreurs" (ce qui est exceptionnel, car qui aurait oublié avoir commis une action atroce ?),

– À notre angoisse de revivre des moments très douloureux de notre enfance, alors que, ne pas les analyser, augmente notre souffrance inconsciente. Notre fonctionnement au quotidien en sera entravé sans que nous puissions en comprendre les raisons. Survient alors le cortège des inhibitions, du manque de confiance en soi, de la diminution de nos potentialités... tout cela entraînant, par exempl :

Un repli sur soi pouvant aller jusqu'à la dépression,

Un comportement agressif,

Des difficultés de communication,

Des crises d'angoisse,

Des maladies dues au stress (dites psychosomatiques : soma = corps, psycho = esprit, c'est-à-dire les problèmes psychiques qui ont un vrai retentissement sur le corps : ex. ulcère de l'estomac, insomnies, tremblements, maux de tête, douleurs...),

– À notre peur de nous découvrir nul et donc à la crainte de perdre tout espoir de pouvoir améliorer notre situation.

Toutes ces "bonnes raisons" ne sont que des phantasmes, des idées fausses auxquelles on croit comme à une évidence. Elles nous font reculer ou même refuser d'aller voir un psy, qui est un instrument incontournable pour une meilleure compréhension de nous-mêmes.

Le psy nous aide, avec ce que nous savons de notre biographie, à analyser les incidents, traumatismes et moments heureux qui nous ont construits tels que nous sommes aujourd'hui.

Nous sommes la résultante de notre personnalité de base (à la naissance) et de tout ce que nous avons vécu de positif et de négatif.

Tout comportement, toute souffrance répond à un "mécanisme" logique : tel traumatisme peut entraîner tel ou tel type de troubles du comportement.

Telle carence aura pour conséquence telle façon d'agir face à la vie, avec les autres ou vis-à-vis de nous-mêmes.

Il est nécessaire (indispensable) d'analyser les faits, d'en comprendre les conséquences pour pouvoir changer d'attitude pour moins souffrir (ou ne pas souffrir).

Le psy ne porte aucun jugement sur ce qui a été fait ou non, ce qui a été pensé ou non : il n'est pas là pour cela, ce n'est pas le juge de nos imperfections (il est très bien placé – il se connaît en partie aussi ! – pour savoir que tout être humain a de grandes insuffisances et des dysfonctionnements plus ou moins importants).

Il sait que TOUT ÊTRE HUMAIN EST IMPARFAIT ET PERFECTIBLE.

Son rôle est de nous aider à analyser ce que nous avons vécu.

C'est un peu comme si nous posions sur la table les cartes de notre vie et nous y réfléchissions ensemble.

Le psy connaît un très grand nombre de "rouages", de mécanismes de l'esprit humain.

Il nous aidera à découvrir, à prendre conscience des conséquences que tel ou tel événement de notre enfance peut avoir sur notre vie adulte. Nous essaierons de découvrir ce que nos parents et éducateurs, notre environnement ont pu entraver dans notre évolution. Il peut s'agir de réflexions négatives, d'événements traumatisants, d'une atmosphère tendue ou agressive. Ces repérages nous permettront de voir dans quelles zones de notre vie nous avons été inhibés. Nous commencerons à avoir davantage confiance en nous, ce qui allégera grandement notre quotidien. Nous nous percevrons avec plus de justesse, plus de respect, plus de sentiments positifs.

Il ne s'agit pas d'une méthode permettant de conclure que nous sommes merveilleux. Il s'agit de repérer notre réalité "abîmée" par notre enfance. Nous allons reprendre possession de nous-mêmes et cesser de souffrir des points de vue négatifs que nous avons entendu déverser à tort sur notre compte. Nous allons voir le monde de façon plus objective, après avoir compris que ce qui nous en a été dit, par exemple, était faux.

Nous allons évoquer quelques situations fréquentes qui pourraient être solutionnées très facilement grâce à la psychothérapie.

Imaginons des parents anxieux, surprotégeant leurs enfants et leur décrivant un monde dangereux. S'ils n'ont confiance qu'en leur famille, nous pouvons très facilement imaginer que leurs enfants ne seront pas ouverts mais craintifs, et peu communicants.

Une thérapie leur permettrait de voir la vie plus justement, de se sentir plus tranquilles et heureux, et de pouvoir nouer des relations amicales et amoureuses.

De la même façon, des enfants qui auraient été maltraités peuvent devenir des adultes repliés sur eux-mêmes, dépressifs, solitaires ou au contraire agressifs. Ils pourraient tirer un grand bénéfice de leur thérapie en apprenant à faire confiance, ce qui leur permettrait, par exemple, de vivre en couple, si tel est leur désir.

Se connaître, en comprenant ce que ces points négatifs ont bloqué dans notre personnalité, nous permettra de nous "réparer" en partie et de nous mettre sur nos propres rails.

L'influence négative, que nous avons tous subie, a modifié "à la baisse" notre confiance en nous. Les paroles des adultes sonnent comme autant de vérités à l'oreille d'un enfant qui n'a aucun point de comparaison et pas encore la maturité d'analyse nécessaire pour mettre du relatif dans tout cela. Une phrase telle que « Tu ne comprends rien » a valeur de vérité inaliénable : c'est un couperet qui ampute l'enfant de nombreuses possibilités. Le verdict est tombé, l'enfant se prend pour un imbécile de façon définitive et se recroquevillera en développant une angoisse face à tout apprentissage. Il ne peut pas savoir et intégrer que son parent n'était que fatigué et ne pensait pas le moins du monde ce qu'il venait de dire.

Nos mots d'adulte tombe dans les oreilles d'un enfant : il n'y a pas de filtre qui lui permettrait d'entendre le second degré.

De la même façon, attendons de manier l'humour qui ne fera qu'humilier celui qui n'a pas encore l'âge de le comprendre : montrons-lui l'humour non agressif en nous désignant nous-mêmes comme cible.

Nous pouvons certes rassurer l'enfant si nous voyons qu'il a mal pris cette réflexion (mal pris si c'était un adulte, pris normalement comme tout enfant le prendrait). Mais, le pansement efface-t-il la plaie ? La plaie ne laisse-t-elle pas de cicatrice ? Ce sont précisément toutes ces cicatrices qui peuvent arriver à créer, au fil des années, un malaise de vie que nous aurions intérêt à aller analyser pour le cerner, le comprendre et en connaître les conséquences réelles.

Quelques-unes peuvent nous paraître évidentes :

- Le manque de confiance en nous,
- Notre timidité,
- Notre irritabilité,
- Notre agressivité,
- Notre inhibition consciente,
- Nos difficultés relationnelles,
- Nos troubles du sommeil,
- Nos disputes,

– Notre tristesse,
– Notre manque d'ambition,
– Notre jalousie,
– Notre absence de grandes joies,
– Notre frustration,
– Notre consommation d'alcool qui augmente...

D'autres le sont moins :
– Notre travail qui ne nous satisfait pas,
– Nos amours instables (si nous en sommes ennuyés),
– Nos enfants à problèmes,
– Nos inhibitions inconscientes,
– Nos convictions en réaction à nos peurs d'enfant non réanalysées,
– Notre manque d'ouverture,
– Les raisons des critiques que l'on trouve injustifiées (mais qui sont répétées par des personnes ne se connaissant pas).

Prenons l'exemple d'une personne inhibée dans les actes de tous les jours.

Imaginons un homme d'âge moyen, normalement intelligent qui va de galères sentimentales en échecs amoureux. Il a des difficultés à communiquer avec ses collègues de travail, et mène une vie aussi ennuyeuse que terne : il n'est pas heureux. Il exprime que pour lui la vie est une longue corvée. Il considère tous ceux qui ne partagent pas cette opinion comme de doux rêveurs, voire de gentils imbéciles : « Comment peut-on être heureux avec tout ce qui se passe dans le monde ? »

À force de souffrir de ses déboires sentimentaux ayant enfin "entendu" ce qui lui était dit par quelques rares copains, il décide de se "risquer" à aller parler de ses problèmes à un psy. Il expose sa situation sans voir qu'il en est l'acteur mais se considère comme la victime d'une vie insatisfaisante. Il évoque plusieurs fois le fait qu'il n'a jamais vraiment eu de chance. C'est en partie vrai : des parents en conflit permanent, un père encore plus colérique sous alcool, une mère soumise qui essayait en vain de s'interposer entre mari et fils. Le père autoritaire ne supportait aucune opposition. Les quelques tentatives du fils se sont toujours soldées par des gifles retentissantes accompagnées d'injures à connotation sexuelle et lourdement chargées de mépris.

Les parents n'avaient aucun ami ; la mère entretenait des relations aussi furtives que superficielles avec ses quelques voisines que son mari ne pouvait, bien sûr, pas supporter.

Quand son fils lui conseillait de divorcer, elle répondait que ce n'était pas facile et que si c'était pour "tomber" ensuite sur un homme pire encore, mieux valait ne rien changer, attendre que le temps passe et « que de toute façon, mon fils tu verras que la vie n'est pas facile ! »

Cette description est d'une grande banalité, si l'on en juge par le nombre de personnes ayant vécu une enfance à l'environnement si peu épanouissant. Nous imaginons facilement que cet homme a une vision du monde biaisée par son vécu d'enfant.

Le « monde est dur » – paroles maternelles – ce qui entraîne chez lui un manque d'enthousiasme et de plaisir à se lever le matin. Des lunettes aux verres gris anthracite ont été posées sur son nez, dès sa naissance. Il a appris que le dominant pouvait écraser le dominé pendant des années, que "c'était la vie". Il a intégré à tort qu'il n'avait aucun moyen de s'y opposer, de changer les choses.

Sa mère lui avait signifié qu'essayer de s'en sortir, était prendre le risque de tomber encore plus bas. Elle n'avait pas intégré le fait que l'on ait intérêt à choisir son conjoint sur la connaissance de sa personnalité. Cette soumission par rapport à ce que l'on peut croire être "le destin" conditionne le comportement général d'une personne.

Son profil de victime se dessinait. Le peu de relations sociales de ses parents lui a coupé le chemin du plaisir de la relation à l'autre. Il s'est refermé sur lui-même en imaginant l'autre comme un agresseur potentiel à éviter.

Les injures à connotation sexuelle ont pu entraîner une angoisse au niveau de son identité, de ses repères d'enfant. Il est amené à se poser des questions trop tôt, car il n'a aucune raison spontanée de le faire étant beaucoup trop jeune pour cela.

Nous pouvons imaginer que tout enfant et adolescent ayant vécu ce genre de vie familiale en sort blessé, ne se connaît pas, et ne connaît que très peu la vie.

Une thérapie est évidemment nécessaire pour lui permettre de voir les choses comme elles sont et d'analyser les erreurs comportementales et verbales de ses parents et les conséquences qui en ont découlé, pour lui.

Reconsidérer les acquis, les convictions de notre enfance, les analyser, voir ce qui peut être juste, encore à présent, et surtout répertorier les données qui sont maintenant fausses: Il peut s'agir de réalités qui ont changé avec le temps.

Un enfant se sent incompétent à conduire une voiture: c'est juste et sa prudence une évidente sagesse.

Mais si par manque de confiance en soi la personne continue à afficher cette même peur de conduire, une fois adulte, nous nous trouvons face à une situation que nous pouvons appeler "névrotique", c'est-à-dire à un comportement biaisé par un acquis erroné.

La crainte acquise par notre éducation, quand nous étions enfants, est un point très positif de notre éducation, jusqu'à l'âge de l'apprentissage de la conduite.

Vérifions nos convictions, nos certitudes, qui peuvent bien souvent être des freins à notre évolution et à notre bonheur. Se rendre compte que nous avons en main les clefs pour sortir de la "prison" dans laquelle nous sommes depuis l'enfance: c'est nous donner la possibilité de vivre "libre" (ou tout au moins plus libre).

Une image peut retenir notre attention.

Imaginons un enfant avec un sac à dos.

Dedans, des pierres: le sac est lourd, l'enfant doit le garder jour et nuit. Les pierres qui s'amoncellent depuis sa naissance sont déposées à chaque fois qu'il souffre, que ses parents et son entourage font une erreur pédagogique sérieuse, ou que survient un événement traumatisant. S'il ne peut plus porter le sac, la dépression, le repli sur soi, l'inhibition s'installent.

Le plus souvent, nous arrivons à l'âge adulte avec un sac plus ou moins lourd, suivant notre vécu. Si nous continuons à le remplir en faisant nos propres erreurs, surajoutées à celles de nos parents et éducateurs, notre vie risque fort de n'être pas satisfaisante.

Il est nécessaire de comprendre les traumatismes du passé et leurs conséquences sur notre vie actuelle. Quand nous acons réussi à rétablir une partie de notre vérité, nous changerons de comportement. Nous pourrons croire davantage en nous et nous autoriser à agir positivement pour nous. Si nous sommes moins infériorisés, nous cesserons de tenir des propos qui nous enfonceraient, comme nous en avions l'habitude.

Alléger en retirant une grande partie des pierres que l'on nous a mises dans l'enfance, le plus souvent sans en avoir conscience ni envie, est nous offrir cette part de liberté que nous avons ignorée jusqu'à présent. L'entourage a commis des maladresses, des erreurs qui nous ont profondément blessés. Ne pas nous "réparer" serait continuer cette injustice et cette souffrance, évitables maintenant. Par respect pour l'enfant que nous avons été, tendons-nous la main à nous-mêmes, et ne continuons pas à souffrir pour rien.

L'enfant en nous aurait été tellement heureux d'être aidé.

Mais personne ne l'a fait, et il a gardé ses secrets et en a souffert.

Un autre exemple qui nous montre l'impact de l'enfance sur la vie de l'adulte : la quête affective.

Comme les plantes ont besoin d'eau pour vivre, l'homme a besoin d'amour.

Un enfant qui ne reçoit que des soins matériels (nourriture, hygiène...) sans échange affectif aucun, peut devenir psychotique (déstructuration de la "personnalité normale") et avoir sa vie détruite dès le plus jeune âge : de nombreux exemples ont été révélés par les médias, notamment dans certains orphelinats roumains, russes ou chinois, pendant les périodes critiques de ces pays.

L'être humain est prêt à faire beaucoup pour trouver de l'amour, ou ce qui peut y ressembler. MAIS TROP DE QUÊTE PIÈGE !

Nous connaissons tous des couples où l'un "sadise" l'autre qui ne s'enfuit pas. De quoi peut-il s'agir ? Nous ne parlons pas des couples sado-maso, au sens psy du terme.

Essayons d'étudier un exemple de genèse, dans l'enfance, d'une quête affective aux conséquences si douloureuses à l'âge adulte.

Imaginons une petite fille, dans une famille où le père travaille intensément en ignorant ses enfants. Il n'a que peu de contacts, ne joue jamais avec eux, ne les interroge pas sur l'école, leurs amis ou leurs goûts.

Cette petite fille sait, comme une évidence, la même pour tous les enfants, que les parents aiment leurs enfants.

En voyant son père distant, elle pensera très tôt (inconsciemment) que cette distance est un des signes de l'amour qu'un bon père porte à sa petite fille. En grandissant, elle pourra peut-être voir que dans d'autres familles les pères sont différents et très proches de leurs enfants (cette expérience-là lui servira, souhaitons-le, plus tard).

Mais le plus souvent l'attitude de son père influera directement sur ses choix amoureux. Elle aura tendance à "flasher" sur des hommes qui la snoberont. Se retrouve-t-elle à une soirée, son regard sera attiré par l'homme qui ne l'aura pas remarquée.

Pourra alors se mettre en route tout un procédé imaginaire sur l'intérêt que cet homme lui porte alors qu'il n'en est rien.

Cette femme multipliera les amabilités qui paraîtront incongrues.

Après force phantasmes et déceptions et tant de temps perdu, elle se rendra compte du non-amour de l'homme en question. Cette attitude sera systématiquement répétée et entraînera la conviction qu'elle ne plaît à aucun homme.

Les psy reçoivent souvent de nouvelles patientes qui se plaignent de cela sans avoir la moindre idée de ce qu'elles font de répétitif pour arriver à cette situation si douloureuse et frustrante. Elles expliquent leur état en accusant leurs caractères et justifient leur situation en évoquant leurs personnalités sans intérêt, leur banalité et, de façon sous-jacente et implicite, par la supériorité de ces hommes qui ne les regardent pas.

Pour arrêter ce processus, une prise de conscience de ce mécanisme est indispensable et un travail sur soi nécessaire pour augmenter la confiance en soi.

Le même processus de conviction de ne pas pouvoir plaire peut, inconsciemment, amener une jeune fille à prendre du poids de façon tellement inesthétique, qu'à son infériorisation "initiale", elle ajoutera un dégoût physique d'elle-même. Elle placera ainsi les hommes à distance.

Mais, dans cette même quête affective, pour pallier la constatation de ne pas souvent plaire, à cause de son surpoids, nous voyons fréquemment de jeunes femmes adopter une attitude provocante, voire faire des "avances" qui les infériorisent profondément. L'errance sexuelle n'est pas loin. La jeune femme veut absolument se retrouver dans les bras d'un homme quel qu'il soit, et quelle que soit la relation (même si cette attitude doit l'humilier et souvent la déprimer).

En résumé, la jeune femme qui n'a pas confiance en elle parce que son père, durant son enfance, ne lui a pas montré son affection et son attention :

– Ne pense pas pouvoir plaire,
– Se tourne vers des hommes qu'elle n'intéresse pas,
– Souffre et s'infériorise encore davantage,
– A la peur de ne jamais rencontrer "un mari",

– Peut se mettre à grossir (pour repousser les hommes),
– Ne supporte pas leur manque d'intérêt,
– Veut attirer leur attention,
– Peut les "aguicher",
– Peut être considérée comme un objet sexuel,
– Va encore plus mal,
– Peut se désespérer.

Ce schéma est assez fréquent et son mécanisme assez facilement repérable.

Comment une telle jeune femme peut-elle s'en sortir ?

Il est nécessaire qu'elle comprenne ce qui lui a manqué pendant son enfance. Elle doit se rendre compte qu'elle a toujours été une petite fille "normale" : son père n'a pas fait attention à elle parce qu'il avait, lui, un problème soit avec la paternité, en général, ou qu'il ne voulait pas de fille, soit avec les femmes, soit avec sa vie de famille. Quoi qu'il en soit, son incompétence n'avait rien à voir avec elle (une autre petite fille à sa place aurait vécu la même chose).

Cette prise de conscience est fondamentale.

Il est évident que si, dans le meilleur des cas, une discussion était possible avec son père sur ce sujet, et qu'il puisse dire pourquoi il s'est comporté comme cela, lui demander pardon, cette jeune femme pourrait s'en sortir bien plus vite (mais cela se passe très rarement ainsi).

Nous avons pu constater, très fréquemment, que si cette femme rencontre un homme affectueux, tendre, qui l'aime, la situation s'améliore de façon profonde, car elle vient lui prouver que la conviction de ne pas plaire est caduque : encore faut-il qu'elle se laisse aimer.

L'amour, une fois de plus, agit sur les adultes comme une thérapeutique salvatrice, même s'il n'efface pas toutes les douleurs de l'enfance. Mais cela peut permettre à quelqu'un souffrant d'un profond mal-être de reprendre le chemin de sa vie sous de bien meilleurs auspices. La personne peut enfin se permettre de croire en la vie, ce qui souvent ne lui était jamais arrivé auparavant (souvent, depuis sa plus tendre enfance).

La psychothérapie aura pour but de permettre à cette femme de se connaître. Elle découvrira ses propres qualités qu'elle n'avait pas perçues dans le regard affectueux et les paroles encourageantes que son père ne lui a jamais offerts. Elle découvrira à quel point la confiance en soi permet de vivre avec cette tranquillité qu'elle n'avait jamais connue. L'inhibition qui lui semblait normale disparaîtra : elle osera des projets qui lui auraient semblé inconcevables auparavant. Elle considérera ses "défauts" en essayant d'en comprendre l'origine : sa jalousie, ses sautes d'humeur, son irritabilité, sa susceptibilité (qui sont autant de symptômes de son manque de confiance en elle), s'atténueront voire disparaîtront grâce à ce travail sur elle-même. Les résultats sont bien logiques comme l'était l'installation de tous ces petits dysfonctionnements qui finissent par entraver la vie. Les causes du mal-être n'étant plus là, la compréhension du mécanisme répare en bonne partie le passé : le fonctionnement de la personne devient plus positif.

La vie qui lui était pleine de déconvenues, de déceptions, d'impossibilités, s'allège. Les patients en psychothérapie, après ce travail sur eux-mêmes, décrivent cette découverte comme une respiration de vie, enthousiasmante. Ils se demandent comment ils ont pu tant souffrir et se "casser la tête", alors qu'il y avait une solution qu'ils ne connaissaient pas.

Ils se disent qu'ils auraient aimé effectuer cette recherche sur eux-mêmes plus tôt, mais frémissent à l'idée qu'ils auraient pu ne jamais l'entreprendre.

Autre alternative à cette absence de regard du père (une fois encore, cet exemple se retrouve fréquemment) : cette femme continuera le processus de quête, elle choisira un homme qui la maltraitera psychologiquement. Elle fera de nombreuses concessions pour lui plaire et lui ne reconnaîtra pas ses efforts, ne lui montrera aucune gratitude et la "sadisera".

Il est en effet très facile de “sadiser” une personne fragile qui est en quête affective si le partenaire présente lui aussi un manque de confiance en lui.

Prenons un exemple simple et courant.

À une soirée le mari parle longtemps et avec une attention feinte à une femme séduisante, ignorant son épouse.

L'épouse vit un martyr et fait une scène à son mari après la soirée. Ce dernier lui reproche d'être impossible, que sortir avec elle est un calvaire, qu'elle avait insisté pour aller à cette soirée, et que, dans ces conditions, la prochaine fois il sortira seul, ou refusera de l'accompagner.

Ce dialogue caricatural est très fréquent.

Dans cet exemple, la femme est soumise et prête à beaucoup pour rester avec son mari.

Si elle avait pu comprendre le comportement de celui-ci et être plus sûre d'elle-même, elle aurait agi de façon plus adéquate et donc moins douloureuse.

Le mari manque lui aussi de confiance en lui : il a besoin de réassurance qu'il cherchera, inconsciemment aux dépens de son épouse. Il excitera sa jalousie pour être sûr d'en être aimé. Sa quête narcissique, lors de la soirée dont nous avons parlé, est double :

Il a agacé sa femme, ce qui le rassure. Il a pu parler à une autre femme et a réussi à se faire apprécier.

Cette situation se retrouve souvent chez ceux qui souffrent d'un manque de confiance en eux sans avoir le recul nécessaire pour effectuer une analyse saine et ne pas être le jouet de l'Autre. Ce rapport conflictuel si douloureux au quotidien signifie que l'un des conjoints a besoin de déclencher la souffrance de l'Autre pour être sûr qu'il en est aimé : l'indifférence face à ses attaques l'angoisserait profondément. Il ignore qu'aimer ne signifie pas l'aliénation à la quête d'un regard, d'un sourire ou d'une approbation. L'affirmation de soi, le fait de prendre tranquillement sa place, être conscient de sa propre valeur représente la base d'une structuration saine de la personnalité, et conditionne toute une vie.

Le rôle des parents est prépondérant. N'oublions pas le besoin total et immense que nos enfants ont de nous.

La thérapie fera prendre conscience de l'importance d'une communication avec le conjoint basée sur le respect : ce respect de lui-même qui lui permettra de fixer des limites au non-respect que l'Autre lui inflige. Nous devons souligner que si cet Autre inflige un mauvais traitement c'est aussi qu'il ne craint pas une réaction qui pourrait lui nuire.

La soumission ayant la fâcheuse tendance à exacerber le sadisme du "dominant", la libération apportée par la thérapie est de deux ordres :

– La découverte de soi avec le plaisir d'élargir son champ des possibles.

– Les limites mises à l'Autre dans son comportement négatif à l'égard de soi.

On pourrait dire que :

– Un couple qui fonctionne est celui basé sur deux névroses qui cohabitent agréablement.

– Un couple qui dysfonctionne est celui basé sur deux névroses mal assorties.

(Le terme névrose étant ici employé de façon légère, signifiant nos dysfonctionnements, « nos petits trucs qui ne tournent pas très rond ». Il ne s'agit pas du terme psychiatrique.

Analysons maintenant une attitude parentale ou familiale avec un retentissement important que l'entourage de l'enfant peut ne jamais repérer. Cet exemple pourrait s'intituler « Être du mauvais sexe » !

Combien d'entre vous viennent de se demander de quel sexe il s'agit ?

Certains pensent à la fille.

D'autres au garçon…

Et pour quelles raisons, d'ailleurs ?

Nous parlerons « tout simplement ! » du sexe que les parents n'aiment pas.

La situation a cela d'horrible que quoi que l'enfant fasse, il reste du sexe détesté ou déconsidéré.

Dans notre culture et dans tant d'autres, avoir un fils était ce qui pouvait arriver de mieux. Dans un passé peu éloigné, un fils dans les ordres et un autre dans l'armée était le rêve des familles nobles. La perpétuation du nom a été un prétexte régulièrement évoqué. Cette préférence inscrite dans notre "névrose sociale" a été et est encore très lourde de conséquences pour les filles moins considérées.

Prenons l'exemple de parents qui ne veulent que des garçons.

L'aîné a bien rempli sa "mission" : être un garçon… Ouf ! "Tout le monde" est soulagé.

La deuxième grossesse est différente de la première, mais les parents ne veulent pas y voir la possibilité d'attendre un enfant de "l'autre" sexe, ce qui médicalement, effectivement, ne veut rien dire. Mais pour eux, il ne faut surtout pas que cela puisse vouloir dire ce qu'ils craignent tant ! Encore quelques mois d'espoir, les statistiques ne révèlent-elles pas une "certaine" probabilité de n'avoir que des garçons ?

Mais le jour fatidique arrive : une fille !

Commence le chemin semé d'embûches de cette enfant (que la langue française n'appelle pas "enfante").

Sa vie ressemblera certainement par de nombreux côtés à celle de ceux qui n'ont pas été de la "bonne" couleur dans un pays raciste, de la "bonne" religion ou du "bon" parti politique, quand tous ces "bonnes" et "bons" ont le pouvoir absolu, quand la dictature règne.

Ce qu'elle pensera sera jugé négativement, ce qu'elle fera sera insuffisant, ses bêtises d'enfant seront qualifiées de vices « car toutes les filles sont des vicieuses », ses actes seront interprétés de la façon la plus dévalorisante qui soit.

Quel avenir pour cette enfant qui aura très vite perdu toute confiance en elle ? D'abord elle se pensera mauvaise et trouvera ses parents adorables de pouvoir la supporter, en ne lui adressant, somme toute, que très peu de remontrances. Pour elle, le harcèlement moral (qu'elle n'identifie pas comme injuste) dont elle est victime pourrait être plus fréquent encore, « et puis quand je n'ai pas été sage, je n'ai eu qu'une petite claque, et quand je n'ai pas très bien travaillé, je n'ai eu qu'une petite punition, et ils m'ont fêté mon anniversaire alors que je n'avais pas été sage. En fait, moi qui suis une petite fille méchante, souvent très méchante, j'ai beaucoup de chances d'avoir des parents si gentils. »

Cette petite fille, le plus souvent adorable, essaie de voir la vie de façon supportable.

Nous retrouverons dans ce genre de raisonnement une façon que l'enfant a de se protéger de ce qu'il vit : subir le harcèlement moral et les carences affectives de ses propres parents le met en grand danger psychologique. L'enfant "sait" que ses parents "sont" les personnes qui l'aiment le plus au monde : tous les livres le disent, tous les enfants le racontent dans leurs activités si heureuses avec leurs parents, toutes les institutrices parlent de la chance d'avoir des parents, pas comme ces petits enfants orphelins, etc.

L'enfant sait qu'il dépend de ses parents pour de nombreuses années encore : il ne pourrait pas supporter de réaliser qu'il est élevé par des parents qui lui font courir des risques, qui ne l'aiment que peu, et qui se défoulent sur lui de leurs propres frustrations et souffrances subies dans leur propre enfance (et de leurs problèmes quotidiens). L'aberration comportementale de certains parents peut mettre l'enfant dans un état d'angoisse et d'anxiété constantes.

Dans cet exemple, si l'enfant faisait le constat de sa situation, elle aurait terriblement peur devant l'injustice, l'abîme du manque affectif, en somme, devant sa propre vie. Il est donc moins dommageable pour elle de s'imaginer mauvaise avec des parents gentils : elle est moins en péril en restaurant une notion de justice et de justification, la situation n'est plus aberrante et dangereuse. Cette démarche lui permettra de supporter sa vie d'enfant dans le constant souhait de devenir vite adulte, indépendante et libre.

Mais, malheureusement après un chemin très infériorisant, la confiance ne sera acquise qu'après un profond travail sur soi mené à l'âge adulte. Il lui faudra analyser ce qui s'est passé, se réparer en faisant connaissance avec elle-même, en développant ses potentialités écrasées par les parents et peut-être surtout en arrivant à savoir qu'elle n'est pas indigne d'être aimée.

La quête affective après une enfance de cette sorte est constante, et perturbe les relations : il lui sera très difficile de vivre pour elle, comme si sa vie devait être passée à s'excuser de vivre. Cela mis en mots semble dramatique, alors que ces faits sont fréquents autour de nous.

Ne pas être du bon sexe équivaut à une interdiction de vie sympathique et tranquille si tout cela n'est pas analysé. De nombreuses dépressions de l'enfant comme de l'adulte ont leur source dans ce regard réprobateur des parents, dans cette irrationalité immuable.

La thérapie joue un rôle fondamental auprès de tous ceux qui n'ont pas eu la chance d'être du bon sexe aux yeux de leurs parents.

Le tableau a pu être plus discret, mais la réalité de l'impact négatif n'en a pas été moins présente pour autant. Les femmes se rappelleront les permissions accordées à leurs frères et les interdictions les concernant. La possibilité de faire des études, dans les milieux financièrement modestes, était réservée aux garçons, les filles étant censées être entretenues par leur époux. Dommage pour les célibataires !

Même si les temps ont changé sur certains points, nous ne sommes toujours pas à l'égalité des salaires entre homme et femme, à travail égal, dans notre pays, ce qui devrait aller de soi.

Les femmes en thérapie analysent tout ce qui leur a été interdit et en découvrent les innombrables conséquences sur leur vie de tous les jours. En effet, c'est une chose de comprendre le manque de confiance en soi, c'en est une autre de découvrir tous les domaines infestés par le virus.

La patiente va petit à petit se sentir plus légère, moins "plombée". Elle se sentira capable d'agir là où ses parents et éducateurs lui avaient fait comprendre que ce n'était pas pour elle. Elle pourra prendre ses décisions comme une personne retrouvant (trouvant !) sa liberté. Elle pourra orienter sa vie suivant ses envies enfin reconnues par elle-même et ses potentialités découvertes au cours de ce travail.

Très fréquemment au fur et à mesure de leur thérapie les patients ont un comportement différent qui fait se poser à l'entourage la question suivante : « Dis donc, tu as l'air en super forme depuis un certain temps, qu'est-ce que tu prends comme vitamines ? »

Le patient, mieux dans sa peau, communique plus facilement ; il est moins irritable, plus sympathique.

Nous ne nous lassons pas de remarquer qu'une personne qui n'a pas fait le point sur sa vie, présente des traits de caractère quelquefois peu agréables pour l'entourage. Elle n'est pas responsable de son vécu d'enfant, et pourtant on lui tiendra rigueur de ses difficultés de communication, car les raisons de son comportement n'intéressent personne : c'est-à-dire qu'elle continuera à souffrir de ses souffrances d'enfant. La société attend d'elle qu'elle ait un comportement avenant, et n'acceptera pas ses problèmes. La personne a pâti de son enfance et continuera à en pâtir si elle ne fait rien pour se sortir de ses difficultés. Un enfant qui a eu la chance d'avoir une enfance plus facile, sera, *a priori*, un adulte plus tranquille et donc plus apprécié.

Une fois de plus, nous voudrions insister sur le fait que les parents et éducateurs ont agi comme ils ont pu, du mieux possible, le plus souvent. Ils ont eux aussi subi des erreurs pédagogiques et affectives dont nous connaissons les conséquences. Nous ne pouvons pas omettre de dire haut et fort que des parents ayant un tel comportement sont également souvent des personnes en souffrance.

Que pense d'elle-même, une femme qui ne veut surtout pas de fille, quelle image d'elle-même lui a donné sa propre mère et son propre père ?

Ce tableau aurait bien sûr pu être mis au masculin.

Combien de petits garçons ont déçu l'attente de leurs parents ? Combien ont été habillés en fille pendant leur petite enfance ? Combien avaient les cheveux longs ?

À combien ces parents ont-ils parlé comme à des filles ?

Les problèmes d'identité peuvent donc s'installer très tôt.

Soulignons une fois encore l'importance fondamentale d'essayer d'analyser ses propres douleurs d'enfance. Car, comme dans cet exemple, on imagine aisément qu'une névrose puisse se perpétuer d'une génération à l'autre.

Essayons d'arrêter ce processus qui fait tant souffrir.

Merci pour les suivants !

Le cas ci-après expose de façon simple et explicite la nécessité d'une thérapie, suite à l'attitude pathologique d'un père.

Ici, le père est impliqué, mais le même genre de conséquences est retrouvé chez la majorité des petites filles ayant subi dans leur enfance des traumatismes physiques de la part d'un homme (qu'il soit de la famille ou de l'extérieur).

Cette jeune femme, intellectuellement brillante, physiquement avenante « ne rencontre aucun homme qui lui plaise ».

Il est vrai qu'elle « les éjecte à chaque fois qu'elle découvre quelque chose qui cloche ».

Cette solitude lui pèse et elle en devient obsessionnelle, comme tant de jeunes femmes célibataires.

Son emploi du temps est lourd de sens : Claire va à son travail qui se passe bien (les collègues sont essentiellement des femmes). Lorsqu'elle rentre chez elle et, le plus souvent s'affale sur un canapé, "zappe" la télévision sans même s'intéresser à ce qu'elle voit. Elle sort peu sauf avec un noyau très restreint d'amis fidèles « qui la connaissent et ne la poussent donc à rien ».

Que s'est-il passé dans son enfance qui pourrait expliquer ce comportement fuyant qui la fait souffrir en lui donnant l'impression (peut-être juste ?) de perdre sa vie ?

Le fils aîné va assez bien, très investi par les deux parents : le père attachant une importance fondamentale à la perpétuation de son nom.

Le couple parental s'entendait correctement au début du mariage. La naissance de Claire est vécue très positivement par la mère, mais peu par son père. La mère la surprotège pour pallier le manque de tendresse et de responsabilité éducative de son mari. Vers l'âge de huit ans, cette petite fille présente des troubles du sommeil, se renferme, refuse souvent de répondre aux questions que son entourage lui pose, ne rit plus.

Peu de temps après, elle commence à refuser de sortir et se fâche contre les adultes.

Le médecin consulté à l'époque banalise en disant qu'il s'agit vraisemblablement d'une "crise de croissance".

L'enfant grandit en développant ce caractère agressif et surtout visiblement malheureux. Ses relations sociales sont quasi inexistantes. Les parents divorcent quand elle a dix ans. Elle ne verra que très peu son père qui ne prendra "aucune part" dans son éducation.

Sautons quelques années, et retrouvons cette jeune femme à vingt-cinq ans.

Sa douleur morale saute aux yeux : elle est très renfermée, dit souffrir de tout, se plaint de ne pas avoir d'amis.

Elle parle de son enfance comme ayant été "banale et ennuyeuse" : « Je n'étais pas épanouie et je ne sais pas pourquoi. »

« J'avais en principe tout pour être heureuse, et ne l'étais pas. »

Cette phrase tellement entendue, critique envers une personne qui souffre, exprime en elle-même son aberration : une personne qui n'est pas heureuse a forcément une ou plusieurs bonnes raisons de ne pas l'être, sinon elle le serait (M. de Lapalisse exulte).

Mais quand cette phrase est prononcée, cela signifie que nous ne comprenons pas POURQUOI la personne est malheureuse, nous n'en connaissons pas la cause. Souvent elle ne le sait pas non plus. Cela nécessite une analyse quelquefois peu évidente de sa vie.

Claire parle avec réticence de ses difficultés : elle devient vite mutique. Ses rêves expriment une angoisse intense, et une agressivité en réponse. Elle raconte avoir beaucoup dessiné pendant l'enfance, comme le font presque tous les enfants.

Oui, elle a gardé quelques dessins qu'elle n'avait pas pensé montrer au thérapeute qu'elle était allée voir à l'âge de quinze ans au cours des trois séances auxquelles elle avait "accepté" d'aller.

Nous étions loin du dessin classique de la famille avec la mère représentée en princesse, comme le font souvent les enfants. Le diagnostic des violences infligées par le père était facile à poser à la vue de ces dessins.

Dans le cas relaté, les dessins avaient toujours été en possession de la patiente qui les avait regardés sans les voir : son œil avait banalisé, menti, pour ne pas réveiller la peine, la douleur et l'injustice qu'elle avait endurées.

Dans le cadre de la thérapie, il lui était possible de voir et de comprendre. Elle savait que ce lieu de parole, de recherche de sa propre vérité était celui où l'indicible pouvait être abordé et que sa honte (parce que presque aucun enfant n'y échappe) allait être exprimée et analysée, et au bout d'un certain temps disparaître (oui, disparaître car totalement injuste : l'enfant est victime, seulement victime quoi qu'il en ait pensé si longtemps, et non coupable).

Elle a pu dire ce que disent ou pensent beaucoup d'enfants: « J'ai trouvé mon enfance affreusement longue: je croyais que cela ne finirait jamais! Et maintenant que je suis adulte, rien ne s'est vraiment amélioré. Comment vais-je pouvoir changer tout cela ? Je sais, mes amis me l'ont dit, ma vision des choses n'est paraît-il pas juste. Il ne me reste plus que l'espoir de la thérapie. »

Après quelques séances, Claire et sa mère ont pu parler, se sont confiées l'une à l'autre en osant enfin parler vrai puisque l'indicible avait été révélé. La mère n'avait rien vu, comme cela arrive si souvent, l'agresseur œuvrant très prudemment et menaçant l'enfant s'il parlait.

La thérapie, dans ce cas, vise d'une part à reconstituer le passé dans ce qu'il a pu avoir de traumatismes non-dits, et aussi à permettre de prendre un nouvel envol sans cette crainte qui a hanté l'enfance de Claire.

Ce travail sur sa famille lui a fait comprendre de nombreux rouages comportementaux des uns avec les autres. Elle s'est rapprochée de son frère qui n'était, lui non plus, au courant de rien, et qu'elle craignait, lui aussi étant de la gente masculine. Claire a pu dire combien sa famille est triste, et a un relationnel très restreint sans aucun projet sympathique en vue. De cette atmosphère si sombre découle une vision terne de la vie avec la certitude qu'il s'agit d'une norme, que la vie "est dure", que nous n'avons presque aucune prise dessus.

S'y surajoutait la conviction d'être née sous une mauvaise étoile... Elle était donc prisonnière de son passé.

Cette situation retracée rapidement en intensifie les traits qui, dilués dans le temps, sont en fait très fréquemment retrouvés.

Si nous ne faisons pas une synthèse de notre passé, et changeons les conséquences sur notre présent, nous sommes alors tous nos propres geôliers.

Est-il plus grande peine que de faire son propre malheur ?

La psychothérapie de Claire lui a permis de comprendre le “pourquoi” de ses inhibitions.

Elle s’est déculpabilisée d’“avoir un caractère difficile” et a pu analyser le déroulement de sa vie en constatant ce qu’elle avait admis à tort comme inéluctable.

Son rapport aux hommes avait toujours été perturbé : la méfiance acquise ne lui avait pas permis des relations d’amitié.

Avant sa prise de conscience de tout ce qui lui était arrivé, elle méprisait tout homme la trouvant sympathique et désirable. Elle ne flashait que sur ceux qui ne la regardaient pas : ces deux attitudes de “protection” conjointes lui assuraient une solitude sans faille. Ses très rares relations “amoureuses” l’angoissaient à tel point qu’elle les arrêtait du jour au lendemain. Son partenaire se retrouvait seul sans jamais avoir d’explications sur ce qui avait motivé son “éviction”. Il est d’ailleurs fort probable que Claire ait jubilé de le voir déconfit et malheureux.

Le “bourreau” est rarement puni, celui sur lequel s’exerce la vengeance étant souvent étranger à la problématique. Il est fondamental de connaître ce processus mental : nous “payons” quelquefois pour une faute que nous n’avons pas commise.

[N’oublions pas, en cas de conflit, de rupture, si nous ne voyons pas notre responsabilité, de nous poser la question du fonctionnement de notre partenaire. Peut-être que ce qui nous est reproché n’a rien à voir avec nous-mêmes, l’autre réglant ses comptes passés ? Il est important, lorsqu’un comportement nous étonne, nous semble incohérent, de penser qu’il s’agit peut-être d’un dysfonctionnement de notre partenaire, de la projection qu’il fait sur nous de sa propre problématique. Bien évidemment, si nous sommes consciemment ou inconsciemment de mauvaise foi, que nous cherchons à nier notre responsabilité, nous nous empêcherons d’évoluer et d’améliorer notre relation aux autres.]

La thérapie a permis à cette jeune femme de comprendre son si lourd passé et ses conséquences, de se regarder, se ressentir, se considérer avec des yeux nouveaux, plus objectifs.

Elle a enfin pu croire en elle et développer bon nombre de potentialités étouffées par ses parents ou par elle-même, dans ce cas, pour “se protéger”.

Claire a découvert l'immense champ relationnel possible quand on ne craint pas les autres. Elle peut vivre. Sur le plan professionnel, son envol a été sidérant en moins d'un an : un poste à responsabilité lui a été proposé.

Sur le plan relationnel, elle s'est fait des amis et part avec eux en vacances et en week-end. Elle a de nombreuses activités qui lui font grand plaisir. Ses perspectives d'avenir sont enthousiastes et plus jamais elle n'a redit qu'« elle avait été une enfant difficile et désagréable ». Son expérience passée lui permet de mieux comprendre la souffrance des autres et d'avoir une grande patience (sans toutefois les rechercher) avec ceux qui sont refermés sur eux-mêmes.

Sa psychothérapie (par son désir de sortir du tunnel) lui a permis de prendre son envol. Claire s'est donné la chance de “renaître”.

Tout adulte a le pouvoir de faire cesser une grande partie de ses douleurs d'enfant.

Leurs conséquences sont beaucoup plus nombreuses qu'il n'y paraît.

En effet, quand un adulte se sent :
- mal dans sa peau,
- en deçà de ses possibilités,
- freiné,
- mal à l'aise avec les autres,
- souvent en situation d'échec,
- agressif,
- jamais content...

Il ne sait peut-être pas que l'origine de ce malaise se situe dans son enfance et surtout qu'il peut y remédier.

Il a les moyens, avec l'aide d'un psy, de faire le point, d'aller à sa propre découverte et ainsi de vivre comme il l'aurait pu depuis longtemps s'il n'avait pas eu ces freins.

Ses rendez-vous avec lui-même, que sont toutes les séances de thérapie, vont l'amener à se connaître et à s'apprécier pour ce qu'il est vraiment.

Il serait erroné de penser que la psychothérapie ne s'adresse qu'aux personnes ayant un lourd vécu d'enfant.

La thérapie s'adresse à tous ceux qui veulent mieux comprendre :

– Soit l'impact négatif de l'enfance sur leur quotidien d'adultes,

– Soit les effets négatifs d'un fait récent (deuil, problème professionnel, problème relationnel avec l'entourage, avec le conjoint, les enfants, toutes les situations difficiles ou douloureuses).

Ce travail sur soi a un but clair : trouver des solutions, vivre bien.

Elle est indiquée à tous ceux qui veulent se sentir mieux.

La psychothérapie consiste en rendez-vous hebdomadaires le plus souvent (quelquefois deux séances par semaine) durant lesquels le psy va aider le patient à comprendre les conséquences de ce qui lui est arrivé. Les rêves ou cauchemars seront analysés (s'il y en a).

Il est important que "le courant" passe avec le psy. Les réticences pour se rendre aux rendez-vous peuvent être dues à la peur de se découvrir. Il est alors important de rappeler ce que nous savons déjà tous : nous connaissons déjà ce qui est vraiment négatif en nous. Nous n'avons donc rien à craindre de la découverte de ces points-là. Si nous avons peur de sortir les fantômes des placards, soyons sûrs qu'ils nous hantent beaucoup plus en restant dedans que lorsque nous les en aurons sortis, regardés en face et analysés.

Nos peurs disparaîtront et nous respirerons enfin en analysant toutes ces angoisses ou tristesses d'enfant que nous avons vécues.

Faire remonter à la surface les événements négatifs de notre enfance permet d'en analyser l'impact négatif à l'époque et leurs conséquences jusqu'à aujourd'hui.

Comment analyser peut effacer des effets délétères ?

Dans toute suite d'événements, il y a une logique : le processus de cause à effet.

Si nous avons vécu une situation qui a laissé des traces dans notre inconscient (et souvent dans notre conscient), nous avons en parallèle enregistré une information. Les enfants dont le père s'occupe peu intègrent la "vérité" imaginée à leur âge : « Nous ne sommes pas intéressants pour Papa, qui ne nous aime donc pas beaucoup : c'est de notre faute. »

Il s'ensuit inévitablement un sentiment de dévalorisation, un manque de confiance en soi, une mise à distance des autres ou au contraire des attitudes censées attirer le regard des autres.

Cette action du père entraîne une réaction négative, douloureuse et durable de ces enfants.

En psychothérapie, un adulte ayant subi cette attitude de son père comprendra que le fait qu'il soit intéressant ou non n'a rien à voir avec le comportement de ce père.

Ce Papa, qui aime ses enfants, peut avoir été élevé de cette façon par son propre père et ne pas avoir compris combien ce comportement est délétère pour eux. Il peut être surchargé de travail, épuisé. Il peut aussi ne pas aimer s'occuper des enfants.

L'adulte comprenant qu'il a été carencé de cette démonstration de l'amour paternel verra ce qui en a découlé : une quête affective, une attitude tapageuse ou fanfaronne en groupe pour attirer l'attention, ou tout autre comportement qu'il n'aurait pas eu sans cette carence.

Au fil des séances de thérapie, la confiance en soi gagnera du terrain avec ses conséquences sur le quotidien que le patient n'est pas forcément le premier à percevoir : son entourage le trouvera probablement plus joyeux, comme libéré d'un poids.

Une patiente souffrant d'un très fort bégaiement depuis l'enfance a retrouvé un flux verbal normal en trois mois de psychothérapie, sans jamais avoir parlé de ce bégaiement. Pourquoi ?

Les non-dits de son enfance, les secrets qu'elle avait gardés n'avaient pu être exprimés : cet interdit que son inconscient lui avait imposé pour ne pas provoquer de problèmes à sa famille ou à son entourage a disparu lorsqu'elle a trouvé cet espace de paroles autorisées. Elle a par ailleurs compris qu'elle avait été victime et non une « petite fille difficile et pénible ».

Cette libération a permis une véritable métamorphose pour elle et sa construction a pu continuer de façon profonde. Elle mène maintenant une vie épanouie, avec de nombreuses réussites que son enthousiasme énergique lui procure.

Cet exemple pour souligner que ce n'est pas la seule remémoration des faits qui libèrent, mais leur analyse.

Si nous ne nous sentons pas à l'aise avec notre thérapeute, il est nécessaire de se poser la question du choix. Il serait en effet fort dommageable de rester avec un thérapeute qui ne dit pas un mot si l'on a envie d'un dialogue, et inversement. Autant ne pas penser que nous dysfonctionnons tant que nous n'arrivons pas à parler : c'est rarement le cas. Il peut s'agir d'une technique d'écoute qui ne nous convient pas. N'hésitons pas à en parler au thérapeute : s'il ne répond rien, n'explique pas sa façon de faire et que ce mutisme a raison de notre bonne volonté… allons consulter quelqu'un qui sera davantage dans la communication.

Si par contre nous allons de l'un à l'autre, nous devrons nous poser la question de l'intensité de notre peur à nous regarder en face.

Le travail de thérapie est un formidable cadeau que nous pouvons nous faire. Il est notre réparation. Nous tendons la main à l'enfant en nous qui a souffert et devenons un adulte plus fort, plus juste, plus mature et plus heureux.

Une expression illustre parfaitement l'état dans lequel nous pouvons être (à différents degrés) avant et après la thérapie.

Nous passons de l'"Inister"[1] à l'"Exister".

(In = dedans, Ex = dehors). Nous étions à un certain degré repliés sur nous, ne profitant que de certaines de nos potentialités, les autres restant renfermées en nous-mêmes. Nous allons pouvoir les développer, poser un regard plus tranquille sur le monde, nous ouvrir, nous tourner avec plaisir vers les autres, c'est-à-dire vraiment exister, dans tout le plaisir que cela nous procurera.

La psychothérapie est "l'instrument" qui permet cette transformation si positive...

À moins que nous ne préférions rester dans "l'Inister", et garder notre petit caillou pointu dans notre chaussure.

Espérons que nous nous donnerons cette chance qu'est d'Exister en continuant notre chemin avec tout le bonheur que la connaissance de soi et la compréhension des autres peuvent nous apporter.

Passons de "l'inistence" à "l'existence".

1 : Expression créée par le Docteur Marc Abecassis, médecin esthétique et andrologue, qui décrit l'état psychologique dans lequel se trouvent certains patients qui viennent le consulter, et leur bien-être après intervention esthétique. Ils passent de "l'inister" à "l'exister".

Conclusion

Pour profiter profondément de ce livre, nous vous conseillons d'en faire un objet familier : gardez-le près de vous, vérifiez souvent vos acquis.

Il va vous permettre d'avancer, de mieux vous comprendre et d'être sûr de ne pas oublier un point important qui pourrait vous aider, vous simplifier la vie ainsi que celle de votre entourage.

Sur un sujet délicat, faites et refaites les applications, jusqu'à ce qu'elles soient intégrées à votre quotidien. Vous pouvez noter dans votre agenda plusieurs rendez-vous avec vous-mêmes : cela vous permettra aussi de vous réjouir des situations problématiques déjà résolues et de noter celles que vous pouvez encore améliorer.

Chaque fois que vous vous offrirez de "travailler" sur vous, sachez que vous avancerez vers votre plus grande authenticité et donc vers votre plus grand bonheur de vivre.

Pour l'avoir fait nous-mêmes et l'avoir déjà proposé à un grand nombre de personnes, nous en avons vérifié l'efficacité constante.

N'oublions jamais qu'il ne faut souvent qu'un instant pour retirer le petit caillou pointu de notre chaussure et reprendre notre chemin soulagé et plein d'allant.

Que ce livre vous permette de vivre plus heureux sera notre formidable récompense.

Remerciements

Mes très chaleureux remerciements à Xavier Pezet, directeur de collection aux éditions Carnot, pour son écoute, son professionnalisme et son efficacité.

Notes personnelles

Notes personnelles

Notes personnelles

Notes personnelles

Notes personnelles

Achevé d'imprimer en France
sur les presses de Chevillon
89100 Sens